[강의교재용]

보 험 법

은 종 성 저

JEONJU UNIVERSITY PRESS
전주대학교 출판부

序文

오늘날 현대사회를 살아가는 우리에게는 보험이라는 용어는 결코 낯선 단어가 아니다. 그만큼 우리는 보험제도와 밀접하게 하루하루를 지내면서 생활하고 있는 실정이기 때문이다. 그러나 우리는 보험과 관련된 지식이나 법률, 체계에 대하여는 잘 모르고 지내고 있었다. 천학비재인 본인도 오랜 강단생활을 통해서도 아쉬움이 컸던 부분이 바로 보험법에 대한 쉽고도 간단명료하게 정리된 문헌의 필요성을 많이 느껴 왔었다. 이러한 보험법에 대한 체계적인 서적을 만들어 보고픈 열망에 휩싸이면서, 어렵고 힘든 수험생활을 하는 수험생들의 고통과 자료부족을 공감하게 되면서 본서에서는 기본학습과 요약정리를 통하여 능률을 높이고자 했다.

보험법 일반에 걸치는 기본적 주제를 중심으로 하였으나, 제3보험의 각론, 그리고 전문성이 있는 기업보험분야는 제외하였다. 물론 이 정리서로만 보험법을 완전히 이해하기는 쉽지는 않지만 최소한의 골격을 잡는 데에는 조그만 도움을 줄 수 있으리라 기대한다.

지루하고 험난했던 시간들속에서 숱한 진통을 거쳐 정리하였던 강의원고들을 모아진 졸고들을 자그마한 교재용으로 출간하는 심정은 복잡한 만감이 교차하면서 심히 부끄러우나, 정리된 내용이 여러 독자들에게 희망의 단초를 줄 수 있다는 생각에 기대가 부풀었다.

현명하신 선학들의 흉내도 제대로 내지 못하면서, 그 분들의 학문적 결실을 원용하여 모방한 부분이 마음에 심히 걸리면서 대학교재용으로 사용하기 위하여 김학선 교수의 저서를 참고하여 본인의 편저를 가미하여 저술한 소인의 만용을 너그럽게 양해하여 주시기를 청하면서 아쉬움을 전해드리는 바입니다. 그간 출간을 지원해준 전주대학교와 원고작업을 도와준 분들에게 감사하다는 마음을 전하고자 한다.

2012. 7. 22.

Contents

01 보험의 본질

1. 총설

(1) 보험의 의의

보험이란 함은 동질적인 경제상의 위험에 처한 다수인이 단결하여 그 중의 한 사람에게 위험사고가 발생한 때에 그가 입은 손해 또는 수요를 다수인이 분담하고자 하는 제도이다. 이러한 목적을 달성하기 위하여 위험단체를 구성한 다수인은 미리 일정률의 금액을 갹출하여 수요충족을 위한 공동비축재산을 준비하고 사고를 당한 자는 이것에 의하여 재산적 급여를 받게 된다. 이러한 보험은 우연한 사고발생에 의한 경제적 불안에 대비하는 제도이며, 그 경제적 불안을 제거하거나 감경하기 위하여 비축하는 제도이며, 그 방법으로서 대수의 법칙 등과 같은 응용한 확률적 계산방법에 의하여 급여와 반대급여를 이루게 하는 특질을 가지고 있다.

(2) 보험의 종류

1) 공보험과 사보험

공보험은 국가 기타의 공공단체가 공동경제적 목적으로 운영하는 보험이며, 사보험은 관계자의 사경제적 견지에서 운영되는 보험이다. 공보험과 구별하는 기준에 의하여 공영보험이 있는데, 이것은 사보험을 공영으로 하는 것이다. 이러한 사보험에는 영리보험과 상호보험이 있으며, 영리보험은 보험인수를 영업으로 하는 자에 의하여 운용되는 보험이고, 상호보험은 보험가입자 자신을 구성원으로 하여 그 상호간에 보험을 하는 것이다.

2) 물건보험과 인신보험

물건보험은 가입자의 재화에 관하여 생기는 사고를 보험사고로 하는 보험이며, 인신보험은 인체에 관하여 생기는 사고를 보험사고로 하는 보험이다.

3) 손해보험과 정액보험

손해보험은 보험사고에 의하여 생긴 실제의 손해액에 따라 보험자가 지급한 액을 결정하는 것이고, 정액보험은 보험사고에 의한 실손해의 유무 또는 그 액의 다소를 불문하고 일정한 금액을 보험금으로 지급하도록 하는 보험이다.

4) 인보험과 손해보험

상법전의 구별인 바, 인보험은 사람의 생사, 상해, 질병 등 인체에 관하여 생기는 손해를 보험사고로 하는 보험이고, 손해보험은 재산상의 손해를 보험사고로 하는 보험이다.

5) 개별보험과 집단보험

개개의 물건 또는 사람을 보험의 목적으로 하는 보험을 개별보험이라 하고, 복수의 물건 또는 사람을 집단적으로 보험의 목적으로 하는 보험을 집단보험이라 한다. 물건의 집합체에 대한 보험을 집합보험, 사람의 집합체에 관한 보험을 단체보험이라고 부른다.

6) 원보험과 재보험

어떤 보험자가 보험금을 지게 되는 경우의 손해에 관하여 다시 제2의 보험자가 보험을 인수하는 경우, 이 뒤의 보험을 재보험, 제1의 보험을 원보험이라고 한다.

7) 기업보험과 가계보험

기업보험은 기업인이 그 기업경제생활의 불안정에 대비하여 하는 보험이며, 예컨대 재보험, 해상보험, 운송보험 등이 그것이며, 가계보험은 일반인이 가계생활중심의 불안에 대비하여 이용하는 보험으로서 인보험이 그 중심을 이루고 있다.

8) 정액보험과 변액보험

정액보험은 앞서 설명한 바와 같으나, 변액보험은 보험금이 자산운용의 성과에 따라 변동하는 보험계약이다(보험업법 제108조 제1항 3호). 이 보험은 자산운용실적에 따라 보험금이나 해지환급금이 변동하므로 그 투자위험을 보험계약자가 부담한다는 점에서 정액보험과 구별된다. 또 이 보험은 보험자의 자산운용에 따라 보험금 등이 변동하는 점에서 투자신탁회사의 수익증권이나 뮤추얼펀드와 같은 실적배당상품이다. 특별계정으로 분리되고 예금자보호법상 1인당 5천만원을 한도로 보호대상예금이 된다. 또한 보험업법상 적합성의 원칙이 도입되어 보험회사 및 판매자는 보험계약의 체결을 권유하기 전에 면담 또는 질문을 통하여 고객의 연령, 재산상황, 가입목적 등을 파악하고 확인을 받도록 하고, 시행령에서 적용상품과 확인내용, 유지관리기간 등을 규정하도록 위임하고 있다[1]. 이 원칙의 적용범위는 변액보험으로 한정되어 정보확인서의 작성이 요구되고 있고, 장차 그 적용범위가 확대될 전망이다[2].

2. 손해보험과 인보험, 제3보험의 구별

(1) 의의

1) 보험제도는 보험은 동일한 위험에 처해 있는 다수인이 하나의 위험공동체를 구성하여 일정한 기금을 준비하고, 우연한 사고로 말미암아 재난을 당한 사람에게 일정한 금액을 지급함으로써 경제생활의 불안을 경감 또는 제거시키려는 경제제도이다.

2) 손해보험은 보험자가 보험사고로 인하여 생긴 피보험자의 재산상 손해를 보상할 것을 목적으로 하는 보험을 이른다(상법 제666조).

3) 인보험은 사람의 생명 또는 신체에 관하여 보험사고가 생긴 때에 보험계약이 정하는 바에 따라 보험금액 그 밖의 급여를 하는 것을 정하는 보험을 이른다(상법 제727조).

4) 제3보험은 사람이 질병에 걸리거나 재해로 인해 상해를 당했을 때 또는 질병이나 상해가 원인이 되어 간병이 필요한 상태를 보장하는 보험이다(보험업법 제4조 제1항 3호). 한편 제3보험에 대하여는 우리 상법에서는 제737조에서 제739조에서 상해보험에 대하여만 규정하고 있으므로 불충분하다. 제3보험은 생전급부보장의 소비자의 필요성에 의하여 발생한 상품이다. 생보상품관리규정과 회사가 작성한 약관에 의하여 규율된다. 그리고 상법 제735조에서 양로보험을 두어, 피보험자의 사망을 보험사고로 한 보험계약에는 사고의 발생없이 보험기간이 종료한 때에도 보험금을 지급할 것을 약정할 수 있다고 규정하고 있다. 이 법조문은 마치 주된 급부가 사망인 보험계약에서 피보험자가 만기까지 생존하여 부차적으로 보험금을 지급하는 계약을 양로보험이라고 정의하고 있는 것 같다. 그러나 생존도 보험사고의 하나이다. 제3보험은 위험보장을 목적으로 사람의 질병, 상해 또는 이에 따른 간병에 관하여 손해보상형과 정액급여형 어느 것도 가능하고, 사람에 관한 보험으로 생명보험과 손해보험에 공통적인 성질을 가지기 때문에 보험업법은 제3보험으로 규정하고 있다. 제3보험은 생명이든 손해보험회사이든 폐해가 없다고 고찰되어 겸영이 가능하도록 되고, 다만 손해보험회사가 판매하는 제3보험상품은 정액보상형이 아닌 실손보상만이 가능하고 보험기간이 15년을 초과할 수 없도록 된다.

---

1) 보험업법 제95조의 3.

2) 함창희, 개정「보험법」, 국민대학교 출판부, 2011, 17면.

(2) 전통적인 분류상 문제점과 제3보험

우리 상법이 손해보험과 인보험으로 분류규정하는 것이 타당성 여부가 문제시 되었는데, 법문상으로 손해보험은 보험사고의 발생으로 손해의 많고 적음에 따라서 그 급여액이 결정되는 부정액보험이고, 인보험은 주로 보험사고의 발생이 되면 그 손해의 유무를 따지지 않고 일정한 금액을 지급하는 정액보험으로 다루었으나, 손해보험에 있어서 보험급여가 부정액인 경우, 즉 손해보험의 성격도 포함하고 있다는 점에서 양 보험을 대립되는 개념으로 구별하는 것이 무리가 있게 된다. 그리하여 손해보험이나 인보험은 보험자의 지급액의 정액이나 부정액을 따지지 않고 피보험자 또는 보험수익사가 보험제도의 본질적 기능으로서의 우연한 사고로 인한 경제생활의 불안을 제거 또는 경감을 그 목적으로 하고 있는 점에서는 다를 바 없으나 양자는 성질상 차이를 보이고 있다. 보험은 연혁적으로 해상보험에서 비롯하여 화재보험 등의 손해보험은 물론 생명보험과 같은 정액보험이 발전함에 따라 보험계약의 법률적 의의에 대하여도 학설이 갈려 이를 일률적으로 설명하기는 어려운 실정이다. 특히 손해보험과 생명보험에 관하여 통일적인 개념정의를 내리기가 매우 어려워서 많은 학설의 대립이 있었다. 이에 착안하여 보험업법 제4조 제1항 3호에서 양자의 성질을 갖춘 상해보험, 질병보험, 간병보험 등의 보험종목을 제3보험으로 구분하고 있다.

(3) 손해보험과 인보험의 구체적인 차이점

1) 보험계약자

보험계약당사자가 보험자와 보험계약자이고 보험계약상 이익을 받는 자는 반드시 보험계약자에 한하지 않는 점은 공통적이나 손해보험에 있어서는 계약관계자인 피보험자가 피보험이익의 주체로서 손해의 보상을 받을 권리를 가지는 자이고, 인보험에서는 보험의 객체인 사람을 의미하고 보험계약상의 이익을 받는 사람을 보험수익자라고 칭하는 점에서 다르다.

2) 보험의 목적

보험계약에서는 사고의 대상이 되는 객체인 목적이 있어야 한다. 이런 목적은 손해보험에서는 손해를 입게 될 경제적인 이익이 있으면 그 대상이 유체물이든 무체물이든지를 따지지 않으나, 인보험분야에서는 필히 자연인이어야 하고 사망보험종목에서는 15세 미만자, 심신상실자, 심신박약자는 보험의 목적(subject-matter of insurance)으로 할 수 없도록 하고 있다(상법 제732조). 한편 손해보험에서는 보험의 목적의 양도(상법 제679조)가 인정되는 특징이 있다.

3) 보험사고

보험사고라는 것은 그 발생이나 시기 그리고 방법 등이 말 그대로 불확정한 것이므로 손해보험에서는 손해사고의 발생가능성이 있으면 되므로 그 양태는 다종다양하나, 인보험에 있어서는 특정인의 생사문제와 상해, 장기적인 질병에 한정하며, 그 생사 및 상해원인은 따지지 않는다.

4) 피보험이익

손해보험은 손해보상을 주된 목적으로 하기 때문에 그 전제요건으로서 피보험이익개념이 필요로 하고 그에 의해서 물건보험에서는 피보험이익의 평가액인 보험가액과 보험금액과의 관계에 따라 초과보험 · 중복보험 · 일부보험 등의 문제가 생길 수 있으나 인보험에 있어서는 그 전제적인 요건이 없으므로 초과보험 등의 문제가 발생하지 않는다. 단지 손해보험중에서도 보험가액의 관념이 없는 책임보험분야에서는 초과보험 등의 문제는 없게 된다.

5) 보험기간

인보험은 그 보험기간이 장기간이다. 예컨대, 생존보험이나 혼합보험의 경우가 그렇다. 반면에 손해보험에 있어서도 장기적인 계약을 체결하는 건이 있으나 일반적으로는 단기적인 계약이 많다. 더욱이 화재보험과 같은 것은 보험료의 전부가 일시적 지급인데, 보험료기간이 긴 인보험은 분할의 형태를 띤다.

6) 보험계약자의 권리와 의무

손해보험에 있어서나 인보험이든지간에 보험계약자의 권리의무는 일반적으로 비슷하나. 손해보험의 보험계약자는 초과보험의 경우에 보험료의 감액청구권(상법 제669조 제1항)을 갖게 되고, 보험사고발생시에 손해방지의무를 부담하는데(상법 제660조 제1항), 인보험의 보험계약자는 보험수익자의 지정 · 보험수익자의 변경권(상법 제733조)과 같은 일정한 경우에는 보험료적립금에 대한 반환청구권(상법 제736조)을 갖게 되는 것이다.

7) 기타

피보험이익의 관념과 손보에선 보험자대위가 인정되나, 인보험에선 상해보험(상법 제729조)에서 약정에 의하여 일부 인정된다.

3. 보험의 본질적 검토

보험은 연혁적으로 해상보험에서 비롯하여 화재보험 등의 손해보험은 물론 생명보험과 같은 정액보험이 발전함에 따라 보험의 절대적 구성요소인보험계약의 법률적 의의에 대하여도 학설이 갈려 이를 일률적으로 설명하기는 어려운 실정이다. 특히 손해보험과 생명보험에 관하여 통일적인 개념정의는 어려운 실정이다. 다만 보험의 본질론적 접근한다면 아래와 같은 견해를 볼 수 있겠다.

(1) 손해보상계약설

보험계약은 보험사고의 발생으로 인한 피보험자의 손해를 보상하는 계약이라는 설이다. 이것은 보험발달초기에 손해보험만이 행하여지던 시대에 지배적인 학설이었으나, 생명보험의 발달로 이를 설명할 수 없게 되었다. 생명보험은 보험사고발생의 경우에 손해발생여부와 관계없이 일정금액을 지급하는 정액보험이므로 이를 설명할 수 없다는 비판이 있다.

(2) 경제수요충족설

손해보상에 대체하여 경제적 수요의 충족이라는 관념을 사용하여, 보험계약은 불확정한 사고의 발생에 의하여 생기는 경제수요를 충족시키는 것을 목적으로 하는 계약이라는 설이다. 그러나 이설에 대하여도 생명보험계약은 보험사고발생으로 인하여 구체적인 경제적 수요의 발생여부와 그 정도의 여하에 관계없이 약정한 보험금이 지급되므로 부당하다는 비판을 받고 있다.

(3) 기술설

보험계약은 보험자가 우연한 사고의 발생개연율에 따라 산출된 보험료에 대하여 그 사고의 발생시에 일정한 금액을 지급할 것을 약정하는 계약이라는 설이다. 이것은 보험의 기술적인 측면을 강조한 것이다. 그러나 이 설은 보험제도의 경제학상의 의의에 대한 설명은 될지 몰라도 보험계약의 법률학상의 정의로는 불충분하다는 비판이 가해진다.

(4) 금액급여설

보험계약은 보험자가 대가를 받고 계약으로 정한 보험사고의 발생을 조건으로 일정한 금액의 지급을 약속하는 계약이라는 설이다. 이것은 보험계약에서 필요하다고 객관적으로 인정된 법률효과를 드는 것으로 충분하다는 입장이며, 비교적 무난하다고 할 수 있다. 오늘날 유리보험과 같이 현물로 급부하는 보험이 있음에 착안하여 재산급여설을 주장하기도 하는데 같은 범주에 속하는 것으로 생각된다.

(5) 이원설

손해보험계약과 생명보험계약에 공통되는 통일적인 정의를 내리기 어려우므로, 손해보험계약과 생명보험계약에 대하여 각각 별개의 정의를 내리는 설이다. 즉 '보험계약은 우연한 사고가 발생한 경우에 이것에 의하여 상대방 또는 제3자에게 발생한 손해를 보상하고, 또는 약정한 일정금액을 상대방 또는 제3자에게 지급하는 것을 인수하는 계약' 이라고 정의를 내리는 것이다. 이 설에 대하여는 택일적인 내용의 정의로 이론적으로 불완전한 것이라는 비판이 있다.

(6) 우리 상법의 입장

상법 제638조는 '보험계약은 당사자 일방이 보험료를 지급하고 상대방이 재산 또는 생명이나 신체에 관하여 불확정한 사고가 생길 경우에 일정한 보험금액 그 밖의 급여를 할 것을 약정함으로써 효력이 생긴다.' 라고 정의하여 손해보험과 인보험에 대하여 통일적인 규정을 두고 있다. 다만 우리 상법정의규정은 손해보험계약과 인보험계약을 병렬적으로 결합하고 있는 감이 있으나, 대체로 금액급여설에 입각한 것으로서 무난하다고 본다.

02 보험법의 기초

1. 법과 인간의 사회성

인간은 날마다 생활하고 있다. 이러한 인간은 사회를 떠나서는 살 수 없고, 사회로부터 고립된 인간은 존재할 수 없다. 인간은 이러한 사회생활속에서 자신을 확인하고 타인과의 공존을 통하여 성숙되고 각자의 필요성에 따라 서로 협력하고 타인과의 유대를 통하여 이 사회속에서 생존을 하게 된다. 이와 같은 개개인은 고립이 아닌 서로 밀접불가분한 관계속에서 공동체라는 사회의 테두리안에서 공동생활을 영위하고 있는 것입니다. 이에 아리스토텔레스는 '인간은 사회적 동물이다' 라고 하였다. 이 명제는 인간은 하나의 생명체인 동시에 사회적 공동생활을 영위하는 사회적 조직체의 일원으로서 사람의 사회성을 말한 것이다.

이와 같이 인간은 사회를 형성하면서 공동체생활을 한다. 그러나 사회라는 것은 인간상호간의 사회관계의 불합체이다. 특히 인간들의 다종다양한 욕망속에서 반사회적인 이기심이 있음을 부인할 수 없다. 그리하여 다수인이 공존하는 사회에서는 필연적으로 각자의 이해관계가 충돌하게 되며, 이러한 이해관계의 충돌은 규율하지 않고 각자 마음대로 행동하게 된다면 홉스(Hobbes)가 말한 ' 만인의 만인에 대한 투쟁 ' 만이 남게 되어 사회의 질서와 기능이 마비되어 이 사회공동체는 존재할 수 없고, 약육강식의 무정부상태에 떨어지게 된다.

그리하여 자연스럽게 이 사회는 인간의 반사회적인 이기심을 억제하면서 동시에 인간들이 준수해야만 하는 사회규범을 필요로 하게 되고, 그 사회규범을 통하여 분화한 사회중심적 역할을 하게 되는 법이 출현하여 사회공동체의 안정과 발전을 꾀할 수 있게 되는 것이다. 이에 법규범이 존재이유가 있게 되고, 나아가 그 규범의 가치기준을 통하여 법의 필요성을 갖게 되었다. 특히 현대국가는 법치주의를 기본원리로 하고 있으므로 인간의 모든 행위는 언제나 법과 직접적으로 관계를 맺게 된다. 따라서 법과 사회는 필연적으로 불가분의 밀접한 관계에 있게 되어 ' 사회가 있는 곳에는 법이 있고, 법이 있는 곳에는 사회가 있다 ' 는 명제가 성립된다. 이를 예링(Jhering)은 '법이란 사회의 생활조건이다' 라고 설파하고 있다.

2. 사회와 법

법규범의 내용과 사회생활의 본질은 밀접한 상관관계가 있으며, 사회생활의 변천은 이러한 법규범에 바로 반영되어야 한다. 이러한 법규범의 내용은 사회생활, 특히 경제적인 여러 조건에 상응하는 것이 아니면 안 된다. 그런데 사회는 항상 진전하여 오늘의 사회는 이미 어제의 사회가 아니다. 그러나 법규범은 한 번 제정되면 고정되고, 특히 거대한 법전이라면 그 개정은 쉬운 일이 아니다. 따라서 법규범은 끊임없이 진전해 가는 사회생활의 현상을 쫓아 갈 수 없을 뿐 아니라 오히려 그것을 후퇴시키는 반작용을 한다고 하는 비난이 일어나게 된다.

법이 없는 국가사회는 존재할 수 없으며, 모든 사회에는 반드시 그 사회의 특유한 법이 존재하게 된다. 그리고 사회생활의 성격이 법규범에 반영되어져야 한다. '사회생활의 성격이 법규범에 반영되어야 한다' 고 하는 것은 동시에 법규범이 사회생활의 성격에 맞는 내용을 가져야 한다는 요구이다. 사회생활의 실체가 변천하고 새로운 생활이 발생할 경우에는 법규범이 수정되고 혹은 새로운 법규범이 정립되지 않으면 실생활의 사이에 간격(gap)이 생기게 되고, 이것이 커지면 법규범은 사회적 타당성을 잃게 된다. 여기에서 주의하지 않으면 안되는 점은 법이 규율하는 사회생활의 실체에 알맞은 내용을 가져야 한다고 할지라고 그 생활관계를 무조건으로 승인한다고 타당한 것이 아니고, 이성에 기하여 법의 목적인 정의의 견지로부터 판단하여 타당하여야 하고, 역으로 그 생활관계를 지도하는 것이 아니면 안되는 점도 또한 간과해서는 안되는 것이다[3].

(1) 법(法)의 개념

법은 사회현상에 착안하여 그것을 사회학적으로 구명하는 학문이므로 사회생활에 있어서 인간과 사회와의 상호관계를 대상으로 하는 사회과학 즉, 이론적 지식의 체계이다. 이러한 법학은 로마에서 시작하여 오늘에 이르고 있으며, 사회에서 발생하는 문제를 해결하면서 바르게 사는 원리와 지식을 알려주는 학문이다. 요컨대, 법현상은 사회의 변화성과 유동성 속에서도 보편성과 항구성의 원칙을 찾아낼 수 있기 때문에 법학이 학문으로서 성립할 수 있다. 이러한 법은 여러 실익으로 인하여 법이란 ' 인간이 공동체생활을 함에 있어서 공동체유지를 위한 행위의 준칙을 필요로 하게 되어 국가나 공동체에 의해 미리 마련되어 있는 강제적인 사회규범 ' 을 이른다.

① 행위의 준칙
② 규범이다.
③ 사회규범이다.
④ 국가나 공동체에 의하여 인정된 규범이다.
⑤ 중심권력에 의하여 강제되는 규범이다.

---

3) 엄영진, 법학입문, 대왕사, 2008, 21면.

그러나 여기에서는 우리의 관심사는 주로 보험생활이기 때문에 주제를 달리하여 이하에서는 보험에 대한 지평을 법과 관계를 통하여 전개하여 보고자 한다.

3. 보험과 법

(1) 보험경제제도의 의미

사유재산제도와 자기책임원칙을 기본으로 하는 현대경제사회에 있어서 각 경제주체는 원칙적으로 자기책임하에 자기의 경제생활을 유지 · 운영 · 발전시켜 나간다. 그러나 각 경제주체가 우연히 예측할 수 없는 사고, 예컨대 재화의 감손이나 배상책임의 부담 또는 사망 등과 같은 사고를 당한 경우에는 경제생활이 불안정해진다.

이와 같은 사고에 대하여서는 예방책, 진압책 및 선후책 등의 대비책이 있을 수 있다. 첫째의 예방책은 사고의 발생을 사전에 방지하는 것으로서, 그러기 위하여서는 사고의 원인을 규명하여 그 원인을 제거하여야 한다. 예방책은 사고의 발생에 대한 대비책으로서는 이상적이나, 현대의 과학이나 기술로써 그 사고원인을 규명 · 제거할 수 없는 경우에는 사고의 발생을 사전에 방지할 수 없으므로, 여기에 한계가 있다. 둘째의 진압책은 사고가 발생한 경우에 그 결과를 가급적 감소시키는 것으로서, 진압책에서는 예방책에서와 같은 한계가 있다. 셋째의 선후책은 사고로 인하여 생긴 결과에 대하여 경제적 측면에서 조치하는 것으로서, 저축과 공적 구제제도가 있다. 그러나 저축은 반드시 우연한 사고에 대비하기 위하여 하는 것이 아니고, 또 공적구제제도는 구제를 받기 위한 요건과 범위가 극히 한정되어 있어 원상회복을 위하여서는 불충분하다. 그리하여 소액을 지급하고, 사고가 발생한 경우에 원상회복에 필요한 금액을 지급받을 수 있는 제도로서 보험제도가 필요하다. 따라서 이러한 보험제도는 동일한 위험에 놓여 있는 다수인이 하나의 공동위험단체를 구성하여 일정한 기금을 마련하고, 그 우연한 사고로 말미암아 재난을 입은 사람에게 일정한 금액을 지급함으로써 경제생활의 불안을 제거 또는 경감시키려는 경제제도이다.

(2) 보험법

우리가 항상 이용하는 보험은 계약의 틀속에서 운용되고 있는데, 이는 보험법이라는 법체계에서 위치하고 있다. 이러한 보험법은 私保險에 관한 법규 전반을 가리킨다. 여기에는 보험계약관계를 규율하는 상법 제4편 및 민영보험사업에 대한 감독법규(보험업법 등 공법 법규)도 포함되며, 더 넓게는 의료보험, 산재보험 등 公保險에 관한 법규도 포함된다. 여기서는 상법 제4편을 중심으로 하는 보험에 관한 사법법규는 「보험계약법」으로 부르기로 한다.

이러한 협의의 보험법(보험계약법)은 보험자와 가입자간의 사법적 법률관계를 규율함을 목적으로 한다. 즉 보험계약 당사자간에 권리 · 의무의 합리적 배분문제에 관심이 집중되어 있다. 이러한 보험계약법은 보험거래관계만을 규율하므로, 그 기본성격은 상행위법에 속한다.

보험환경의 변화와 보험시장의 규모 등을 고려하여 볼 때 우리도 많은 보험관련판례가 집적되었고, 소비자관련법들이 발전이 있었으며, 구체적으로는 보험시장내의 상품들이 다양하게 개발되었고, 각종 통신매체가 발달하여 소비자에게 다양한 편의를 제공할 제도 및 인프라가 구축된 현실에 비추어 생명보험 표준약관의 개정이 가지는 의미가 매우 크며, 특히 이번 개정된 생명보험 표준약관에 새롭게 되었거나 보완된 규정은 보험계약상의 분쟁가능성이 있었던 부분에 대한 합리적인 고려를 통하여 보험소비자를 보호하려는 의도에서 출발한 것으로 평가되므로 이를 더욱 잘 정착시키고 부족한 부분에서는 법사상에 적합하도록 반영하는 노력을 하여야 할 것으로 본다.

약관의 법사회학적인 측면을 고려하여 보험계약도 다른 계약과 마찬가지로 보험계약자측의 자기책임이라는 측면이 존중되어야 하겠지만 보험모집을 위한 영업활동은 보험계약자의 신뢰를 얻을 수 있는 환경에서 더욱 발전할 수 있기 때문에 더욱이 정보의 비대칭 등으로 인하여 보험자에 비하여 열악한 지위에 처해 있는 보험소비자를 두텁게 보호하고 보험소비자부터 신뢰를 얻기 위해서 규정되어야 할 것이고 보험계약의 특수성을 반영한 제도의 정비가 필요하다고 본다. 이러한 사항을 우리 법제에로의 적용과 실현은 약관의 기본논리인 법사회학은 '살아있는 법' 및 그 기초로서의 '법적 사실' 등이 충분히 탐구되어야 하고, 여기에 법의 사실적 연구와 사회학적 연구가 강조됨으로써 새롭게 등장되어 한 분과를 이루게 되는 것이다. 법을 사회학적으로 파악한다는 점에서 성문법의 해석에 중점을 두는 법해석학과 다르게 사회현상으로서 법의 보편적 성격을 구명해보는 것이 전문 법철학과 구별되어지는 것이다.

이러한 법학은 결국 제정법의 적용의 이론인 것이며, 이러한 이론은 법체계의 완결성(Gesch-lossenheit)과 무흠결성(Luckenlosigkeit)을 전제로 한 것이다. 그러나 실제 우리 사회를 현실적으로 유지하게 하는 것은 그러한 국가제정법규만이 아닌 오히려 인간사회의 법질서의 기초를 이루는 시민의 행위를 현실적으로 규율하고 있는 행위의 규칙인 '살아있는 법' 인 것이다. 즉, 법사회학은 법학의 방법론상에 있어서 크나큰 발전을 가져온 것으로 실태조사의 중요성을 강조하고, 보험제도를 악용하는 의도를 사전에 차단하고 악의적인 해석을 방지함으로써 법사회학의 이념을 달성하는 것이 의미가 크다고 하겠다.

03 보험법의 체계와 특성(特性)

1. 보험법의 체계

(1) 보험법의 개념

1) 보험법의 의의

보험법이라 함은 넓은 의미로는 보험관계를 규율하는 법 전체를 가리킨다[4]. 따라서 보험관계[5]라는 것도 음미해야 할 용어이며, 여기서 법은 일반적으로 공법과 사법[6]으로 구분되어지는데, 보험법은 보험공법(保險公法)과 보험사법(保險私法)으로 대별되어진다. 보험공법이라 함은 보험에 관하여 공법적(公法的) 법규의 총체로서 보험사업감독법, 사회보험법 등이 이에 속하고, 보험사법은 보험에 관한 사법적 법규(私法的 法規)의 총체로서 보험기업의 주체에 관한 법규와 보험계약법(保險契約法)이 포함된다.

한편 보험기업(保險企業)의 주체에 관한 법규는 보험업법(保險業法)에 규정되어 있고, 보험계약법은 좁은 의미의 보험법이라고 일컬어지며, 실정보험법(實定保險法)으로서의 상법(商法)의 대상이 되어지는 것이다. 이러한 보험법은 형식적으로는 기본적 상행위인보험에 관한 법으로서 상행위법에 속하는 것이다. 그러나 보험법은 그양이 방대하고 상세하여 상법은 이를 제4편에 따로 규정하고 있다. 다만 상호보험은 그 내용은 영리보험과 같고 비영리성으로 인하여 보험법에 준하여 처리하고 있으며, 실질적으로는 기업관계중에서도 보험기업에 관한 법이라 그리고 여러 특성을 가지고 있으므로 상법체계 중에서 특별한 지위를 차지하고 있다.

---

4) 여기서 어떤 관계라는 것이 중요한 포인트가 된다. 예컨대, 법률관계, 사실관계, 인간관계, 나아가 호의관계 등이 열거된다.

5) 보험관계라는 것도 보험에 대한 정의가 우선적으로 생각해 볼 용어이다.

6) 법의 분류상 공법은 그 기본생활관계가 수직적이고 명령적인 관계임에 비추어 사법은 그 생활관계가 수평적이며 임의적이라는 점에서 구별되어진다.

(2) 보험계약법의 의미

1) 실질적 의의

보험계약법이라 함은 실질적 의의에 있어서는 특히 영리(營利)[7]를 목적으로 경영하는 계약 당사자 사이의 법률관계(法律關係)를 규율하는 것이다.

2) 형식적 의의

형식적 의의에 있어서는 법전에 보험계약법으로서 규정되어져 있는 모든 법규를 말한다. 그러므로 우리니라 상법전(商法典) 제4편의 법규정은 바로 형식적 의의의 보험계약법이다.

3) 상법상의 지위(地位)

보험계약법은 상행위인 영리보험(營利保險)에 관한 법으로서 형식적으로는 상행위[8]에 속하는 것이지만 보험계약법의 특성 때문에 실질적으로는 단순한 상행위법의 일부가 아니라 특수한 지위를 차지하는 것임을 유의할 필요가 있다. 따라서 상법은 보험계약법의 규정을 영리를 목적으로 하지 않는 상호보험(相互保險)에 준용하도록 하고 있다(상법 제664조 참조).

2. 보험계약법의 특성(特性)

(1) 서

우리 상법상 보험계약은 영업적 상행위의 일종(상법 제46조 17호)이나 보험제도가 '사람이 공동체생활을 함에 있어서 공동의 위험에 놓여있는 다수의 경제주체가 대수의 법칙에 의한 공동준비금을 적립하여 우연한 사고에 대비하는 기술적인 경제제도' 라는 점에서 일반적 상행위와는 다른 특이성을 지니고 있다. 따라서 보험계약은 계약자유의 원칙이 적용되어질 여지가 없게 된다. 이에 보험계약은 법의절차를 받지 않은 자와는 보험계약을 체결할 수 없다(보험업법 제4조 참조). 이와 같은 보험계약의 성격 때문에 보험계약법은 다른 일반 사법에 비추어 특수한 성격을 지니게 된다. 그리하여 보험계약법의 세 가지 주요한 특성으로는 단체성, 사회성, 반면적 강행법규성 외에도 윤리성, 선의성, 기술성 등이 보충적으로 거론된다.

---

7) 여기서 영리란 돈벌이를 의미하는 바, 이익을 위한 것은 영리성이 있다고 한다.

8) 상행위란 실질적으로는 상인의 영리활동행위이고, 형식적으로는 상법과 특별법에 상행위로 규정된 행위를 이른다. 이 상행위개념은 상인, 회사, 선박 등의 개념을 정하는 기초가 되는 동시에 상인개념과 함께 상법의 2대 기본개념이다. 이 개념에는 법률적 뿐만 아니라 준법률적, 사실행위 등 영업을 위하여 하는 것이 포함된다.

(2) 특성(特性)

1) 단체성(團體性)

보험계약은 하나의 계약으로서 보면 보험자와 보험계약자와의 사이에 이루어지는 개인법적인 채권계약이다. 그러나 보험은 동질적 위험에 놓여 있는 다수인이 공동으로 출재하여 적립한 공동준비재산에서 현실로 사고를 당한 자의 경제적 수요에 이바지하는 것으로서 보험가입자는 하나의 단체를 구성하게 된다. 이러한 위험단체의 구성은 다수인이 위험을 평균화함으로써 위험의 분산이라는 보험의 기술적인 요청에서 출현하는 것이며, 영리보험에서나 상호보험에 있어서나 그 법률적 의미가 다를 뿐 동일하다. 즉 보험은 위험단체를 전제로 하는 것이므로 보험계약법도 단체법적인 성격을 가지지 않을 수 없으며, 이것을 개개의 보험계약에 어떻게 반영시킬 것인가는 보험계약법의 하나의 과제이다. 그리하여 개인을 우선할 것인가 아니면 단체를 우선할 것인가가 문제이다.

보험계약법이 보험계약상 보험계약자에게 예컨대, 고지의무(상법 제681조)를 지우고, 위험의 변경(變更) · 증가(增加)에(상법 제652조와 제653조) 관한 특별한 기회를 부여한 이유도 이 점에 있다.

2) 사회성(社會性) · 공공성(公共性)

보험기업은 넓은 의미의 금융사업으로써 사회적 · 공공적 성질을 가진다. 즉, 보험계약은 다른 상행위와 같이 대립하는 계약당사자의 개인적 이해관계의 조정만을 목적으로 하는 것이 아니라 널리 일반대중의 이해와도 관계되는 것이다. 따라서 공동준비재산을 형성하는 각자의 출연은 저축의 경우와는 달리 그 환수가 자유로운 것이 아니고 우연한 사고에 의한 경제상의 수요충족을 어떻게 잘 보장할 것인가에 보험기업의 생명이 있으며, 그로써 사회적 · 공공적 색채의 기능은 매우 짙은 것이다. 그리하여 보험계약에 있어서는 보험업법을 비롯한 많은 감독법규의 제재를 받게 된다. 즉, 보험업법은 보험자의 자격을 제한하고, 또 보험을 이용하는 일반대중의 이익을 보호하기 위하여 보통보험약관에 대하여도 행정적인 감독을 요구하고 있으며, 상법은 해상보험 · 재보험 등 기업보험을 제외하고는 특약에 의하여도 보험계약자 등의 불이익으로 변경하지 못하도록 하고 있다(상법 제663조).

3) 상대적(相對的) 강행법규성(强行法規性)

보험계약에 관한 규정은 다른 계약법에서와 같이 대체로 임의법규로서 당사자는 특약으로서 이와 다르게 정할 수 있다. 그러나 보험제도가 갖는 특성과 보험계약관계에 있어서 보험계약이 갖고 있는 특성으로 인하여 자본주사회의 경제구조에서 요구되는 계약자유(契約自由)의 원칙이 제대로 적용되지 못하고, 일반대중의 이익보호를 위한 법적 배려가 절실히 요구된다. 이에 상법 제663조는 '보험계약자 등의 불이익변경금지의 원칙'을 특약(特約)에 의하여도 상법의 규정에 반하여 보험계약자 등의 불이익으로는 변경하지 못하도록 함으로써 보험계약법을 상대적 강행법규화 하였다. 그러나 이 원칙은 가계보험에서 보험을 잘 모르는 보험계약자 등을 보호하기 위한 것이지, 기업보험(企業保險)에 속하는 해상보험이나 재보험 경우 까지 적용할 것은 아니다. 이들 경우에는 상법 제663조 단서는 '재보험 및 해상보험 기타 이와 유사한 보험의 경우에는 그러하지 아니하다' 라고 규정하여 어느 정도 사적자치(私的自治)를 인정하고 있다. 예컨대 해상보험의 경우에는 영문보험약관이 이용되기 때문에 불이익변경금지원칙을 일률적으로 적용규제 하는 것이 적당치 않다[9].

4) 기술성(技術性)[10]

보험제도는 법적 위험 공동체를 형성하여 대수의 법칙에 따라 보험료를 납부하고 보험사고가 발생한 때에 보험금을 지급함으로써 위험을 분산시키는 기술적 제도이다. 여기서 보험료와 보험금의 관계, 보험료의 운용 및 보험금의 지급 등은 기술적 요소를 근거로 하고 있으며, 보험계약은 일반적인 당사자의 의시니 형평의 관념으로는 이해하기 힘든 기술적 원리에 의하여 지배되고 있다. 또한 고지의무 · 통지의무에 관한 규정, 보험료불가분의 원칙 등이 이 같은 기술성을 적용하고 있는 것이다.

5) 윤리성 · 선의성

보험제도의 발달의 초기에는 보험제도가 불법의 도박적 행위로 악용되어 보험계약의 윤리성 · 선의성이 요구되었다. 보험계약의 선의성은 1392년경 피렌체의 보험증권에 이미 정하여져 있었고, 또 1794년의 프로이센의 보통국법에도 정하여져 있었다. 그리고 1906년의 영국의 해상보험법 제17조는 '해상보험계약은 최대선의의 계약이다. 따라서 당사자의 일방이 최대선의를 준수하지 않을 때에는 다른 당사자는 그 계약을 취소할 수 있다.' 고 하여 해상보험계약의 선의성을 규정하고 있다. 그 후 각국의 학설과 판례에서도 대체로 보험계약법의 윤리성 · 선의성을 인정하였다.

다만 미국은 이러한 특성에 근거한 연방차원의 보험법이 없이 각 주별로 보험계약법과 보험감독에 관한 법을 포함한 보험법전을 갖고 있다. 상법상 피보험이익의 적법성의 원칙, 사기로 인한 초과보험의 무효(상법 제669조제4항), 고지의무위반의 주관적 요건(상법 제651조), 손해방지의무(상법 제680조), 고의로 인한 보험사고에 대한 보험자의 면책(상법 제659조) 등은 보험계약법의 윤리성 · 선의성에 기초하는 것이다.

---

9) 대판 1996. 12. 20, 96 다 23818 참고.

10) 양승규, 보험법, 삼영사, 2000.

기본학습

04 보험계약의 개념과 특성

1. 보험계약의 의의

(1) 서언

보험계약은 사회경제제도인 보험을 이용하는 당사자인보험자와 보험계약자를 권리 · 의무관계로 결합하기 위한 법률적 수단이다. 우리 상법은 보험계약의 의의에 관하여 '당사자 일방이 약정한 보험료를 지급하고 상대방이 재산 또는 생명이나 신체에 관하여 불확정한 사고가 생길 경우에 일정한 보험금액 기타의 급여를 지급할 것을 약정함으로써 효력이 생긴다' 라고 규정하고 있다(상법 제638조).

보험은 연혁적으로 해상보험에서 비롯하여 화재보험 등의 손해보험은 물론 생명보험과 같은 정액보험이 발전함에 따라 보험계약의 법률적 의의에 대하여도 학설이 갈려 이를 일률적으로 설명하기는 어려운 실정이다. 특히 손해보험과 생명보험에 관하여 통일적인 개념정의를 내리기가 매우 어려워서 많은 학설의 대립이 있었다.

(2) 보험계약의 개념에 관한 학설

1) 손해보상계약설

보험계약은 보험사고의 발생으로 인한 피보험자의 손해를 보상하는 계약이라는 설이다. 이것은 보험제도의 발달초기에 손해보험제도만이 행하여지던 시대에 지배적인 학설이었으나, 생명보험의 발달로 이를 설명할 수 없게 되었다. 생명보험은 보험사고발생의 경우에 손해발생의 여부와 관계없이 일정금액을 지급하는 정액보험이므로 이를 설명할 수 없다는 비판이 있다.

2) 경제수요충족설

손해보상에 대체하여 경제적 수요의 충족이라는 관념을 사용하여, 보험계약은 불확정한 사고의 발생에 의하여 생기는 경제수요를 충족시키는 것을 목적으로 하는 계약이라는 설이다. 그러나 이설에 대하여도 생명보험계약은 보험사고발생으로 인하여 구체적인 경제적 수요의 발생여부와 그 정도의 여하에 관계없이 약정한 보험금이 지급되므로 부당하다는 비판을 받고 있다.

3) 기술설

보험계약은 보험자가 우연한 사고의 발생개연율에 따라 산출된 보험료에 대하여 그 사고의 발생 시에 일정한 금액을 지급할 것을 약정하는 계약이라는 설이다. 이것은 보험의 기술적인 측면을 강조한 것이다. 그러나 이 설은 보험제도의 경제학상의 의의에 대한 설명은 될지 몰라도 보험계약의 법률학상의 정의로는 불충분하다는 비판이 가해진다.

4) 금액급여설

보험계약은 보험자가 대가를 받고 계약으로 정한 보험사고의 발생을 조건으로 일정한 금액의 지급을 약속하는 계약이라는 설이다. 이것은 보험계약에서 필요하다고 객관적으로 인정된 법률효과를 드는 것으로 충분하다는 입장이며, 비교적 무난하다고 할 수 있다. 오늘날 유리보험과 같이 현물로 급부하는 보험이 있음에 착안하여 재산급여설을 주장하기도 하는데 같은 범주에 속하는 것으로 생각된다.

5) 이원설

손해보험계약과 생명보험계약에 공통되는 통일적인 정의를 내리기 어려우므로, 손해보험계약과 생명보험계약에 대하여 각각 별개의 정의를 내리는 설이다. 즉 '보험계약은 우연한 사고가 발생한 경우에 이것에 의하여 상대방 또는 제3자에게 발생한 손해를 보상하고, 또는 약정한 일정금액을 상대방 또는 제3자에게 지급하는 것을 인수하는 계약' 이라고 정의를 내리는 것이다. 이 설에 대하여는 택일적인 내용의 정의로 이론적으로 불완전한 것이라는 비판이 있다.

(3) 우리 상법의 입장

상법 제638조는 '보험계약은 당사자 일방이 보험료를 지급하고 상대방이 재산 또는 생명이나 신체에 관하여 불확정한 사고가 생길 경우에 일정한 보험금액 그 밖의 급여를 할 것을 약정함으로써 효력이 생긴다.' 라고 규정하여 손해보험과 인보험에 대하여 통일적인 효과규정을 두고 있다. 다만 우리 상법의 정의규정은 손해보험계약과 인보험계약을 병렬적으로 결합하고 있는 감이 있으나, 대체로 금액급여설에 입각한 것으로서 무난하다고 본다.

2. 보험계약의 법적 성질

(1) 유상 · 쌍무계약성

보험계약은 보험자와 보험계약자 사이에 이루어지는 채권계약으로서 당사자쌍방이 보험금과 보험료라는 서로 대가적 의미를 가지는 채무를 부담하므로 쌍무계약이다. 또한 서로 재산상의 출연을 하는 계약이므로 유상계약이다(쌍무계약은 모두 유상계약임). 다만 서로 대가적 의미가 있는 두 개의 급부 가운데 보험계약자의 급부에 관하여는 문제가 없지만, 보험자의 급부에 관하여는 보험계약의 법적 구조에 관한 논의와 관련하여 학설의 대립이 있을 수 있다.

먼저 유상계약성에 관하여는 보험계약자의 보험료급부에 대립하는 보험자의 급부는 보험사고의 발생이라는 우연한 사정에 의하여 결정되므로 논의의 여지가 있다. 그러나 보험금의 경우 당사자가 현실적으로 급부를 받을 수 있게 되느냐의 여부는 불확실하지만 만약 보험사고가 발생하면 급부를 받을 수 있는 기회가 잇을 것을 기대해서 서로 채무를 부담할 것을 약정하는 것이므로 유상계약이라고 본다. 그리고 보험자가 제공하는 이러한 기대에 대한 보장은 피보험자의 경제생활의 안정을 보장하는 위험부담급부라 할 것이고, 이 위험부담은 그 자체가 현실적인 경제적 가치를 가지는 출연이라고 볼 수 있으므로, 보험계약은 유상계약이라고 해석한다.

쌍무계약성에 관하여는 보험계약자의 보험료지급채무는 보험자의 이 위험부담급부와 서로 의존관계를 갖는다고 말할 수 있다. 따라서 쌍무계약에서의 동시이행의 항변이나 위험부담에 관한 민법의 규정(민법 제536조)도 보험계약의 특수성을 고려하면서 적용하여야 할 것이다. 그렇지만 보험계약에 대하여는 상법과 약관에 많은 특별규정이 있기 때문에 민법의 일반원칙을 적용할 여지가 거의 없다.

(2) 불요식 · 낙성계약성

보험계약은 당사자 쌍방의 의사표시인 합치만으로 성립하고, 계약의 성립을 위하여 당사자의 특별한 급부를 요하지 않는 낙성계약이다. 상법상 보험자의 책임은 최초의 보험료를 지급한 때로부터 개시한다는 규정(상법 제656조)이 있지만, 이것은 보험기간의 시기를 정한 것이지, 보험계약의 효력발생시기와는 다른 것이다. 따라서 보험계약을 요물계약이라고 해석할 것은 아니다. 또 보험계약을 체결하기 위한 의사표시에는 특별한 방식이 필요하지 않다. 즉 법률상 불요식계약이다. 상법 제640조는 보험자에 대하여 보험계약이 성립한 때에는 지체없이 일정한 방식을 구비한 보험증권의 작성 및 교부의무를 규정하고 있는데, 이는 이미 성립한 계약의 효과로서 생기는 의무이며, 계약의 성립요건은 아니다. 또한 보험증권만이 법률상 유일한 증거방법인 것도 아니다. 그런데 실제 거래계에서는 보험계약을 체결하는 경우, 보험자측이 미리 인쇄한 청약서가 청약인에게 교부되고, 계약자의 청약의 의사표기는 그 필요란에 기입을 하여 기명날인을 함으로써 이루어지도록 하고 있다. 또한 소정의 청약서에 의하지 않은 청약에 대하여는 보험자가 승낙을 하지 않는 것이 보통이기 때문에, 보험계약은 사실상 요식화되고 있다고 할 수 있다.

(3) 상행위성

상법은 보험을 영업적 상행위로 규정하고 있으며, 이것은 보험자가 보험계약을 체결하는 것을 영업으로 하는 것을 말한다. 그러나 보험계약은 다수의 보험계약자를 대상으로 하며, 그 특성상 단체성, 사회성, 공공성 등이 인정되어 일반의 상행위와는 그 성질이 다르다. 이 때문에 논자에 따라서는 보험계약의 상행위성을 부인하는 입장도 있다. 상호보험회사가 체결하는 보험계약은 영업적 상행위가 아니나 상호보험도 사회성, 단체성 등의 특성이 공통되므로 그 성질이 허용하는 한, 상법은 보험계약법의 규정을 영리를 목적으로 하지 않는 상호보험에 준용하도록 하고 있다(상법 제664조).

(4) 사행계약성

보험계약은 당사자가 현실적으로 급부를 받을 수 있게 되느냐의 여부는 불확실하지만, 만약 보험사고가 발생하면 급부를 받을 수 있는 기회가 있을 것을 기대해서 서로 채무를 부담할 것을 약정하는 계약이어서 사행계약이다. 다시 말해서 보험자의 급부가 우연한 사고(보험사고)의 발생에 달려 있어 사행계약에 속한다. 그리고 여기서 보험사고의 불확정성은 반드시 객관적인 것이어야 하는 것은 아니고 당사자에게 있어서 주관적으로 불확정하면 된다(상법 제644조). 보험계약은 우연한 사고에 의한 재산관계의 변동을 가져오는 사행계약이라는 점에서 도박과 비슷하고, 한편 보험계약은 보험자가 지급하는 급부와 보험계약자가 지급하는 보험료와의 사이에 금액적으로 볼 때 균형이 깨어져 있는 계약이기 때문에 도박의 유인이 된다. 그러나 손해보험계약의 경우 피보험자는 피보험이익을 가지는 점에서, 또 보험은 대수의 법칙을 적용하여 확률계산을 통하여 불확실성을 제거할 수 있다는 점에서 도박 등과 구별된다. 특히 도박은 선량한 풍속 기타 사회질서에 반하므로 법률상 허용되지 아니하고 그에 대한 보험보호도 곤란하다.

(5) 선의계약성

보험계약의 선의계약성은 보험계약의 사행계약성에 비추어 볼 때 다른 여타의 계약보다 선의성이 한층 더 요구되는 계약이라는 뜻이다. 물론 계약의 선의성이나 신의성실의 원칙은 비단 보험계약만의 문제가 아니라 모든 계약에서 받아들여져야 할 기본원칙이라 할 수 있다. 이러한 점에서 보험계약의 선의성을 부정하는 견해도 있다. 그러나 보험계약은 우연한 사고의 발생을 전제로 하는데서 그 선의성은 더욱 강조되지 않을 수 없다. 이러한 선의계약성에서 보험계약자 등의 고지의무(상법 제651조) 등 특수한 의무가 지워지고 보험계약자 쪽에서 보험자를 속이려는 사기 또는 고의적인 의도가 있을 때에는 보험계약을 무효로 하는 것이 일반적이다(상법 제669조). 그리고 손해보험에 있어서는 피보험이익이 보험계약의 중심요소로 인정되고 있으며, 고의로 보험사고를 일으킨 경우에는 보험자의 면책사유로 하여(상법 제659조), 도덕적 위험을 방지하려고 하고 있는데 이것들은 모두 보험계약의 선의성과 관련시켜 볼 수 있을 것이다. 이 때문에 보험계약을 선의(good faith)가 아닌 최대선의(utmost good faith)계약이라고 표현하기도 한다.

(6) 계속계약성

채권 · 채무의 내용을 이루는 급부가 일정기간동안 계속해서 행하여지는 계약을 계속계약이라 한다. 보험계약은 보험자가 일정한 기간(보험기간)에 발생한 사고에 대하여 급여책임을 지는 것이므로 그 기간동안 계속하는 관계에 있는 계속적 계약의 성질을 갖는다. 그러므로 보험계약에 있어서는 보험자가 책임을 져야 할 기간에 대해서 합의가 있어야 한다. 이에 반하여 채권 · 채무의 내용을 이루는 급부가 어떤 시점에서 행하여지는 즉 1회의 급여로써 계약관계가 종료하는 매매 등과 같은 계약을 일시적 계약이라 한다.

계속적 계약에 있어서는 이른바 해지권이 있게 된다. 보험계약의 해지의 경우에 있어서 그 효력은 장래에 대하여서만 영향을 미치게 된다(상법 제649조 제2항, 제669조 참조). 또한 계속적 채권관계에 있어서는 일시적 채권관계와 달리 당사자의 상호신뢰성이 특히 중요하다.

(7) 부합계약성

보험계약은 그 성질상 다수의 가입자를 상대로 하여 대량적으로 체결되는 계약이다. 따라서 대량사무를 일거에 처리하기 위해서는 계약의 조건을 당사자가 서로 교섭하여 결정한다는 것이 곤란하다. 따라서 보험계약은 보험자가 미리 작성한 정형화된 약관에 의하여 체결되는 부합계약의 성질을 갖게 된다. 이처럼 보험자가 일방적으로 작성한 보통보험약관은 보험에 대한 전문적 지식을 갖지 못한 보험계약자 또는 피보험자나 보험수익자에게 부당한 피해를 강요할 가능성이 있게 된다. 그러므로 이러한 보험계약자 등의 이익을 보호하기 위하여 법의 후견적 배려가 요구된다. 그리하여 보험업법은 보통보험약관을 금융감독위원회의 인가를 얻어서만 사용하도록 하고, 상법 제663조는 보험계약자 등의 불이익으로 변경하여 약관을 만들지 못하도록 하고 있다. 이와 같은 보험계약의 부합계약성으로 말미암아 각 보험계약자를 평등하게 대우하고, 특히 보험계약의 해석에 있어서 의문이 있을 때에는 보험자의 불이익으로 하여야 한다는 이른바 작성자불이익의 해석원칙이 지배하게 되는 것이다.

(8) 독립계약성

보험계약은 민법상의 전형계약이 아닌 무명계약으로서 로마법에서 유래하는 계약유형의 어느 것에도 속하지 않는 독립계약이다. 여기서 보험계약이 독립계약이라는 말은 보험계약 자체가 독립하여 존재하여야 하고 따라서 위험의 인수는 단순한 부대약관에 의한 것이 아니어야 한다는 것을 의미한다. 그러므로 가령 건축, 토목 등 도급계약의 부대약관에 의하여 도급업자가 위험을 인수하는 것(after service)은 보험계약이 아니다. 그러나 예컨대 창고업자가 그가 보관하는 물건에 대한 위험을 담보하기 위하여 보험계약을 체결할 수 있음을 약정하고, 수치인이 그 임치인을 피보험자로 하는 타인을 위한 보험계약(상법 제639조)을 체결한 경우에는 그 보험계약은 독립한 보험계약이다.

요약정리

04 보험계약의 개념과 법적 성질

1. 서설

(1) 보험계약의 본질

원래 보험은 인류가 생활하면서 부딪치는 경제적인 위험에 대한 불안을 제거 또는 경감을 목적으로 고안해놓은 기술적인 경제제도(經濟制度)이다. 따라서 보험은 처음 해상보험의 모험대차에서 비롯하여 손해보험은 물론 생명보험과 같은 정액보험이 발전함에 따라 보험계약의 법률적 의의에 대하여도 견해가 갈려서 이를 일률적으로 설명하기는 어려운 실정이다. 그리하여 '생명보험' 에 대하여는 보험부인론이 등장하는가 하는 등 '모든 다른 종류의 보험에 적합한 개념정립은 색채가 없는 평범한 것' 이라고 하여 보험계약의 특징을 나타낼 뿐 그 정의(定義)를 내리지 않는 개념정립무용론[11]도 있었으나 오늘날에는 일반적으로 보험계약에 대하여는 일단 추상적인 정의개념을 내리고, 그 법적 성질(性質)을 살펴봄으로써 다른 계약과 구별하고 있다.

(2) 보험계약에 관한 본질론(本質論)

1) 손해보상설(損害補償說)

보험계약은 보험사고의 발생으로 인한 피보험자의 손해의 보상을 목적으로 하는 계약이라는 설이다. 이것은 사 보험(私保險)의 발달초기에 손해보험만이 행하여지던 시대에 지배적인 학설이었으나, 오늘날 생명보험의 출현으로 인하여 이를 설명할 수 없게 되었다.

2) 경제수요충족설(經濟需要充足說)

보험계약은 일정한 사고에 의하여 생기는 경제수요를 충족시킬 것을 목적으로 하는 계약이라는 학설[12]이다. 이것은 불확정한 사고의 발생에 기한 경제상의 목적에 중점을 둔 거이다.

---

11) K. Lehmann : Müller-Erzbach가 주장하였다.
12) Gobbi : Manes가 주장하였다.

3) 기술설(技術說)

보험계약은 보험자가 우연한 사고의 발생에 따라 산출된 보험료에 대하여 그 사고의 발생시에 일정한 금액을 지급할 것을 약정하는 계약이라는 학설[13]이다. 이것은 보험의 기술적인 특징에 착안하여 강조한 견해이다. 이 견해는 보험제도의 의의(意義)의 설명은 되지만 법률상의 정의개념으로는 불충분하다는 비판도 있다.

4) 이원설(二元說)

보험계약은 보험자가 보험사고가 생길 경우에 그 사고로 인하여 발생한 손해를 보상하거나 또는 약정한 금액을 지급할 것을 약정하는 유상의 독립계약이라는 학설[14]이다. 이 견해는 손해보험과 생명보험을 통일적으로 개념정립하기가 어렵다는 점에서 착안한 학설이다. 그러나 선택적인 정의는 불완전하다는 단점이 있다.

5) 금액급여설(金額給與說)

보험계약은 보험자가 대가(對價)를 받고 계약에 정한 사고의 발생을 조건(條件)으로 일정한 금액을 지급할 것을 약속하는 계약이라는 학설[15]이다. 이것은 보험계약에서 필요하다고 객관적으로 인정된 법률효과(法律效果)를 드는 것으로 충분하다는 입장으로 비교적 무난하다고 할 수 있는데, 오늘날 보험금을 현물로 급여하는 사례도 있어서 재산급여설((財産給與說)[16]이 주장되기도 한다.

(3) 우리 상법의 태도

우리 상법 제638조에서는 '보험계약은 당사자 일방이 보험료를 지급하고 상대방이 재산 또는 생명이나 신체에 관하여 불확정한 사고가 발생할 경우에 일정한 보험금액 그 밖의 급여를 할 것을 약정함으로써 효력이 생긴다' 라고 규정함으로써, 손해보험과 인보험에 대하여 한 조문에 통일적인 규정을 두고 있으나[17], 이것으로 만족할 수 있는 규정은 아니다. 따라서 그 정의규정을 두려고 하는 한에 있어서 불가피한 조치라 할 수밖에 없는 것이다.

---

13) Vivante가 주장하였다.

14) Ehrenberg가 주장하였다.

15) Endemann: 최기원, 전게서(하), 598면.

16) Julius v. Gierke가 주장하였다.

17) 독일 보험계약법은 이원론적 입장을 취하고 있으나 프랑스 보험계약법은 정의규정을 두고 있지 않다.

2. 보험계약의 법적 성질

(1) 불요식(不要式) · 낙성계약성(諾成契約性)[18]

보험계약은 당사자 쌍방의 의사표시(意思表示)의 합치만으로 성립하고 다른 급여를 요하는 것이 아니므로 불요식 · 낙성계약이다. 그러나 실제 거래계에서는 보험계약의 체결시에 정형화(定型化)된 보험계약청약서를 이용하고, 그 계약의 성립과 더불어 보험증권(保險證券)을 교부(交付)하는 것이 보통이기 때문에 이것은 법률상의 요건이 아니다. 또 상법 제656조에서 보험자의 책임개시(責任開始)의 시기(始期)를 특별한 약정이 없는 한 최초의 보험료의 지급을 받은 때[19]로 하고 있다는 점에서, 이것은 보험계약성립의 효력발생시기(效力發生時期)와는 다른 것이다.

(2) 유상(有償) · 쌍무계약성(雙務契約性)

보험계약자가 보험료를 지급하고 보험자는 보험사고가 생길 경우에 일정한 급여를 할 것을 약속한다는 점에서 유상계약(有償契約)이고, 보험자의 급여의무와 보험계약자의 그것이 대가관계(對價關係)에 있다는 점에서 쌍무계약(雙務契約)이다. 다만 보험자의 급여의무는 보험사고에 의하여 구체화되는 것이므로 보험사고가 발생하지 아니하고 보험기간이 지난 경우에는 보험자의 보험금 지급 없이 계약이 끝나게 된다. 이런 경우에는 보험자가 지게 되는 그 책임이 과연 무엇이냐에 대하여 여러 견해가 대립되는데, 위험부담설(危險負擔說)[20], 보험금의 지급이라는 금액급여설(金額給與說)[21] 등이 있게 된다. 그러나 이것은 개별적인보험계약이 동일한 위험에 처해 있는 보험단체를 전제로 한 위험단체와 관련을 맺고 있다는 보험계약의 단체적 구조에서 그 해답을 찾아야 한다는 점에서 보험자가 지는 책임은 보험금지급이라는 금액급여설이 타당하다고 본다. 그리고 또한 보험계약은 그 계약의 성립과 더불어 효력이 발생하므로 조건부계약이 아니다.[22]

(3) 개별성(個別性)과 단체성(團體性)

보험계약은 보험자와 보험계약자 사이에 개별적으로 이루어지고, 그에 따라서 보험계약자는 전혀 개별적으로 보험자에 대하여 권리의무를 가질 뿐이다. 상호보험의 경우가 아닌 단지 영리보험계약관계에서는 보험계약자 사이의 상호간에 직접적인 연결관계는 존재하지 않게 된다. 그러나 보험제도가 위험단체(危險團體)의 관념에 기초를 두고 있고, 그에 의해서 보험자는 보험기술상 다수의 보험계약자를 대상

18) 대판 1988. 2. 9, 86 다카 2933; 동지(同旨) 2003. 4. 25, 2002 다 64520.

19) 참고조문 상법 제656조.

20) Bruck-Möller, Kommentar zum VVG., Bd. 1., 1961, S. 110.

21) 독일의 통설

22) 참고 민법 제147조 ①정지조건이 있는 법률행위는 조건이 성치한 때로부터 그 효력이 생긴다. ② 해제조건이 있는 법률행위는 조건이 성취한 때로부터 그 효력을 잃는다. ③ 당사자가 조건성취의 효력을 그 성취전에 소급하게 할 의사를 표시한 때에는 그 의사에 의한다.

으로 위험 단체내에서 대수의 법칙 등에 의한 사고발생개연율에 의하여 보험료총액과 그 부담비율을 획정하여 이를 합리적으로 균형있게 각 보험계약자에게 분담시킴으로써 급여와 반대급여의 균형을 유지하도록 운영한다는 것이다. 그리하여 개별적인보험계약에서는 보험료와 보험금의 등가성(等價性)의 원리가 적용되지 아니하고, 보험단체의 전체적 구조관점에서 본다면, 보험료와 보험금의 등가성의 원칙이 유지되고 급여와 반대급여의 균형이 이루어짐으로써 보험계약의 유상 · 쌍무계약성이 제대로 나타난다고 할 수 있다. 이러한 점에서 보험계약은 언제나 다수의 보험계약자로 구성되는 보험단체를 전제로 보험계약관계가 성립되어 보험사고가 발생한 때에 지급되는 보험금은 위험단체의 구성원들에 의해서 지급된 보험료로 형성되는 것이다. 그리하여 이러한 보험계약관계는 그 개별성과 단체성이라는 상관관계가 이루어지는 것이고, 개별적인보험계약도 언제나 그 단체성을 전제로 하지 않으면 안된다[23].

(4) 상행위성(商行爲性)

우리 상법은 영업적(營業的) 상행위(商行爲)[24]로 규정하고 있으며, 이런 점에서 보험자가 보험계약을 체결하는 것을 영업(營業)으로 하는 것을 의미한다. 보험의 인수는 영업으로 해야 한다. 영업적으로 체결하는 보험계약은 기본적 상행위가 된다. 그러나 보험계약은 다수의 보험계약자를 대상으로 하여 단체성 · 사회성 · 공공성을 띄어 일반상행위와는 그 성질을 달리하여 심지어는 상행위성을 부인하는 입장이 있음을 유의할 필요가 있어서, 한편 상호보험회사가 체결하는 보험계약은 영업적 상행위가 아니나 상법의 규정은 그 성질이 상반되지 않는 한 상호보험에 준용하도록 하고 있다[25].

(5) 사행계약성(射倖契約性)

사행계약이란 '당사자의 계약상의 출연이 불확정한 급여의무의 인수를 그 내용으로 하는 것으로서, 그 급부의무를 구체화하는 조건인 사실의 발생여부나 시기 등에 의하여 양당사자가 이행해야 할 구체적인 급부 상호간의 균형관계가 좌우되는 구조의 계약' 이므로 보험계약은 사행계약의 성격이 있다. 여기에서 보험사고의 불확정성은 반드시 객관적(客觀的)이어야 하는 것은 아니고, 당사자의 주관(主觀)에서 불확정하면 되는 것이다[26]. 또 보험계약은 '우연한 사고에 의한 재산관계의 변동' 을 가져오는 사행계약이라는 점에서 도박(賭博)과 비슷하나 후자에 있어서는 도박자가 선택한 결과로 금전적인 이익을 가지는 점에서는 양자간에 차이가 있고, 특히 보험은 '대수의 법칙(大數의 法則)' 에 의하여 사고발생의 개연성을 측정하여 우연을 필연화하는 점에서 도박 등과는 구별되어지며, 따라서 양자는 경제적으로나 법적으로 다른 평가를 한다. 보험사고의 불확정성은 사고의 발생여부, 발생시기, 발생형태 중 어느 하나가 불확정하면 되고, 주관적으로 불확정한 것인 한 객관적으로 확정되어 있어도 보험계약의 성립에는

23) 대판 1966. 10. 21, 66다1458; 이 판지는 '보험계약관계는 위험충족의 관계에 있어서는 서로 관련성을 가진다는 전제에서 그 법률적 성격을 관찰하여야 할 것이다.' 라고 판시하였다.

24) 우리 상법 제46조 제17호에서는 영업적 상행위로는 매매 등 21가지의 행위가 열거되고 있다.

25) 우리 상법 제664조 참조.

26) 우리 상법 제644조 참조.

지장이 없다. 한편 우리 민법에서는 제725조에서 제730조까지 사행계약의 일종인 종신정기금에 관한 약간의 규정을 두고 있으나 그 이용도는 낮은 편이다[27].

(6) 선의계약성

보험계약이 선의 또는 최대선의(utmost good faith)에 기초를 둔 계약이라는 말은 보험계약의 사행계약성에서 도박화를 방지하기 위한대서부터 시작한다고 했다. 이러한 선의(善意) 또는 신의성실(信義誠實)의 원칙[28]은 보험계약 뿐 아니라 모든 계약에 공통적으로 요구되는 것이라 할 수 있으며, 보험계약이 우연한 사고의 발생과 관련하여 도덕적(道德的) 위험이 존재하기 때문에 선의성(善意性)의 원리가 강조되고 있다[29]. 최근에 개정된 영국 보험계약법에서는 최대선의성에서 최대라는 용어는 삭제하고 단순히 모든 계약에서 필요로 하는 선의성만을 강조하고 있다[30].

(7) 계속계약성(繼續契約性)

보험계약은 보험자가 일정한 기간동안에 발생한 사고에 대하여 급여책임을 지는 것이므로 그 기간동안 계속하는 관계에 놓여 있는 것이다. 그러므로 보험계약에 있어서는 보험자가 책임을 져야 할 기간에 대해서 합의가 있어야 한다. 따라서 보험료를 보험기간 전체에 걸쳐 분할납입하는 경우는 물론 보험료 납입기간을 보험기간보다 단축하여 이미 보험료를 납입완료한 경우에도 보험계약자는 보험기간중 통지의무 등 보험계약상 의무를 모두 진다. 나아가 보험계약자의 해지는 할 수 있어도[31] 해제를 인정하지 않는다.

(8) 독립계약성(獨立契約性)

보험계약이 로마법에서부터 유래하는 계약유형[32]의 어느 것에도 속하지 않는 것은 물론이거니와 여기서 독립계약이라는 의미는 보험계약 자체가 독립하여 존재하는 것을 이른다. 그러므로 예컨대, 건축이나 토목 등 도급계약의 부대약관에 의하여 위험을 인수하는 것은 보험계약이 아닌 것이다. 그러므로 보험계약의 독립성은 법률상 그러하다는 것이고, 경제적으로는 다른 계약과 결합 또는 부수하여 성립할 수 있다.

---

27) 김성태, 「보험법강론」, 법문사, 2002, 110면.

28) 우리 민법 제2조 ① 권리의 행사와 의무의 이행은 신의에 좇아 성실히 하여야 한다.② 권리는 남용하지 못한다. 참조.

29) 대판 2000. 2. 11, 99 다 49064; 대판 2005. 7. 28. 2005 다 23858 참조.

30) 장덕조, 영국 보험계약법의 개정동향, 한국보험학회지 , 한국보험학회.

31) 상법 제649조 이하 참조.

32) 우리 민법은 채권편 제2장 2절 내지 15절에서는 '증여, 매매, 교환, 소비대차, 사용대차, 임대차, 고용, 현상광고, 위임, 임치, 조합, 종신정기금, 화해' 의 14종류의 전형계약에 관하여 규정하고 있다. 물론 보증계약, 경개계약도 전형적인 계약이지만 민법은 이를 채권편 제1장 총칙에서 따로 규정하고 있다. 이와 달리 비전형계약이 존재할 수 있게 된다. 그러나 전형계약에 관한 채권법규정은 대부분 임의규정으로서 기능하기 때문에 채권법의 규정을 우선적으로 적용하려고 하여서는 안된다.

(9) 채권계약성

보험계약의 당사자인보험자와 보험계약자는 급여의무를 부담하므로 보험계약은 채권계약이다. 그러나 보험자대위, 질권 · 저당권 등이 설정된 보험의 목적의 멸실 등에 있어 보험금청구권에 대한 물상대위권 등의 제도들을 볼 때, 이는 순수한 채권계약이라고 볼 수는 없으나 특수한 채권계약이라고 할 수 있다[33]. 특히 보험료채권은 보험계약의 성립과 동시에 발생하고 그 종료와 더불어 소멸하는 기본적 보험료채권과 이를 전제로 납입기일마다 개별적으로 발생하는 지분적 보험료채권으로 구분할 수 있는데, 후자는 1년의 시효로 소멸한다[34].따라서 상법은 보험료를 납부치 않으면 보험자의 책임 불발생(상법 제656조), 계약해지(상법 제650조 제1, 2항) 등을 취할 수 있을 뿐만 아니라 미납입 된 보험료를 지급할 보험금에서 공제할 수 있도록 하였다(상법 제677조).

(10) 부합계약성(附合契約性)

보험계약은 그 성질상 위험단체를 전제로 다수의 보험가입자를 대상으로 하여 대량적으로 체결되어지는 다수계약에 해당하므로 필연적으로 보통보험약관에 의하여 이루어지는 부합계약으로 된다. 이러한 보험계약은 보험계약자의 이익을 보호하기 위하여 법적 배려가 특별히 요구되어지는데, 우리 상법은 재보험이나 해상보험을 제외하고는 보험계약자 등의 불이익변경금지의 원칙[35]과 보험자의 보험약관의 교부 · 명시의무[36]를 규정하여 이를 뒷받침하고 있다. 보통보험약관은 보험자가 일방적으로 작성하여 금융위의 인가를 받도록 하고 있다. 우리는 이를 보통보험약관(普通保險約款)이라 명명하고 있으며, 이에 대하여는 다른 장에서 자세히 살펴본다.

---

33) 이기수, 「보험법 · 해상법」, 박영사, 1993, 50면.

34) 김성태, 전게서, 126면.

35) 우리 상법 제663조 참조.

36) 우리 상법 제638조의 2 참조.

기본학습

05 보험계약의 요소

1. 보험계약관계자

(1) 보험자

보험법상 보험자는 보험계약의 일방 당사자로서 보험사고가 발생하면 일정한 보험금 기타의 급여를 제공하는 자이다. 보험사업은 사회성, 공공성, 단체성 등을 가지며 불특정 다수의 국민을 상대로 대량의 집단적 거래를 전제로 하기 때문에 그 사회적 영향력이 광범위하게 미칠 수 있다. 이에 법은 보험자가 되기 위하여 엄격하고도 일정한 자격을 갖추도록 요구하고 있으며, 금융감독위원회의 허가를 받은 자이어야 한다(보험업법 제4조, 제6조). 이에 위반하여 보험계약을 체결하면 보험자에게 일정한 벌칙이 가해진다. 그러나 이 경우에도 보험계약의 사법상의 효력은 당연히 무효라 할 것은 아니다.

(2) 보험계약자

보험계약자는 자기의 이름으로 보험계약을 체결하는 자로서 보험계약의 일방 당사자이며, 보험계약상의 권리와 의무를 가진다. 보험료지급의무는 원칙적으로 보험계약자의 의무이다. 보험계약자의 자격에는 아무런 제한이 없고 자연인이든 법인이든 불문한다.

(3) 피보험자

손해보험에 있어서는 피보험이익의 주체로서 보험사고 발생시 보험금을 청구할 수 있는 자이다. 보험계약자와 피보험자는 일치하는 경우가 대부분이겠으나(자기를 위한 보험계약) 반드시 일치하는 것은 아니다. 따라서 보험계약자와 피보험자가 서로 다른 경우가 있는데 이를 타인을 위한 보험이라 한다. 이와 같이 타인을 위한 보험계약이 체결된 경우 그 타인이 피보험자가 되어 보험금청구권을 갖지만(상법 제639조 제2항), 타인인 피보험자는 보험계약이라는 법률행위에 있어서는 청약자도 또한 낙약자도 아니다. 즉 법률행위의 당사자가 아니기 때문에 보험계약상의 각종 권리와 의무는 가지지 않는다. 따라서 미경과보험료의 반환청구권(상법 제648조), 보험료 지급의무(상법 제650조) 등과 같이 계약상의 효과로서 생기는 권리와 의무는 물론이고, 보험계약의 해지권(상법 제649조)과 같은 계약자체의 처분권도 계약의 당사자인보험계약자가 행사하며, 피보험자는 권리가 없다.

이와 같이 타인을 위한 보험계약에서 피보험자는 보험계약의 당사자가 아니므로 보험계약상의 권리와 의무는 갖지 않지만, 보험계약자가 보험료 지급의무를 지체하여 보험계약의 해지사유가 될 경우(상법 제650조 제1항, 2항), 보험자는 피보험자인 그 타인에게도 상당한 기간을 정하여 보험료의 지급을 최고한 수가 아니면 보험계약을 해지 할 수 없다(상법 제650조)고 규정하고 있다. 즉 타인을 위한 보험계약의 경우 그 타인에게도 체납보험료를 납입할 수 있는 기회를 부여함으로서 그 타인을 보호하고 있다. 그러나 이 경우에도 피보험자인 타인은 보험계약이 해지되는 것을 감수한다면, 보험료 지급의무는 지지 않는 것이니 제2차적인 보험료지급의무밖에는 없다고 할 것이다. 그러나 고지의무나 위험의 변경 · 증가의 통지의무 등은 보험계약상의 진정한 의무가 아닌 간접의무로서, 피보험자야말로 위험사정을 가장 잘 알 수 있는 지위에 있다 할 것이다. 따라서 보험의 목적의 관리자라 할 수 있는 피보험자도 이들 의무를 부담함은 당연하다(상법 제652조).

인보험에 있어서 피보험자란 손해보험의 경우와는 다른 의미로 쓰이는데 보험사고의 객체로서 생명이나 신체가 보험에 붙여지는 자연인을 말한다. 그러므로 인보험에 있어서 피보험자란 손해보험의 경우의 보험의 목적에 해당한다. 따라서 인보험의 피보험자는 위험사정에 관한 고지의무나 통지의무를 지는 외에는 보험자에 대하여 어떠한 권리도 갖고 있지 않다. 그리고 보험계약자와 피보험자가 일치하는 경우를 자기의 생명보험, 일치하지 않는 경우를 타인의 생명보험이라 하는데, 특히 타인의 생명보험의 경우에 보험계약이 도박으로 악용될 소지가 있으므로 영미의 경우에는 생명보험계약의 경우에도 피보험이익의 관념을 인정하고 있다. 우리나라의 경우에는 손해보험의 경우에만 피보험이익의 관념을 인정하고 있고 생명보험에서는 그 타인의 동의를 받도록 하여(상법 제731조) 제한을 가하고 있다(동의주의). 또한 15세미만자, 심신상실자, 심신박약자를 피보험자로 하는 사망보험, 혼합보험계약은 자기의 보험이든 타인의 보험이든, 또한 이들의 동의를 받았는지 받지 아니하였든 무효로 한다고 하여 이들을 보호하고 있다(상법 제732조).

(4) 보험수익자

보험수익자는 인보험계약에서 보험사고의 발생시에 보험금청구권을 갖는 자를 말한다. 보험수익자의 인원수나 자격에는 제한이 없다.

(5) 보험자의 보조자

1) 보험대리점

보험대리상은 일정한 보험자를 위하여 상시 그 영업부류에 속하는 보험계약의 체결을 대리하거나 중개하는 것을 영업으로 하는 독립된 상인이다(상법 제87조). 이것은 보험계약의 체결권을 가지는 체약대리상과 중개만을 하는 중개대리상으로 나뉜다. 보험대리상은 자연인이든 법인이든 상관없으나, 일정한 자격을 갖춘 자로서 금융감독위원회에 등록하여야 영업을 할 수 있다(보험업법 제87조).

2)보험중개사

보험중개사는 보험자의 사용인이 아니면서 보험자와 보험계약자 사이의 보허계약체결을 중개하는 것을 영업으로 하는 독립된 상인이다(보험업법 제2-제10조). 보험중개사는 보험에 대한 전문적 지식이 요구되고 보험시장에 대하여 정통하고 있어야 하므로 금융감독원장이 실시하는 시험에 합격한 후 대통령령이 정하는 바에 의하여 금융감독위원회에 등록하여야 그 영업을 할 수 있다(보험업법 제89조).

3) 보험설계사

보험설계사는 보험자에게 종속되어 보험자를 위하여 보험계약의 체결을 중개하는 자로서 보험모집인이라고도 한다. 보험업법 제2조 8호는 '보험설계사라 함은 보험회사를 위하여 보험계약의 체결을 중개하는 자(법인이 아닌 사단과 재단을 포함한다)로서 제84조의 규정에 의하여 등록된 자를 말한다.' 라고 규정하고 있다.

보험설계사는 보험자에게 종속되어 보험모집에 임하고 있다는 점에서, 독립된 지위에서 보험모집을 하고 있는 보험대리점(보험업법 제2조)이나 독립적으로 그러나 불특정의 보험 사업자와 보험계약자 사이의 보험계약의 체결을 중개하는 보험중개사와는 다르다. 보험설계사는 일반적으로 대리권이 없다. 그러므로 보험료 수령권한이나 고지수령권한도 없다. 그러나 판례는 '비록 보험모집인이 소속 보험회사와의 고용계약이나 도급적 요소가 가미된 위임계약에 바탕을 둔 소속보험회사의 사용인으로서 보험계약의 체결대리권이나 고지수령권이 없는 중개인에 불과하다 하여도 오늘날의 보험업계의 실정에 비추어 제1회 보험료의 수령권이 있음을 부정할 수는 없다' 라고 하여 보험모집인에게 제1회 보험료의 수령권은 인정하고 있다[37].

4) 보험의

보험의는 생명보험계약에서 피보험자의 신체검사를 맡아 위험측정자료를 수집, 의학적인 소견을 보험자에게 제공해 주는 의사로서 진사의 라고도 한다.

---

37) 대판 88 다 카 33367 판결.

2. 보험의 목적

보험계약에는 보험사고의 객체인 목적이 있어야 한다. 손해보험에 있어서는 피보험자가 보험사고로 인하여 손해를 입게 될 경제상의 이해관계를 가지면 목적물이 유체물이든 무체물이든 불문한다. 그러나 인보험의 경우에는 보험의 목적은 자연인에 한하고, 특히 사망보험에 있어서는 15세 미만자, 심신상실자 또는 심신박약자를 그 목적으로 할 수 없다(상법 제732조). 이것은 사물의 변별능력이 없는 무능력자를 보호하기 위한 것이다.

보험의 목적이 물건인 경우에 단일물건을 보험에 붙이는 개별보험과 화재보험에 있어서 가재도구 일체를 보험에 붙이는 것과 같이 집합된 물건을 보험의 목적으로 하는 집합보험이 있다. 또 인보험에 있어서 피보험자가 한사람인 개인보험과 단체의 구성원을 모두 피보험자로 하는 단체보험이 있다.

3. 보험사고

(1) 의의

보험사고란 보험계약에서 보험자의 보험금지급책임을 구체화시키는 우연한 사고이다. 보험자는 보험계약에서 미리 정한 우연한 사고가 발생하면 보험금액 기타의 급여를 하여야 하는데, 보험자의 급부의무를 발생시키는 우연한 사고를 보험사고 또는 위험(peril)이라 한다. '위험이 없으면 보험 없다.' 라는 말과 같이 보험사고 또는 위험이 없는 보험은 생각할 수 없는 것이다. 수지상등 원칙상 사전에 보험료를 결정하기 위하여는 이러한 보험사고를 미리 정하여야 하는데, 그 방법으로 포괄책임방식과 열거책임방식이 있음은 전술한 바 있다.

(2) 요건

1) 우연성

보험사고는 우연한 것이어야 한다. 우연이라 함은 계약 성립 시에 그 발생여부, 시기 및 그 정도가 불확정하다는 것을 말한다. 그러나 그 불확정성은 객관적일 필요는 없고, 주관적으로 계약관계자에게 불확정하면 충분하다. 만약 어떤 사람이 자기의 집에 화재가 난 사실을 알고 보험회사에 급히 전화를 하여 화재보험계약을 청약하여 왔다고 하자.

이때 보험회사에서 그 청약을 거절하는 이유는 위험이 너무 커서가 아니라 오히려 위험이 전혀 존재하지 않기 때문이다. 도대체 손실에 대한 불확실성이 존재하지 않기 때문이다. 만약 위의 사례에서 보험계약이 체결되었다면 이는 보험계약자측의 적극적인 고지의무위반이 문제일 것이고 사기계약이 되어 보험보호를 받을 수 없는 것이다.

더욱이 우리 상법은 계약 당시에 계약당사자의 일방 또는 피보험자가 보험사고의 발생사실을 알고 있었거나, 또는 발생할 수 없는 것인 때에는 그 계약은 무효로 한다고 규정하고 있다(상법 제644조). 이 두 가지의 경우는 모두 위험이 존재하지 않기 때문에 보험이란 생각 할 수 없는 것이다. 그러나 당사자 쌍방과 피보험자가 모두 주관적으로 이를 알지 못한 때에는 유효하다(상법 제644조). 이 때에는 비록 세상사람 모두가 보험사고의 발생사실을 알고 있다고 하여도 당사자에게는 여전히 손실에 대한 불확실성이 존재한다. 따라서 보험보호의 필요성이 있으며, 보험제도가 도박의 수단이나 또는 도덕적 위험 등으로 악용될 염려가 없다. 오히려 소급보험의 경우에서와 같이 그 경제적 필요성이 있다고 할 것이다(상법 제643조).

2) 한정성

보험사고는 계약체결당시에 일정한 기준에 의하여 그 범위가 한정될 수 있어야 한다. 보험사고를 한정하는 것은 보험자의 책임범위를 명확히 하고자 하는 것인 만큼 그 범위 외의 사고는 보험의 대상이 되지 않는다.

이러한 보험사고는 각각의 약관에 대체로 2가지 형식으로 나타나는데, 화재보험에서와 같이 '우리 회사는 화재, 낙뢰로 인한 손해를 보상합니다.' 라고 하는 것과 같이 담보위험을 하나하나 열거하는 형식의 열거책임주의와 운송보험에서와 같이 그저 '운송중의 손해를 보상한다.' 고 하여 위험을 포괄적으로 담보하는 형식의 포괄책임주의가 있다.

3) 대상의 필요성

보험사고가 발생하는 데에는 대상이 있어야 하는데, 그 대상은 바로 보험의 목적이다. 따라서 물건보험에 있어서는 일정한 물건 즉 화재보험의 경우 가옥이나 건물을 말하며, 인보험에 있어서는 자연인을 말한다.

4. 보험료와 보험금액

(1) 보험료

1) 의의

보험료란 보험자가 보험사고에 대한 책임을 지는데 대하여 보험계약자가 지급하는 보수이다. 보험계약은 유상 · 쌍무계약이므로 보험자의 위험부담에 대한 대가적 관계에 있는 보험계약자의 반대급부라 할 수 있다. 보험료는 보험료기간에 있어서 대수의 법칙에 따라 그 통계적인 확률계산에 의하여 산출된 순보험료와 대리점 수수료, 인건비, 기타의 비용으로 충당되는 부가보험료로 구성된다. 이 순보험료와 부가부험료를 합한 것을 영업보험료 또는 총보험료라 하며 일반적으로 보험료라 할 때는 이 영업보험료를 말한다.

2) 보험료 지급의무

보험계약자가 1차적으로 보험료지급의무를 지고 보험계약자가 파산선고를 받거나 보험료의 지급을 지체하는 때에는 타인을 위한 보험의 경우 그 타인이 권리를 포기하지 않는 한 보험료를 지급할 의무가 있다(상법 제639조 제3항).

최초 보험료의 부지급은 다른 특약이 없는 한 계약 성립 후에도 보험자의 책임이 개시하지 않고(상법 제656조), 계약 성립 후 2월이 경과하면 계약해제가 의제된다(상법 제650조 제1항). 계속보험료의 부지급은 상당한 기간을 정하여 최고한 수에 계약해지의 사유가 된다. 또한 특별위험을 예기하여 보험료를 정한 경우에 그 특별위험이 소멸한 때에는 보험료의 감액을 청구할 수 있다(상법 제647조).

3) 반환청구

보험계약의 전부 또는 일부가 무효인 경우에 보험계약자 또는 피보험자 또는 보험수익자가 선의이며 중대한 과실이 없는 때에는 보험자에 대하여 보험료의 전부 또는 일부의 반환을 청구할 수 있다(상법 제648조).

4) 보험료 불가분의 원칙

보험료기간은 보험료 산출을 위한 위험측정상의 더 이상은 쪼갤 수 없는 단위기간이다. 따라서 보험료 불가분의 원칙이란 보험자가 보험료기간중의 일부라도 위험을 부담하였다면 보험자는 전체 보험료기간에 해당하는 보험료 전액을 취득할 수 있다는 원칙을 말한다.

(2) 보험금액

보험금액이란 보험사고가 발생할 경우 보험자가 피보험자 또는 보험수익자에게 지급하기로 약정한 금액으로서 손해보험에서는 보험가액의 범위내에서 보험자가 지게 되는 보상책임의 최고한도액을 위미하고, 인보험에서는 계약에서 정한 금액을 말한다.

보험금이란 보험사고가 발생한 경우 보험금액의 범위내에서 보험자가 현실적으로 지급하는 금전을 말한다. 상법상 보험금액이 보험금을 의미하는 경우도 있다(상법 제682조). 보험금은 금전으로 지급하는 것이 원칙이나 현물 기타의 급여로 할 수도 있다.

책임보험에는 보험가액의 관념이 존재하지 아니하므로 당사자가 임의로 정한 보상한도액에서 각각의 사고로 인한 실손해액이 지급된다. 보험금액은 원칙적으로 보험사고로 보험금이 지급되었다 하여 감소되지 않고 또한 보험계약도 종료하지 않는다.

5. 보험기간 – 보험계약기간 – 보험료기간

(1) 보험기간 (위험기간, 책임기간)

보험기간이란 보험사고가 발생하였을 때에 보험자가 보험금지급책임을 부담하는 위험부담기간 또는 보상책임의 존속기간을 말한다. 즉 보험자인 책임이 개시(시기)하여 종료할 때(종기)까지의 기간으로 위험기간 또는 책임기간이라고도 한다. 그러므로 보험사고는 이 기간내에 발생하여야 보험자의 급부의무가 발생한다.

보험기간의 시기나 종기는 계약당사자간의 다툼이 발생할 수 있어 이를 명확히 하여둘 필요가 있다. 우리 상법은 보험기간을 정한 때에는 그 시기와 종기를 증권의 기재사항으로 하고 있다(상법 제666조).

보험기간은 몇 년 몇 월 며칠부터 몇 년 몇 월 며칠까지라는 것처럼 역으로 정하는 기간보험(Time policy)과 갑지로부터 을지까지로 하여 장소적 이동을 기준으로 정하는 항해보험(Voyage policy), 기간이나 장소적 요소와는 무관하게 일정한 사실행위의 착수시부터 완성시까지를 보험기간으로 정하는 방법 등이 있다.

(2) 보험계약기간

보험계약기간이란 보험계약의 성립시부터 종료 시까지 즉 보험계약이 유효하게 존속하는 기간이다. 이것은 보험자의 책임기간인보험기간과 일치하는 것이 보통이나, 양자는 별개의 개념으로서 불일치하는 경우가 있다.

1) 보험계약기간이 보험기간보다 긴 경우

일정 기일에 입고하는 상품을 미리 화재보험계약에 붙이는 경우 보험계약이 성립한 후에 보험기간이 개시된다. 예정보험은 보험증권에 기재할 보험계약의 내용의 일부 즉, 하물을 적재할 선박, 적하의 종류 등이 계약체결시에는 확정되지 아니한 보험계약이다. 이 경우 보험계약기간은 계약의 체결시부터 해지시까지이다. 이때 보험기간은 당해 특약으로 담보되는 개개의 선적마다 창고약관 등이 규정하는 바에 따라 시종하게 된다.

2) 보험계약기간이 보험기간보다 짧은 경우

소급보험의 경우 보험계약성립전의 어느 시기를 보험기간의 시기로 하는 보험으로 이 경우 보험기간이 보험계약기간보다 소급하는 기간만큼 길게 된다(상법 제643조).

(3) 보험료기간

보험료기간이라 함은 보험료산출을 위한 위험측정의 단위기간이다. 이것은 위험측정기간으로서, 보험자의 책임기간인보험기간과는 다르다. 손해보험에 있어서는 보험료기간과 보험기간이 일치하는 경우가 대부분일 것이다. 보험료기간은 위험측정의 단위가 되는 기간이므로 보험자가 그 기간의 일부만이라도 위험을 부담한 때에는 그 기간의 중도에 어떠한 사유로 인하여 계약이 해지되더라도 보험자는 보험료기간의 보험료 전부를 취득하게 된다는 원칙으로 이를 보험료불가분의 원칙으로 표현된 것이라 한다.

우리 상법에는 이 원칙에 대한 명시적 규정이 없다. 그러나 긍정설은 초과보험의 경우 보험료의 감액은 장래에 대하여서만 그 효력이 있다고 규정하였고(상법 제669조 제1항단서), 보험자가 손해를 보상할 경우에 보험료의 지급을 받지 아니한 잔액이 있으면 그 지급기일이라 도래하지 아니한 때라도 보상할 금액에서 이를 공제할 수 있다고 하였는데(상법 제677조), 이는 보험료불가분의 원칙을 전제로 한 것이라고 한다.

그런데 보험사고 발생 전의 임의해지의 경우 보험계약자는 당사자간의 특약이 없으면 미경과보험료의 반환을 청구할 수 있다고 하였는데(상법 제649조 제3항), 이 규정에 대하여는 보험료의 불가분성을 인정한 것이라고 보는 견해와 오히려 그 가분성을 인정한 것이라고 보는 견해가 있다. 보험료의 불가분성을 인정하는 것이 대체로 다수설의 견해이다.

하지만 보험료의 불가분성을 인정한다고 하더라도 당사자 간의 합의로 변경할 수 있음은 물론이다. 우리나라의 각종 약관에서도 이 원칙과는 달리 미경과기간에 대하여 단기요율이나 일할계산으로 산출한 보험료 잔액을 보험계약자에게 반환할 것을 정하고 있다. 대체로 보험계약자 등의 책임있는 사유로 무효, 실효, 해지된 경우에는 단기요율을, 보험계약자 또는 피보험자의 책임없는 사유로 무효, 실효, 해지된 경우에는 일할로 계산하여 반환되고 있다.

요약정리

05 보험계약의 요소

1. 개관

우리가 보험에 가입하였다고 하는 것은 보험계약자가 보험자의 상품에 가입하게 되어 소정의 보험료를 납입하고 보험사고가 발생하면 보험금이 지급되는 것이 일반적인 과정이다. 이러한 일련의 과정들은 중요한 다섯 가지 요소들이 추출할 수 있게 된다.

2. 구체적 내용

(1) 보험계약관계자

1) 보험자(보험회사 내지 보험업자)

보험단체 운영자(insurer)는 일정한 대가를 받고 보험사고가 발생한 경우에 보험금의 지급 기타의 급여를 지급할 의무를 부담하는 자이다. 보험제도가 갖는 공공성으로 인하여 보험금지급능력을 확보한다는 차원에서 보험업법에서는 이러한 보험자의 자격을 제한하고, 일정한 자본금이나 기금을 갖춘 주식회사 또는 상호보험회사형태에만 금융위원회가 허가를 하여준 자(者)만이 보험사업을 영위할 수 있도록 하고 있다(보험업법 제4조). 아울러 단일 종목만을 소자본으로 영위할 수 있도록 하였다.

2) 보험계약자(보험가입자 내지 보험소비자)

보험계약자(insured)는 보험자의 계약 상대방으로서 자기명의로 보험계약을 체결하는 자이다. 그 자격에는 제한이 없다. 여기서 주의할 점은 비록 보험의 이익을 받기로 예정된 자가 따로 있는 때에도 보험증권교부청구권, 보험료감액 · 반환청구권, 계약해지권 등 보험금청구권 이외의 권리와 기본적인 의무인보험료 납입의무는 여전히 보험계약자에게 남아 있다는 점이다. 보험자의 상대방인 계약당사자는 바로 보험계약자인 까닭이다. 다만 타인을 위한 보험계약에 있어서 계약자의 해지권을 제한하고 있는 점에 주의를 요한다.

보험계약은 대리에 친한 행위이므로, 보험자나 보험계약자 쌍방 모두 대리인에 의해 계약을 체결하는 것도 가능하다. 이 때 대리인이 안 사유는 그 본인이 안 것과 동일한 것으로 다루어진다.

3) 보험자의 보조자

보험자는 상인이므로 영업을 위하여 다수의 상업사용인을 둔다. 이들에 행위에 관한 보험자의 책임은 상법 및 민법 등에 따르게 될 것이다. 따라서 그들의 직무상 행위는 보험자의 행위가 된다[38]. 다만 보험회사의 '영업소'는 회사의 기본적 업무를 독립하여 처리할 수 없고, 본점 · 지점에 지휘 감독하에 기계적으로 제한된 보조적 사무만을 처리하는 것이므로 이는 상법상의 본점 · 지점에 준하는 영업소가 아니고 그 영업소장은 상법상의 표현지배인이 아님에 유의할 필요가 있다.

① 보험설계사

보험설계사는 보험영업의 일선에서 보험자를 위하여 보험소비자에게 보험상품을 소개하고 가입을 권유하며, 보험수요를 모집하는 자이다. 보험업법상으로는 제2조 8호에 의해 보험업자를 위하여 보험계약의 체결을 중개하는 자로서 제81조의 규정에 의하여 등록된 자이다. 실무적으로는 생활설계사 등 다양한 명칭으로 불리우며, 고지수령권, 계약체결권 등 대리권이 인정되지 아니하나 현실적인 판례에서는 제1

38) 이들에 대하여는 상법에 아무런 규정이 없으므로 실무적으로 많은 문제가 발생하고 있다.

회 보험료 수령권은 있다고 본다[39]. 반면에 설계사는 상법상 상업사용인은 아니므로 특별한 지위에 있다[40].

② 보험대리점

보험상품을 판매하기 위하여 보험자는 독립적인 기업보조자로서 보험체약대리점과 보험중개대리점을 이용하는 경우가 많다. 보험대리점은 일정한 보험자를 위하여 계속적으로 보험계약의 체결을 대리하거나 중개함을 영업으로 하는 독립된 상인이다.

손해보험에 있어서는 보통 보험기간이 짧고 신속하게 계약을 체결할 필요가 있어서 보험대리점은 체약대리상으로서의 지위가 인정되지만 생명보험 등 인보험에 있어서는 보험기간이 길고 승낙여부에 대한 보험기술적인 최종판단을 보험자가 신중하게 하여야할 필요가 있음으로 대리상의 계약체결권을 인정하지 않음이 보통이다.

한편 체약대리상의 권한으로는 계약체결권을 부여받은 자이므로 보험자명의로 계약을 체결하면 그 효력이 보험자에게 귀속한다. 따라서 체결권을 갖는 지위에 의해 고지수령권, 보험료수령 및 유예권, 계약의 변경 · 해지권 등이 인정된다. 또한 계약체결에 관한 의사표시가 의사흠결 · 사기 · 강박 또는 어느 사정의 알고 모름에 의하여 영향을 받는 경우, 그 사실유무는 보험대리점을 표준으로 하여 결정된다.

③ 보험중개사

보험중개사는 보험계약의 성립을 매개하는 자이다. 그러나 계약체결에 관한 대리권은 갖지 않는다. 영국 등 주요국의 보험거래에 있어서 중개인은 보험자에 대한 요율제시등 극히 중요한 역할을 담당하며, 보험거래에 있어서 결정적인 매개기능을 수행하고 있다. 지금까지는 이 제도가 활성화되지 못하였으나 최근 제도시행으로 기대가 되는 바이다.

④ 보험의

생명보험에 있어서 보험자와 고용 또는 촉탁관계를 맺고, 피보험자의 신체 · 건강상태를 검사 · 진단하여 위험의 인수여부를 결정하도록 의학적 소견을 제공하는 의사이다. 보험자는 그의 소견을 기초로 승낙여부를 결정한다. 따라서 보험의는 그 성격상 상업사용인이 아니므로 계약체결권, 보험료수령권 등은 인정되지 않는다. 다만 그 업무의 성질상 고지수령권은 인정된다. 그러므로 고지의무에 관한 한, 보험의의 고의 · 중과실은 보험자의 고의 · 중과실과 동일시된다. 즉 보험의의 부지(不知)로는 당해계약을 해지할 수 없다고 본다(상법 제651조 단서).

4) 피보험자

보험급여를 받기로 예정된 사람을 가리켜 손해보험에서는 '피보험자', 생명보험에서는 '보험수익자' 라고 부른다. 보험수익자는 보험사고 발생 시 보험자에게 보험금의 지급을 청구할 수 있다. 다만, 양 보험에 있어서 용어가 다름에 주의를 요한다.

39) 대판 1989. 11.28, 88 다카 33367.

40) 정호열, '고지의무위반의 효과', 법조 제33권 11. 12호, 60면.

① 손해보험의 용례(用例)

손해보험에서 보험사고가 발생한 때에 보험금의 지급을 받을 자를 가리킨다. 따라서 그는 반드시 보험의 목적에 관하여 법이 보호하는 일정한 이해관계 즉 피보험이익을 가져야 한다.

② 인보험 용례(用例)

생명보험에 있어서 보험계약에 의하여 보험금을 지급받을 자로 지정된 자를 말한다. 보험수익자를 지정·변경할 권한은 보험계약자에게 있다.

5) 보험수익자

보험급여를 받기로 예정된 사람을 손해보험에서는 피보험자, 인보험 분야에서는 보험수익자라고 칭한다. 여기서 보험수익자는 보험사고 발생시에 보험자에게 보험금의 지급을 청구할 수 있다. 다만 다음처럼 양보험 분야 에서는 용어가 차이가 있다.

① 손해보험에서는 피보험자라 칭하는데, 보험사고발생시에 보험금의 지급을 받을 자이며, 피보험자는 반드시 보험의 목적에 관하여 피보험이익을 가져야 한다.

② 인보험에 있어서 계약체결에 의하여 보험금을 지급받을 자로 지정된 자를 이르며, 이 보험수익자를 지정·변경할 권한은 보험계약자가 갖는다.

③ 타인을 위한 보험의 경우에는 보험의 이익을 향유할 자는 보험계약자가 일반적이지만 양자가 다를 수도 있다. 또한 손해보험성격의 보증보험이나 사망사고를 보험사고로 하는 생보분야에서는 그 성격상 양자의 법적 지위는 언제나 다르다.

여기서 양자가 다르다는 것은 타인을 위한 보험계약에서는 보험의 이익을 받을 자는 보험계약의 당사자가 아니므로 보험금청구권 이외에는 보험자에 대하여 아무런 청구권을 갖지 못한다. 그리하여 계약의 해지나 경신권도 인정될 수 없다. 아울러 타인을 위한 보험계약에 있어서 계약자의 해지권이 제한된다(상법 제649조 제1항).

다만 그 타인은 보험계약자에 갈음하여 2차적인보험료납입의무를 부담(상법 제639조 제3항)하며, 나아가 고지의무·위험유지의무 등을 부담하는 수가 있다[41].

(2) 보험사고(위험)

보험사고의 기초인 위험은 그 보험대상이 되므로, 위험없이는 보험도 없다(Ohne Gefahr, keine Versicherung)라는 금언이 존재한다. 따라서 위험이 구체화하여 일어난 사고가 보험사고가 되는 것이다. 여기서 보험자가 인수할 위험범위는 통상적으로 보험약관에 의하여 결정된다. 그리하여 보험자가 처음부터 예정하고 있지 아니한 위험을 부담보위험(exclusions)이라 하며, 이를 보험자의 면책사유와 구별한다.

41) 김성태, 보험법강론, 법문사, 123면.

1) 의의

보험사고란 보험자의 보상책임을 구체화시키는 우연한 사고를 이른다. 따라서 보험사고는 명확하여야 하고, 계약에서 특정된다.

2) 요건

일단 보험사고는 우연한 사고이어야 하며, 그 발생가능성이 있어야 한다. 다만 사고가 우연적이기 때문에 언제 사고가 발생할 것인지 그 여부를 알 수 없어야 한다. 그리고 그 판단시기는 보험계약체결시를 기준으로 판단한다. 나아가 이 사고의 불확정성은 계약상 반드시 객관적일 필요는 없다. 나아가 보험계약의 선의성에서 본다면 주관적으로 확정되어 있으면 원칙적으로 그 보험계약은 무효이다(상법 제644조). 그리고 발생이 불가능한 경우거나 이미 발생한 경우에는 보험사고로 인정되지 아니하여서 보험계약은 무효이다. 그리고 보험사고에서는 실제 발생한 손해의 보상으로 인하여 사고와 손해사이에 상당한 인과관계가 있어야 한다[42].

① 우연성

보험사고는 우연한 것이어야 한다. 우연이라 함은 계약 성립시에 그 발생여부, 시기 및 그 정도가 불확정하다는 것을 의미하며 고의와는 반대대는 개념이다. 그러나 그 불확정성은 객관적일 필요는 없고, 주관적으로 계약관계자에게 불확정하면 충분하다.

만약 어떤 사람이 자기의 집에 화재가 난 사실을 알고 보험회사에 급히 전화를 하여 화재보험계약을 청약하여 왔다고 하자. 이때 보험회사에서 그 청약을 거절하는 이유는 위험이 너무 커서가 아니라 오히려 위험이 전혀 존재하지 않기 때문이다. 도대체 손실에 대한 불확실성이 존재하지 않기 때문이다. 만약 위의 사례에서 보험계약이 체결되었다면 이는 보험계약자측의 적극적인 고지의무위반이 문제될 것이고 사기계약이 되어 보험보호를 받을 수 없는 것이다.

더욱이 우리 상법은 계약 당시에 계약당사자의 일방 또는 피보험자가 보험사고의 발생사실을 알고 있었거나, 또는 발생할 수 없는 것인 때에는 그 계약은 무효로 한다고 규정하고 있다(상법 제644조). 이 두 가지의 경우는 모두 위험이 존재하지 않기 때문에 보험이란 생각 할 수 없는 것이다. 그러나 당사자 쌍방과 피보험자가 모두 주관적으로 이를 알지 못한 때에는 유효하다(상법 제644조). 이 때에는 비록 세상사람 모두가 보험사고의 발생사실을 알고 있다고 하여도 당사자에게는 여전히 손실에 대한 불확실성이 존재한다. 따라서 보험보호의 필요성이 있으며, 보험제도가 도박의 수단이나 또는 도덕적 위험 등으로 악용될 염려가 없다. 오히려 소급보험의 경우에서와 같이 그 경제적 필요성이 있다고 할 것이다(상법 제643조)

② 한정성

보험사고는 계약체결당시에 일정한 기준에 의하여 그 범위가 한정될 수 있어야 한다. 보험사고를 한정하는 것은 보험자의 책임범위를 명확히 하고자 하는 것인 만큼 그 범위 외의 사고는 보험의 대상이 되지

42) 김성태, 전게서, 133면.

않는다.

이러한 보험사고는 각각의 약관에 대체로 두 가지 형식으로 나타나는데, 화재보험에서와 같이 '우리 회사는 화재, 낙뢰로 인한 손해를 보상합니다.' 라고 하는 것과 같이 담보위험을 하나 하나 열거하는 형식의 열거책임주의와 운송보험에서와 같이 그저 '운송중의 손해를 보상한다.' 고 하여 위험을 포괄적으로 담보하는 형식의 포괄책임주의가 있다.

③ 대상의 필요성

보험사고가 발생하는 데에는 대상이 있어야 하는데, 그 대상은 바로 보험의 목적이다. 따라서 물건보험에 있어서는 일정한 물건 즉 화재보험의 경우 가옥이나 건물을 말하며, 인보험에 있어서는 자연인을 말한다.

(3) 보험료와 보험금액

1) 보험료의 의의

보험료란 보험계약의 성질에서 근거하여 보험자의 보험급여에 대한 대가로 보험계약자가 지급하는 금전이다. 즉, 보험자가 인수하는 위험에 대한 대가(對價)로서 보험상품의 가격으로 볼 수 있다.

보험계약은 양당사자의 채권계약에 한하지만 보험제도가 갖고 있는 단체 구조적 측면에서 본다면 다수의 가입자에 대한 위험을 종합 · 평균화하는 기술적인 방법을 통하여 위험의 분산을 꾀하는 제도이다.

2) 보험료의 특성

보험계약도 채권관계이므로 보험료채권은 보험계약의 성립과 동시에 발생하고, 그 종기에 소멸한다. 따라서 보험자는 채무불이행의 일반원칙에 따라 보험료청구권을 행사할 수 있다. 상법은 보험료를 지급하지 않으면 보험자의 책임불발생(상법 제656조), 계약해지(상법 제650조 제1, 제2항)를 할 수 있으며, 미납된 보험료를 지급예정인보험금에서 공제할 수 있도록 하고 있다(상법 제677조).

3) 보험료 반환청구

보험계약의 전부 또는 일부가 무효인 경우에 보험계약자 또는 피보험자 또는 보험수익자가 선의이며 중대한 과실이 없는 때에는 보험자에 대하여 보험료의 전부 또는 일부의 반환을 청구할 수 있다(상법 제648조).

4) 보험료의 분류

① 순보험료와 부가보험료

보험료는 통상 인수할 위험의 발생확률, 보험금액, 자기부담액 등 여러 가지 변수에 의하여 결정된다. 그 중에서도 당해 계약에서의 위험률에 따라 정해지는 위험부담률에 해당하는 보험료를 순보험료라 이른다. 여기서 위험률측정은 일정한 기간을 단위로 하여 이 단위기간에 있어서의 평균적 사고발생률을 기초로 하여 정해진다. 그리고 모집비용, 계약관리비용 등 기타 보험단체의 운영경비에 충당하는 보험료를 부가보험료(附加保險料)라 이른다. 결국 일반적인보험료는 순보험료에 부가보험료를 합친 것이 통상의 보험료가 된다.

② 일시납보험료와 분납보험료

일시납보험료는 1회에 완납하는 보험료를 가리키며, 분납보험료는 수차례에 걸쳐 정기적으로 나누어 내기로 약정하는 보험료이다. 손해보험에 있어서는 분납의 비율을 달리하기도 한다(예: 4회 분납시 전체 보험료의 35 · 30 · 25 · 10%를 납입). 생명보험의 경우에 유의할 점은 위험률 즉 피보험자의 사망률이 시간이 지남에 따라 높아지므로, 그 보험료도 피보험자의 연령이 증가함에 따라 매년 증가하게 된다(이른바 자연보험료). 그러나 보험실무상으로는 가입자의 편의를 위해 보통 전 보험기간을 통하여 동일한 보험료를 납입하도록 하고 있는데, 이를 「평준」 보험료방식이라 한다[43].

보험료를 분납키로 약정하는 경우, 이는 아래와 같은 최초보험료와 계속보험료로 나뉜다.

③ 최초보험료와 계속보험료

최초보험료는 그 지급이 없으면 보험자의 책임이 개시되지 아니하는 보험료를 이르며, 이 보험료지급여부는 보험계약자의 보험가입의사를 가늠하는 기준으로 활용될 수 있으므로 상법에서는 보험자의 책임개시시기를 원칙적으로 최초보험료 납입시점으로 기산한다(상법 제656조).

한편, 계속보험료는 그 지급이 없으면 이미 개시된 보험자의 책임도 계속 유지될 수 없는 보험료를 이른다. 최초보험료는 언제나 제1회 보험료가 되지만 제1회 보험료의 지급을 유예하는 경우에는 보험자의 책임이 개시되고 난 다음 제1회 보험료지급이 있게 되므로 제1회 보험료가 항상 최초보험료가 되는 것은 아니다. 따라서 계속보험료의 지급이 없으면 보험자의 책임이 개시되지 않도록 함으로써 보험자의 보호도 하면서 계속보험료의 미지급을 이유로 즉시 보험관계를 소멸시키는 것은 보험계약자에게 너무 가혹하므로 보험자로 하여금 일정한 유예기간을 설정해서 그 기간 경과시까지 지급하도록 함으로써 일단 성립된 보험계약관계를 지속할 수 있도록 보험계약자보호를 꾀하고 있는 실정이다.

5) 보험료불가분의 원칙의 개념과 동향

보험료는 일정한 위험측정의 단위기간을 기초로 하며, 이 기간에 대응하는 보험료는 이를 기술적으로 세분할 수 없는 원칙을 보험료불가분의 원칙이라 한다. 그러나 이 원칙은 육상보험에서는 보험계약자보호 차원에서 대부분의 약관에 의하여 원칙으로서의 의미가 퇴색하였다. 다시 말해서 일할계산이나 단기요율의 적용으로 보험료잔액을 보험계약자에게 반환하고 있는 실정이다.

6) 보험금액

보험금액이란 보험사고가 발생할 경우 보험자가 피보험자 또는 보험수익자에게 지급하기로 약정한 금액으로서 손해보험에서는 보험가액의 범위내에서 보험자가 지게 되는 보상책임의 최고한도액을 의미하

43) 김성태, 전게서, 125면.

고, 인보험에서는 계약에서 정한 금액을 말한다.

보험금이란 보험사고가 발생한 경우 보험금액의 범위내에서 보험자가 현실적으로 지급하는 금전을 말한다. 상법상 보험금액이 보험금을 의미하는 경우도 있다(상법 제682조). 보험금은 금전으로 지급하는 것이 원칙이나 현물 기타의 급여로 할 수도 있다.

책임보험에는 보험가액의 관념이 존재하지 아니하므로 당사자가 임의로 정한 보상한도액에서 각각의 사고로 인한 실제발생한 손해액이 지급된다. 보험금액은 원칙적으로 보험사고로 보험금이 지급되었다 하여 감소되지 않고 또한 보험계약도 종료하지 않는다.

(4) 보험기간과 보험료기간

1) 보험기간

보험기간이란 보험자의 책임이 개시된 후 종료할 때까지의 기간을 말한다. 보험자는 보험사고의 발생에 의하여 손해보험에 있어서는 손해보상, 생명보험에 있어서는 일정한 금액의 지급을 약정하는 바, 이 기간을 보험기간이라 부르며, 이 보험기간을 위험기간 또는 책임기간이라 한다. 이러한 보험기간은 보험계약기간이나 보험료기간과는 의미가 다르다.

보험기간의 시기나 종기는 계약당사자간의 다툼이 발생할 수 있어 이를 명확히 하여둘 필요가 있다. 우리 상법은 보험기간을 정한 때에는 그 시기와 종기를 증권의 기재사항으로 하고 있다(상법 제666조).

보험기간은 몇 년 몇 월 며칠부터 몇 년 몇 월 며칠까지라는 것처럼 역으로 정하는 기간보험(Time policy)과 갑지로부터 을지까지로 하여 장소적 이동을 기준으로 정하는 항해보험(Voyage policy), 기간이나 장소적 요소와는 무관하게 일정한 사실행위의 착수시부터 완성시까지를 보험기간으로 정하는 방법 등이 있다.

2) 보험계약기간

이는 보험계약의 유효기간이라 하며, 계약 그 자체의 존속기간이고 법률이나 약관 또는 특약이 없는 한 보험기간과 어느 정도 일치해야 하는 것이지만 현실적으로는 일치하지 않는 경우가 많다. 상법은 원칙적으로 보험자의 책임은 보험료를 영수한 때에 시작하는 것으로 하고 있으며, 약관상으로는 예를 들어, 화재보험처럼 보험기간의 24;00 개시와 종료시간 오후 16;00까지를 명시하고 있다.

① 보험계약기간이 보험기간보다 긴 경우

일정 기일에 입고하는 상품을 미리 화재보험계약에 붙이는 경우 보험계약이 성립한 후에 보험기간이 개시된다.

예정보험은 보험증권에 기재할 보험계약의 내용의 일부 즉, 선박보험의 경우 하물을 적재할 선박, 적하의 종류 등이 계약체결시에는 확정되지 아니한 보험계약이다. 이 경우 보험계약기간은 계약의 체결시부터 해지시까지이다. 이때 보험기간은 당해 특약으로 담보되는 개개의 선적마다 창고약관 등이 규정하는 바에 따라 시종하게 된다.

② 보험계약기간이 보험기간보다 짧은 경우

소급보험의 경우 보험계약성립전의 어느 시기를 보험기간의 시기로 하는 보험으로 이 경우 보험기간이 보험계약기간보다 소급하는 기간만큼 길게 된다(상법 제643조).

3) 보험료기간

이는 보험료산정의 기초단위가 되는 기간을 이르며 위험측정기간이라고도 한다. 보험계약자가 지급하는 보험료는 약정보험금액을 표준으로 하고 이 기간내에 있어서의 평균적 사고발생율을 기본으로 하여 행하여진다. 그래서 보험료기간과 보험기간이 일치하는 경우도 있지만 한 보험기간이 다수의 보험료기간으로 분할할 수 있으므로 양자가 반드시 일치하지는 않는다.

4) 보험기간의 결정방법

원칙적으로는 당사자의 의사에 의하여 정하여진다. 그 방법으로는 특정한 날로부터 일정한 기간으로 정하거나 특정한 사실로써 정하기도 한다. 또한 종신보험처럼 종기를 정하지 않은 경우도 있다. 기간계산은 민법의 일반원칙에 의한다. 예외적으로 보험기간이 법률의 규정으로 정해지는 수도 있다. 근대적 보험제도에 있어서는 보험료선급주의(保險料先給主義)를 원칙으로 하고 있으며, 앞서 본 바와 같이 보험자의 책임은 최초의 보험료의 지급이 있은 후에만 개시하는 것으로 하였다(상법 제656조). 이 경우에는 보험기간은 보험료 지급시부터 개시하므로 계약이 성립하여도 보험기간이 개시하지 않을 수도 있다. 예컨대, 운송보험에 있어서는 운송물의 수령으로부터 수하인에게 인도시까지를(상법 제688조), 해상보험의 경우에는 보험기간의 개시시기(동법 제699조) 및 종료 시기(동법 제700조)를 따로 정하고 있다.

5) 보험기간의 예외

① 승낙 전 보험보호

일정한 요건하에서 보험자는 보험계약이 성립(승낙)하기 전에도 보험계약상의 책임을 지게 되는 수가 있는데(상법 제638조의 2 제3항 참조), 이는 보험가입자의 합리적 기대이익을 보호하기 위한 정책적인 특칙이다.

② 소급보험과 추급보험

보험계약의 특성에 따라서 보험자의 책임개시기간을 보험계약의 성립일 이전으로 소급시키거나, 계약성립일로부터 일정기간을 경과하여야 책임이 개시되는 것으로 정하는 수가 있다.

소급보험은 통상 계약 성립 시 또는 그 이후부터 개시하지만, 이를 계약 성립이전으로 소급시킬 수 있다(상법 제643조). 이를 소급보험 이라한다. 소급보험은 특히 해상적하보험에서 운송개시(선박의 발항) 후 운송물을 해상적하보험에 부보하고자 하는 경우에 이용가치가 높다. 항해 도중에 부보하였으나 보험기간을 소급시킬 수 없다면, 도착지에서의 사고가 정확히 어느 시점에서 발생하였는지에 관하여 다툼이 생길 소지가 매우 커 불필요한 분쟁을 야기하게 된다.

원칙상으로는 보험사고가 계약체결시에 이미 발생하였거나, 발생불능이면 보험계약이 무효가 되므로(상법 제644조) 소급보험이 성립할 여지가 없으나, 이에 관하여 당사자 쌍방이 선의인 때에는 소급보험으로써 유효하다(동법 제644조 단서). 이와 같은 원칙은 보험사고가 객관적으로는 이미 생겼지만, 보험계약의 효력을 소급시키더라도 악용의 소지가 없고, 운송보험 등에 있어서 이러한 소급보험을 인정할 필요가 있기 이다. 다만 명문의 규정은 없지만 소급보험이 무효인 경우에 보험료의 반환여부는 계약당사자의 주관적 사정을 고려하여야 할 것이다.

소급보험과는 반대로 당사자가 보험기간을 보험계약 성립 이후의 일정시점으로 미루는 경우가 있다. 이를 추급보험이라 부른다. 그 목적은 이른바 도덕적 위험을 배제하기 위함이다.

(5) 보험계약의 효과

1) 보험자의 권리의무

① 보험증권교부의무

보험계약이 성립하면 보험자는 보험계약자에게 지체없이 보험증권을 작성 · 교부하여야 한다. 여기서 문제가 되는 것은 교부에 대한 해석이다.

② 보험금지급의무

보험계약상 보험자의 가장 중요한 의무라고 볼 수 있다. 이 보상의무는 보험계약에서 예정하고 있는 보험사고가 발생한 경우에만 생기는 것은 당연하다.

③ 보험료 반환의무

보험자가 계약체결시 약관의 교부 · 설명의무(상법 제638조의 3)를 제대로 이행하지 아니한 경우, 보험계약자는 계약을 취소할 수 있다. 계약이 취소되면, 보험자는 보험료 금액을 보험계약자에게 돌려주어야 한다(민법 제141조).

보험사고가 발생하기 전에는 보험계약자는 언제든지 계약의 전부 또는 일부를 해지할 수 있다(상법 제649조 제1항). 이 경우 보험자는 미경과보험료를 반환하여야 한다(상법 제649조 제3항).

상법 제648조는 가입자 즉 보험계약자와 피보험자(동법 동조 제1문) 및 보험계약자와 보험수익자(동법 제2문)의 귀책사유없이(선의이며 중대한 과실이 없는 때) 보험계약의 전부나 일부가 무효가 된 경우, 보험료의 전부 또는 일부의 반환을 허용한다. 보험료의 반환은 보험계약자에게 하여야 한다. 또한 보험가입자측이 고지의무(상법 제651조), 통지의무(동법 제652조)를 부담하는 경우, 이들 의무를 함으로써 계약이 해지된 경우에도, 약관규정에 따라 보험자는 보험료를 반환하여야 한다.

2) 보험계약자의 권리의무

① 보험료지급의무

보험료의 지급의무는 원칙상 보험계약자가 진다(상법 제650조 1항 전단). 보험계약은 유상계약으로서,

보험료는 보험자의 위험인수에 대한 대가이다. 보험료는 금전으로 지급함을 원칙으로 한다. 보험료의 액은 보험자가 인수할 위험의 정도를 고려하여 정한 기준에 의하여 결정된다. 다만 타인을 위한 보험계약의 경우에도 보험계약자가 이를 부담한다(상법 제639조 3항 본문).

② 위험유지의무

보험계약자는 부보된 위험상태를 일정하게 유지할 의무가 있다. 상법은 제652조와 제653조를 통하여 보험기간 중 위험의 내용이 현저하게 변경되거나 증가된 때에는 바로 이 사실을 보험자에게 알리거나 적절한 조치를 취할 수 있도록 해야 하는 간접의무를 부담한다.

③ 고지의무

보험계약자는 보험계약 당시에 고의 또는 주중대한 과실로 인하여 중요한 사항을 고지하지 아니하거나 부실의 고지를 하지 아니할 의무를 진다(상법 제651조). 이것은 보험의 기술성으로 인하여 보험자의 기업운영에 대한 협조를 위해서 요구한 것인데, 이 의무를 위반하면 계약해지의 불이익을 받게 된다[44].

④ 통지의무

보험계약자는 보험사고 발생을 안 때에는 이를 지체없이 보험자에게 통지하여야 한다. 이 의무에는 사고의 원인조사에 관한 협조의무도 포함한다[45]. 통지의 방법에는 제한이 없으나 보험사고를 지체없이 통지하지 않아서 손해가 증가된 때에는 그 증가한 손해에 대해서는 보상책임이 없다(상법 제657조 제2항).

⑤ 손해방지의무

피보험자 이외에도 보험계약자도 보험사고 발생시에 적극적으로 손해의 방지와 경감을 위해서 노력하여야 한다. 이는 보험제도의 성질상 보험자에 대한 신의성실의 원칙과 공익적인 필요성의 요구에 근거한 것이다. 이 의무를 게을리하면 확대된 손해에 대하여는 보상책임을 지지 않으며, 이미 보험금을 지급하였다면 그에 대한 손해배상을 청구할 수 있다.

3) 피보험자의 권리의무

장을 달리하여 서술하고자 한다.

44) 양승규 · 박길준, 전게서, 490면.

45) 김성태, 전게서, 317면.

기본학습

06 보통보험약관

1. 총설

(1) 의의

보통보험약관이라 함은 보험자가 미리 작성한 보험계약의 내용을 이루는 표준적, 정형적 계약조항으로서 보험계약에 있어서 당사자간에 반대의 의사표시가 없는 한 보험계약의 내용은 이 보험약관의 조항에 따라 정하여 진다. 이처럼 보통보험약관은 일반적, 표준적인 조항으로서 기본적인 것을 말하며 특별보통보험약관은 부가약관이라고도 하며 사정에 따라 다시 자세한 약정을 필요로 할 때에 보통약관에 대하여 보충적으로 이용되는 것이다. 이 부가약관은 그것이 정형적인 한 그 명칭이 어떠하든 실질상보통보험약관의 일부를 이루는 것으로 본다. 특별보험약관은 보험계약의 특약조항이며, 개개의 보험계약을 체결할 때 구체적인 사정에 따라 체결되는 것으로서 보통보험약관을 변경하는 당사자의 특별한 의사표시에 의하여 정하여지는 것이다.

(2) 보험약관의 필요성

보험계약은 다수의 가입자를 상대로 한 집단적 거래를 전재로 하기 때문에 일일이 계약내용을 절충하여 정할 수 없고 보험계약의 단체성에 비추어 볼 때 보험계약의 내용이 가각의 구성원에게 동일하게 취급되어야 할 것이다. 또한 보험제도의 사회성, 공공성에 비추어 볼 때, 보험가입자의 이익을 보호하기 위한 국가의 감독이 가능하기 위해서는 일반적, 표준적 약관이 필요하다.

2. 보통보험약관의 내용과 기재사항

보통보험약관에는 ① 상법의 규정을 그대로 원용한 원용조항, ② 상법의 규정을 변경한 변경조항, ③ 상법에는 없는 신설조항(보충조항)이 있다.

보통보험약관에는 다음과 같은 사항을 정하여야 한다(보험업감독규정 제2항 제3조의3). 즉 ① 보험자가 보험금을 지급하여야 할 사유 ② 보험계약의 무효의 원인 ③ 보험자의 면책사유 ④ 보험자의 의무의 범위 및 그 의무이행의 시기 ⑤ 보험계약자 또는 피보험자가 그 의무를 이행하지 아니한 경우에 받는 손실 ⑥ 보험계약의 전부 또는 일부의 해제원인과 이행하지 아니한 경우에 받는 손실 ⑦ 보험계약자 · 피보험자 또는 보험금액을 취득할 자가 이익 또는 잉여금의 배당을 받을 권리가 있는 경우에는 그 범위 등이다.

3. 약관에 대한 규제와 명시의무

(1) 약관에 대한 규제

보험약관은 보험자가 일방적으로 작성하는 것이므로 보험자가 자기 이익을 도모하기 위하여 부당한 애용의 약관을 강요할 염려가 있다. 그리하여 보험자가 약관을 작성하는 데에 있어서의 준칙을 정하여 둠으로써 보험계약자 등을 보호할 필요가 있다. 이처럼 약관의 작성단계에서의 규제를 입법적 규제라고도 하는데 이에는 상법 제663조와 약관규제법에 의한 내용통제를 들 수 있다. 상법은 당사자 가의 특약으로 제4편 보험편의 규정보다 보험계약자 등에게 불이익하게 변경하지 못한다고 규정하고 있다(상법 제663조). 그 밖에도 약관규제법은 약관에 관한 일반법이므로, 특별법인 상법 제4편에 규정하지 않은 사항에 대하여 보충적으로 적용된다. 이상과 같은 입법적 규제는 사전적인 내용통제로서 가장 유효하고도 강력한 규제라 할 것이다.

또한 행정적 규제가 가해지는데, 보험업법에 의하면 보험자가 사용하고자 하는 약관은 금융감독위원회의 인가를 얻어야 한다. 그리고 그것을 변경하고자 하는 경우에도 신고를 하게 함으로써 후견적 감독을 하고 있다. 나아가 약관의 내용에 대한 공정성 여부는 법원에 의한 사법적 규제를 통하여 행하여지게 된다.

2) 약관의 명시의무

1) 보험자의 약관교부, 명시의무

보험약관은 보험자가 일방적으로 작성하고 그것은 보험계약의 내용이 되는 것이므로 보험계약자가 그 내용을 알 수 있는 기회가 주어져야 할 필요가 있어 개정 상법에서 신설된 규정으로 보험자는 보험계약을 체결할 때에 보험계약자에게 보험약관을 교부하고, 그 약관의 중요한 내용을 알려주어야 한다(상법 제638조 제3항의 1).

2) 명시의무위반의 효과

보험자가 위의 규정을 위반한 경우 보험계약자는 보험계약이 성립한 날로부터 1월내에 그 계약을 취소할 수 있다. 이기간은 제척기간이다.

4. 보통보험약관의 효력

(1) 일반적 구속력

보통보험약관은 보험계약상의 중요한 법원으로서 반대의 의사표시가 없는 한 당사자가 그 약관에 따를 의사가 있었느냐 없었느냐를 불문하고, 약관의 내용이 합리적인 한 보험계약의 체결과 동시에 당사자를 구속한다. 이것이 보통보험약관의 구속력이다. 이와 같이 보험약관이 당사자를 당연히 구속하게 되는 근거에 관하여는 학설이 대립되어 있다.

1) 의사설

이 설은 보험계약의 당사자가 그 법률행위의 내용으로서 보통보험약관에 의할 것을 합의하였기 때문에 당사자를 구속한다는 견해이다. 보험계약의 단체성보다는 개별성을 더 강조하는 주관주의의 입장이다. 이 설은 전통적인 법률행위이론에 입각하여 보험계약을 보통의 계약과 다를 것이 없다고 본다. 그러나 이 설은 보험계약자가 전혀 알지 못하는 조항에 대하여도 약관의 구속력이 인정되는 거래의 실정에서 볼 때 타당한 설명이 되지 못한다.

2) 규범설

이 설은 보험계약의 단체적 구조를 강조하는 객관주의의 입장에서 주장되며, 보통보험약관이 구속력을 갖는 근거를 보험약관 자체의 규범성에서 찾는 견해이다. 이설은 보험계약의 단체성을 강조하므로, 전통적인 법률행위이론에서 벗어서 약관의 구속력을 보다 강하게 인정한다. 규범설 중에서도 상관습설이 유력한데, 보통거래약관이 존재하는 거래에 있어서는 특별한 사정이 없는 한 약관에 의한다는 상관습이 존재한다는 견해로 거래의 실정에 비추어 이 설이 타당하다고 생각된다.

3) 검토

의사설의 입장에서 혹자는 이제 약관규제법이 제정되었으니 앞으로는 규범설을 지지하는 학자들의 태도가 변경될 것이 예상된다고 한다. 그러나 약관규제법이 제정된 것은 1986년이다. 이후 아직까지도 유력한 학자들이 유독 보험약관에 관해서는 규범설의 태도를 견지하고 있다. 그 이론적 근거는 보험법이 단체적 특성을 갖는 점과 상법 제4편은 약관규제법에 대한 특별법인 점등을 들 수 있다. 실정법상의 근거로는 첫째, 상법 제638조의 3 제3항에 의하면 사업자가 명시 · 설명의 의무에 위반한 경우라도 보험계약자가 보험계약의 성립일로부터 1월내에 취소하지 않으면 확정적으로 유효하다. 둘째, 보험업법 제

131조 제3항에 의하면 금융감독위원회는 기초서류의 변경을 인가하는 경우에 필요하다고 인정하는 때에는 이미 체결된 보험계약에 대하여도 장래에 향하여 그 변경의 효력이 미치게 할 수 있다. 즉 당사자의 의사를 불문하고 금융감독위원회는 소급처분하여 당사자를 구속하게 할 수 있는데, 의사설에 의할 경우 이를 설명할 수 없다.

(2) 미인가 약관의 사법상의 효력

보험자가 금융감독위원회의 인가를 받지 않는 보통보험약관에 의하여 보험계약을 체결한 경우 보험자가 보험업법상의 제재를 받는 것은 별론으로 하고, 그 사법상의 효력은 인정하는 것이 타당할 것이다. 그러나 공익에 반하는 약관은 그 효력이 부인될 것이다.

(3) 보통보험약관의 개정과 소급효

1) 불소급원칙

보험계약이 체결된 후 보통보험약관이 개정되어도 그 개정이 상대방에게 불리한 경우는 물론 유리한 경우라도 특약이 없는 한 신약관의 효력은 개정전의 약관에 미치지 않는 것이 원칙이다.

2) 보험업법에 의한 예외

금융감독위원회는 기초서류의 변경을 인가하는 경우에 보험계약자, 피보험자 또는 보험금액을 취득할 자의 이익을 보호하기 위하여 특히 필요하다고 인정하는 때에는 이미 체결된 보험계약에 대하여도 장래에 향하여 그 변경의 효력을 미치게 할 수 있다(보험업법 제131조).

5. 보험약관의 해석

(1) 기본원칙

보험약관을 해석함에 있어서 약관의 각 조항의 의미는 보험계약체결시에 개별적인보험계약자가 의도한 바를 전제로 할 것이 아니라 일반적인 해석원칙에 따라야 한다. 즉 보험계약은 다수의 보험계약자를 대상으로 하고 있으므로 당사자의개별적인 의사보다는 보험계약법의 특성을 고려하여 각 규정의 뜻을 풀이하여야 한다.

특별보험약관은 보통보험약관보다 우성하는 것은 당연한 것이므로 보험약관의 인쇄된 조항과 특히 써넣은 조항이 충동하는 경우 써넣은 조항이 우선한다는 수기문헌 우선의 원칙도 인정된다. 그러나 기업보험이 아닌 가계보험의 경우 당사자간의 합의에 의하여 보통보험약관과 다를 특별약관의 성립을 인정하기는 곤란하다.

(2) 작성자 불리의 원칙

약관에서 사용한 용어나 조건이 불명확하여 두 가지 이상의 뜻으로 해석이 가능 할 경우 작성자인보험자에게 불리한 해석을 택해야 하고, 따라서 보험계약자측에 유리하게 해석하여야 한다는 원칙이다.

(3) 합리적 기대의 원칙(reasonable expectations)

작성자 불리의원칙 내지 불명확성의 원칙을 더욱 발전시킨 것으로 보험약관의 내용은 보험에 정통한 자가 아닌 문외한으로서의 일반인이 이해하고 해석할 수 있는 평의하고(Plain), 통상적이며(Ordinary), 통속적(Popular)인 용어로 사용되어야 하고 해석되어야 한다는 원칙이다. 판례도 보험계약자로서는 그 구체적인 조항의 내용을 검토하거나 확인할 충분한 기회가 없이 보험계약을 체결하게 되는 계약성립의 과정에 비추어, 약관 작성자는 상대방의 정당한 이익과 합리적인 기대 즉, 보험의 손해전보에 대한 합리적인 신뢰에 반하지 않도록 해석하여야 한다고 판시하고 있다.

요약정리

06 보통보험약관(普通保險約款)

1. 총설

(1) 의의

보통보험약관이라 함은 보험자가 미리 작성한 보험계약의 내용을 이루는 정형적인 계약조약으로서, 반대의 의사표시가 없는 한 계약당사자의 쌍방을 구속하는 계약상의 법원으로서 일반적이고 보편적이며 표준적인 계약조항이다. 그래서 특수한 보험에 있어서는 이 보통보험약관만으로는 불충분하여 다시 특별한 약정을 할 때가 있다. 이것을 특별보험약관 또는 부가약관이라고 한다. 이 부가약관은 그것이 정형적인 한 그 명칭의 여부는 묻지 않고 실질상은 보통보험약관의 일부를 이루는 것으로 본다. 이에 대하여 개개의 보험계약체결시에 당사자가 보통보험약관에 의하지 않고 개별적인 사정에 따라 계약의 내용을 정하는 경우가 있는데, 이를 특별보험약관이라고 하고, 보통보험약관과는 구별하는 것이다.

(2) 약관의 존재필요성

보통보험약관은 보험계약이 일부의 성질상 다수의 가입자를 상대로 하여 대량적으로 처리되어야 할 필요에서 그 내용을 정형화하여야 한다는 단체성의 기술적인 요청에 기한 것이다. 또한 보험계약이 위험단체의 관념에 기초를 두고 있으므로 그 구성원을 동일하게 취급하여야 한다는 데에도 그 이유가 있다.

(3) 약관에 대한 감독규제와 명시설명의무

1) 약관에 대한 규제

보통보험약관은 보험자가 일방적으로 작성하는 것이고, 또 보험계약자는 보험계약상의 기술적 · 법률적 지식이 없이 보험사고의 종류 · 보험기간 · 보험금액 등만을 알고 구체적인 내용에 대해서는 잘 모르면서 계약을 체결하는 일이 많다. 그리고 보험자는 경제적으로 우월한 지위를 이용하여 자기의 이익을 꾀하기 위하여 부당한 내용을 삽입하고, 게다가 보험업은 거의 독점적 경향이 있으므로 보험계약자는 여러 가지 불리한 조건에 따르지 않으면 안 될 경우가 많다. 이에 따라 보험계약의 내용을 잘 알지 못하는 소비자를 보호하기 위해서는 보험약관에 대한 규제가 필요하다.

이러한 점에서 살피건대, 보험계약법은 재보험과 해상보험 등의 경우를 제외하고는 보험계약법에 규정을 당사자사이의 특약으로도 보험계약자 또는 피보험자나 보험수익자의 불이익으로 변경하지 못하도록 하고(상법 제663조), 또 보험자는 보험사업의 허가신청서에 다른 서류와 함께 그 사용하고자하는 보통보험약관을 첨부하여 금융위원회의 허가를 받도록 하고 (보험업법 제4조), 또한 기초서류의 변경을 하고자 할 때에도 역시 금융위원회의 인가를 받게 함으로써 실질적인 감독을 하고 있다.

2) 약관의 명시교부의무(설명의무)

약관규제법 제3조는 보험사업자에게 보험계약을 체결할 때에 고객에 대해 약관의 명시설명의무를 지우고 있고, 보험업법 제156조 제1호는 보험자에게 보험계약자등에 대하여 보험계약조항 중 중요한 사항을 알리지 아니하는 행위를 금지함으로써 간접적으로 보험약관의 중요한 조항에 대하여 보험계약자에게 미리 알리도록 하는 정보제공의무를 부과시키고 있다. 그리고 상법 제638조의 3 제1항은 '보험자는 보험계약을 체결할 때에 보험계약자에게 보험약관을 교부하고, 그 약관의 중요한 내용을 알려주어야 한다.' 고 규정하여 보험계약자가 보험계약체결시에는 적어도 약관의 내용을 알 수 있도록 배려하고 있다.

2. 보통보험약관의 내용과 기재사항

보통보험약관에 규정할 사항의 내용으로는 상법의 규정을 그대로 수용하는 수용조항과 상법의 규정을 변경하는 변경조항과 상법의 규정을 보충하는 조항으로 구분할 수 있는데, 보통보험약관에는 다음과 같은 사항을 정하여야 한다(보험업법시행규칙 제7조). ①보험회사가 보험금을 지급해야 할 사유, ②보험계약의 무효의 원인, ③보험회사의 면책사유, ④보험회사가 의무를 질 한계를 지는 방법과 그 의무를 이행하여야 할 시기, ⑤보험계약자나 피보험자가 그 의무를 이행하여야 할 시기, ⑥보험계약의 전부나 일부의 해제 원인과 해제한 때의 권리와 의무, ⑦보험계약자 피보험자나 보험금을 취득 할 자가 이익이나 잉여금의 정부에 관한 이의를 할 수 있는 이른바 이의약관을 할 수 있도록 규정하고 있다(상법 제641조).

3. 보통보험약관의 효력(구속력의 근거)

(1) 구속력에 관한 학설

보통보험약관은 보험계약에 관한 상법규정이 지극히 간단하므로 보험계약상의 법원으로써 중요한 구실을 하고 있으며 실질적으로도 보험계약에는 적어도 특별보험약관 및 보통보험약관의 조항이 적용되고 약관의 규정함이 없는 사항에 대하여는 상법이 적용되어 당사자를 구속한다. 이 구속력의 근거에 관해서는 학설이 나뉜다.

1) 규범설(規範說)

보통보험약관은 보험관계자속으로 이루어지는 사회에 타당한 규범으로서 약관 자체가 가지는 규범성의 구속력을 인정하자는 견해이다. 이 견해는 가장 유력하게도 보통보험약관을 사회학적인 측면에서 고찰하여 보험계약법에 법원으로 다루고 있으며 약관에 대한 감독관청의 인가, 보편적 해석의 필요성 등을 명백히 하고 있다. 이 설은 전통적인 법률행위 이론을 벗어나 약관의 구속력을 보다 강하게 인정하려는 객관주의 내지는 단체주의적인 이론구성을 하는 것이다. 이 입장은 자치법설, 관습법설 등으로 구분되기도 하고, 상법 제638조의 3의 제2항은 보험자가 보험계약시에 보험약관의 교부명시의무를 위반한 때에는 보험계약자는 보험계약이 성립하는 날로부터 1개월 이내에 그 계약을 취소할 수 있다고 규정하여 보험계약자에 대한 계약의 취소가 없는 한 그 약관의 구속력이 인정되어야 할 것이고, 보험계약의 단체적 구조에서 볼 때 인정할 수 있는 것이다.

2) 의사설(意思說)

이 견해는 계약의 당사자가 그 법률행위의 내용으로써 약관을 수용하였기 때문에 당사자를 구속한다는 입장이다. 즉, 약관의 타당근거를 당사자의 의사에서 구하는 주관주의적 입장이다. 보험약관은 이론적으로는 법률행위의 내용을 이루는 계약조항의 속하여 약관의 내용을 상대방이 알고, 보험계약을 체결하였다는 것이 증명되지 아니하면 약관의 구속력을 주장 할 수 없게 된다. 약관규제법 제3조 3항은 사업자가 약관의 명시설명의무를 위반하여 계약을 체결할 때에는 그 약관을 계약의 내용으로 주장 할 수 없다. 라고 규정되어 의사설의 입장을 뒷받침하고 있고 대법원 판례도 이에 따르고 있다[46].

한편 금융위원회의 인가를 받지 않은 보통보험약관이 사용된 경우의 사법상의 효력을 인정하느냐 마

46) 대판 1985. 11. 26. 84다카 2543 : 대판 1986. 10. 14. 84다카 122.

느냐의 문제가 있으나 그 효력을 인정하는 것이 타당할 것이다. 물론, 인가받지 않은 약관을 사용한 보험자가 보험업법상의 제제를 받는 것은 당연하고, 또한 강행규정이나 공익에 어긋나는 약관의 효력은 부인된다.

(2) 보통보험약관의 개정과 소급적용관계

원칙적으로 보험계약이 체결된 후 보통보험약관이 개정되어도 그 개정이 상대방에게 불리한 경우는 물론 유리한 경우라도 특별한 합의가 없는 한 새로운 약관의 효력은 개정 전의 계약에 영향을 미치지 않는다.

예외적으로, 금융위원장은 보험계약자, 피보험자 또는 보험금을 수취할 자의 이익을 보호하기 위하여 특히 필요하다고 인정 할 때에는 그 약관에 변경인가시에 기존의 보험계약에 대하여도 장래에 그 변경의 효력을 미치게 할 수 있다(보험업법 제18조 제2항). 이유로는 보험계약자등의 이익보호를 위하여 인정된 것인데 보험약관의 소급적용도 기초서류의 변경인가된 것에 하나이고 보험자가 금융위원회의 명령에 따라 약관의 소급적용을 하겠다는 의사표시를 한 때로부터 그 효력이 생긴다.

4. 보통보험약관의 해석(解釋)

(1) 기본원칙

보험약관의 각 조항의 뜻은 보험계약 체결시에 개별적인보험계약자가 의도한 바를 전제로 할 것이 아니라 일반적인 해석원칙에 따라서만 풀이하여야 한다. 즉, 보험약관의 해석에 있어서는 보험계약이 다수의 보험계약자를 대상으로 하고 있으므로 당사자의 개별적인 의사보다는 법률의 일반 해석원칙에 따라 보험계약의 단체성 · 기술성을 고려하여 신의성실의 원칙에 따라 공정하게 해석되어야 하며, 보험계약자에 따라 다르게 해석되어서는 안된다(약관규제법 제5조 제1항).

반면에 특별보험약관은 보통보험약관보다도 우선하므로 보험약관의 인쇄된 조항과 써넣은 조항사이에 마찰이 있는 경우에는 써 넣은 조항이 우선한다는 것은 당연한 논리이다. 따라서 보험계약은 다른 계약과 마찬가지로 당사자가 사용한 용어의 표현이 모호하지 아니한 한, 평이하고 통상적이고 일반적인 뜻으로 받아들이고 이해되어지는 용례에 따라 풀이하여야 한다. 그리고 보험약관해석에 있어서도 당사자의 합리적인 의도가 무엇인가를 찾아볼 수 있는 경우에는 그 기대에 부합하도록 풀이하여야 하는 합리적 기대(合理的 期待)의 원칙이 지배한다.

(2) 작성자 불이익(作成者 不利益)의 원칙

보험약관의 내용 해석이 애매한 경우, 다시 말해서 하나의 규정이 여러 가지 뜻으로 풀이되는 경우에는 보험자에게 불리하게, 보험계약자에게 유리하게 해석하여야 한다는 이른바 불명확성의 원칙이 지배한다. 이 원칙은 객관적인 의문을 배제할 수 없는 경우에는 그 약관의 조항을 명확하게 표현할 수 있었고 또 표현해야 하는 약관의 작성자에게 그 책임을 지워야 한다는 관념에 기초를 두고 있는 것이다. 그러므로 보험약관의 해석상 의문이 있을 때에는 보험자에게는 엄격하고 불리하게, 피보험자에게는 유리하게 새겨야 하는 것이고(약관규제법 제5조 제2항), 이를 작성자불이익의 원칙이라고도 한다.

5. 약관에 대한 규제

보험약관은 계약자유원칙의 소산이다. 그러나 계약자유의 원칙이 극단적으로 발현되어 도리어 계약자유의 원칙을 실질적으로 부인하는 결과에 이르렀음은 현실이다. 특히 오늘날에 있어서는 약관이 차지하는 비중은 실로 크다. 고도의 산업발달과 함께 약관은 다방면으로 발전을 거듭하고 있기 때문에 그 규제 필요성도 커지고 있다.

이러한 병리적인 약관을 그대로 방치하게 되면 일반대중의 이익은 크게 침해 당할 위험에 놓이게 되므로 이를 방지하기 위하여 국가적인 규제와 감독이 크게 요청되어진다. 일반적으로 약관에 대한 규제방법으로는 초기에는 사법적 규제와 행정적 규제유형이 있었는데, 오늘날에는 각국이 약관규제를 위한 약관규제법이나 기본법의 보충을 함으로써 입법적인 규제가 효과적인 방법으로 대두되고 있다. 이하에서는 여러 규제방법에 대하여 자세히 살펴보도록 한다.

(1) 행정적 규제

약관형성에 있어서 국가가 행정적으로 개입하는 것을 행정적 규제라 한다. 이러한 행정적 규제는 약관 자체의 정당성을 사용이전에 일반적으로 보장할 수 있고, 약관의 다양성과 변경성에 적응할 수 있는 타당성도 갖출 수 있는 장점이 있는데 이에 가장 대표적인 것이 약관의 인가제도이다. 이는 부당한 약관조항으로 인한 계약상대방의 피해를 사전에 방지하기 위해 약관의 형식적 요건 및 내용을 심사하는 것이다.

(2) 사법적 규제

보통거래약관에 대한 규제는 사법적 규제로부터 시작되었고 행정적, 입법적 규제순서로 발달해왔다[47]. 여기서 사법적 규제는 약관사용에 의하여 구체적인 분쟁이 소송사건화한 경우에 법원이 그것을 심사 판단하여 타당성 있는 판결을 내림으로써 약관거래의 분쟁을 사후적으로 규제하는 방식이다. 물론 사법적 수단에 의한 규제는 당사자의 소송의 제기(提起)가 전제가 되기 때문에 일반적인 규제방법이 될 수는 없다. 다만 보험계약당사자는 약관의 병리적 현상으로부터 구제받을 수 있는 최종적인 보장을 이 사법적

---

47) 김교창, '보통거래약관의 기초적 연구', 보통거래약관의 연구, 서울변호사회, 1983, 52면.

규제에 기대할 수 있다. 또한 이 규제방식은 몇 가지 한계가 있다[48].

(3) 입법적 규제

현대의 거래양상의 변화는 약관을 새로운 법 현상으로 이해하여 그 독자성격을 규명하고 그에 맞는 새로운 법적 규제형태를 요구받고 있다. 예컨대 약관규제법과 같은 새로운 입법에 의한 규제는 예방적 효과를 갖지만 사후의 판단기준이 되어지는 수단이 되는 것이다. 다만 그 입법방식이 개별적이냐, 포괄적이냐 하는 복잡한 논의가 남게 된다.

(4) 자율적 규제

종래의 국가적 규제방식과는 달리 약관의 형성과정에서 쌍방적 또는 제3자에 의한 중립적 형성방법을 통하여 약관의 일방적 형성의 폐단을 배제하려는 자율적 규제방식이 선호된다. 이에 약관의 사회적 규제의 목적으로 보험가입자조합을 결성하는 의견도 있었다[49]. 물론 약관의 형성과정에서 보험가입자측을 가입시키게 하면 그 폐단이 극복되겠지만 현실적으로 이들이 조직화가 어려울 수 있으므로 이 방법은 어려움이 크다고 할 것이다. 더구나 보험자측에서도 보험의 사회성과 공공성을 감안한다면 그 약관내용에 의한 폐단을 방지하는데 자정노력도 필요하다. 건전한 국민경제발전에 중요한 지위를 차지하고 있는 약관작성의 대기업들이 스스로 약관에서 부당한 조항들을 정리함으로써 경제적 불평등과 불균형을 제거하고 건전한 소비생활을 이룩하도록 노력해야 하는 것이다. 이것이 가장 바람직한 방법이라고 생각된다.

---

48) 은종성, 보통보험약관과 소비자보호, 학위논문, 38면 참조.; 예컨대, 기판력의 범위, 개별적 사안, 소송부담, 약관내용 통제를 위한 여러 가지 실현 수단의 확보필요성 등이 있다.

49) 이은영, '보통거래약관의 해석론서설', 상사법의 현대적 과제(춘강 손주찬박사화갑기념논문집), 박영사, 1984, 33면.

기본학습

07 보험료지급지체와 실효약관

1. 보험료

(1) 보험료의 의의

보험료란 보험계약의 성질에서 근거하여 보험자의 보험급여에 대한 대가로 보험계약자가 지급하는 금전이다. 즉, 보험자가 인수하는 위험에 대한 대가(對價)로서 보험상품의 가격으로 볼 수 있다.

보험계약은 양당사자의 채권계약에 한하지만 보험제도가 갖고 있는 단체 구조적 측면에서 본다면 다수의 가입자에 대한 위험을 종합 · 평균화하는 기술적인 방법을 통하여 위험의 분산을 꾀하는 제도이다.

(2) 보험료의 특성

보험계약도 채권관계이므로 보험료채권은 보험계약의 성립과 동시에 발생하고, 그 종기에 소멸한다. 따라서 보험자는 채무불이행의 일반원칙에 따라 보험료청구권을 행사할 수 있다. 상법은 보험료를 지급하지 않으면 보험자의 책임불발생(상법 제656조), 계약해지(상법 제650조 제1, 제2항)를 할 수 있으며, 미납된 보험료를 지급예정인보험금에서 공제할 수 있도록 하고 있다(상법 제677조).

(3) 보험료 반환청구

보험계약의 전부 또는 일부가 무효인 경우에 보험계약자 또는 피보험자 또는 보험수익자가 선의이며 중대한 과실이 없는 때에는 보험자에 대하여 보험료의 전부 또는 일부의 반환을 청구할 수 있다(상법 제648조).

(4) 보험료의 분류

1) 순보험료와 부가보험료

보험료는 통상 인수할 위험의 발생확률, 보험금액, 자기부담액 등 여러 가지 변수에 의하여 결정된다. 그 중에서도 당해 계약에서의 위험률에 따라 정해지는 위험부담률에 해당하는 보험료를 순보험료라 이른다. 여기서 위험률측정은 일정한 기간을 단위로 하여 이 단위기간에 있어서의 평균적 사고발생률을 기초로 하여 정해진다. 그리고 모집비용, 계약관리비용 등 기타 보험단체의 운영경비에 충당하는 보험료를 부가보험료(附加保險料)라 이른다. 결국 일반적인보험료는 순보험료에 부가보험료를 합친 것이 통상의 보험료가 된다.

2) 일시납보험료와 분납보험료

일시납보험료는 1회에 완납하는 보험료를 가리키며, 분납보험료는 수차례에 걸쳐 정기적으로 나누어 내기로 약정하는 보험료이다. 손해보험에 있어서는 분납의 비율을 달리하기도 한다(예컨대, 4회 분납시 전체 보험료의 35 · 30 · 25 · 10%를 납입). 생명보험의 경우에 유의할 점은 위험률 즉 피보험자의 사망률이 시간이 지남에 따라 높아지므로, 그 보험료도 피보험자의 연령이 증가함에 따라 매년 증가하게 된다(이른바 자연보험료). 그러나 보험실무상으로는 가입자의 편의를 위해 보통 전보험기간을 통하여 동일한 보험료를 납입하도록 하고 있는데, 이를 「평준」 보험료방식이라 한다[50].

보험료를 분납키로 약정하는 경우, 이는 아래와 같은 최초보험료와 계속보험료로 나뉜다.

3) 최초보험료와 계속보험료

최초보험료는 그 지급이 없으면 보험자의 책임이 개시되지 아니하는 보험료를 이르며, 이 보험료지급 여부는 보험계약자의 보험가입의사를 가늠하는 기준으로 활용될 수 있으므로 상법에서는 보험자의 책임개시시기를 원칙적으로 최초보험료 납입시점으로 기산한다(상법 제656조).

한편, 계속보험료는 그 지급이 없으면 이미 개시된 보험자의 책임도 계속 유지될 수 없는 보험료를 이른다. 최초보험료는 언제나 제1회 보험료가 되지만 제1회 보험료의 지급을 유예하는 경우에는 보험자의 책임이 개시되고 난 다음 제1회 보험료지급이 있게 되므로 제1회 보험료가 항상 최초보험료가 되는 것은 아니다. 따라서 계속보험료의 지급이 없으면 보험자의 책임이 개시되지 않도록 함으로써 보험자의 보호도 하면서 계속보험료의 미지급을 이유로 즉시 보험관계를 소멸시키는 것은 보험계약자에게 너무 가혹하므로 보험자로 하여금 일정한 유예기간을 설정해서 그 기간 경과시까지 지급하도록 함으로써 일단 성립된 보험계약관계를 지속할 수 있도록 보험계약자보호를 꾀하고 있는 실정이다.

(5) 지급의무자

보험료는 보험자가 보험계약으로 위험을 인수한 대가로서 보험계약자가 지급한다. 그러므로 보험료지

50) 김성태, 전게서, 125면.

급의무는 원칙적으로 보험계약자의 고유의무라 할 수 있다. 그러나 타인을 위한 보험계약의 경우에 있어서는 피보험자 또는 보험수익자도 보험계약자가 파산선고를 받거나 보험료의 지급을 지체한 때에는 제2차적으로 보험료 지급의무를 부담한다(상법 제639조 제3항).

(6) 보험료의 지급장소와 시기

상법은 보험료의 지급장소에 관하여 특별한 규정을 두고 있지 않다. 그러므로 민법의 일반원칙에 따라 보험료의 지급은 채권자인보험자의 영업소에서 하여야 한다(민법 제467조의 2, 상법 제55조). 보험료의 지급시기와 방법에 대하여는 상법은 보험료의 지급시기에 관하여 규정하고 있지 않지만, 보험자의 책임은 최초의 보험료를 받은 때로부터 개시하므로(상법 제656조) 보험계약자는 보험계약이 성립한 후 지체없이 보험료를 지급할 의무가 있다고 할 것이다. 다만 지급시기와 방법에 관하여 당사자간에 특약이 있으면 그에 의한다.

2. 보험료지급지체의 효과

(1) 개관

보험계약자는 계약체결 후 지체없이 보험료의 전부 또는 제1회 보험료를 지급하여야 하며, 보험계약자가 이를 지급하지 아니하는 경우에는 다른 약정이 없는 한 계약성립후 2월이 경과하면 그 계약은 해제된 것으로 본다(상법 제650조 제1항). 계속보험료가 약정한 시기에 지급되지 아니한 때에는 보험자는 상당한 기간을 정하여 보험계약자에게 최고하고 그 기간 내에 지급되지 아니한 때에는 그 계약을 해지할 수 있다(상법 제650조 제2항). 타인을 위한 보험의 경우에 보험계약자가 보험료의 지급을 지체한 때에는 보험자는 그 타인에게도 상당한 기간을 정하여 보험료의 지급을 최고한 후가 아니면 그 계약을 해제 또는 해지하지 못한다(상법 제650조 제2항). 그러므로 보험자가 계속보험료의 부지급을 이유로 계약을 해지하기 위해서는 ① 계속보험료가 약정한 시기에 지급되지 아니 하였어야 한다. 여기서 약정한 시기라 함은 보험계약에서 정한 그 보험료의 지급기일이다. 그리고 보험료의 부지급은 보험계약자의 귀책사유로 인한 것이어야 한다. 그러므로 가령 보험자가 보험계약자로부터 보험료를 받아가기로 한 경우에 수금사원이 그 보험료를 받으러 가지 아니하였거나 보험료액의 다툼이 있어 이를 지급하지 아니한 경우에는 보험계약자에게 그 책임을 돌릴 수는 없고, 보험대리점이 제1회 보험료를 받으면서 제2, 제3회의 계속보험료를 약속어음으로 받아 횡령하였다면 그 책임은 보험자에게 돌아간다. ② 보험자는 상당한 기간을 정하여 보험료지급의무자에게 보험료의 지급을 최고하여야 한다. 여기서 최고라 함은 보험계약자 또는 그 타인에게 보험료를 지급하도록 요구하는 보험자의 의사통지이며, 그 방법은 제한이 없으므로 구두로 하든 서면으로 하든 상관없다. 그러나 최고한 사실에 대한 입증책임은 보험자에게 있다. 또 상당한 기간은 거래의 통념에 따라 정할 문제인데 보통 2주간 이상을 정하는 것으로 충분하다고 본다. ③ 보험료지급의무자가 보험자의 보험료지급 최고에서 지정한 기간 안에 보험료의 지급이 없어야 한다. ④ 보험자는 계약해지의 의사표시를 하여야 한다. 계속보험료 부지급으로 인한 보험계약의 해지는 위의 요건을 갖춘 때에 보험자의 일방적인 의사표시로 이루어지나, 그 해지의 의사표시는 보험계약자에게 도달한 때에 효력이 생긴다(민법 제111조 도달주의). 여기서 보험자는 보험료지급에 대한 최고에서 지정된 지급기일 안에 보험료의 지급이 없으면 보험계약은 당연히 해지된 것으로 본다는 이른바 계약해지예고부 최고의 효력을 인정하는 것이 다수설과 판례의 입장이다. 왜냐하면 최고기간까지에 보험료의 지급이 없으면 그 후에 생긴 사고에 대하여 보험자는 계약을 해지하고 보험금지급책임을 면할 수 있기 때문이다. 그러나 단순히 약관에 위의 취지를 규정하고 있을 뿐 현실적으로 최고를 하지 아니하는 경우 그 약관은 최고로서의 효력을 인정할 수 없다는 것이 판례이며 이는 타당하다. 나아가서 최고와 해지절차를 생략한 이른바 실효약관에 대하여는 그 효력을 부정하는 것이 통설 판례의 입장이다.

(2) 소멸시효

보험자의 보험료 청구권은 1년간 행사하지 아니하면 시효로 소멸한다(상법 제662조).

3. 실효약관

(1) 의의

보험계약자가 보험료의 지급기일부터 약관에 정해진 일정한 유예기간안에 보험료를 지급하지 아니한 때에는 그 보험계약은 당연히 효력을 잃는다고 정한 보통보험약관의 조항을 실효약관이라 한다. 불특정 다수를 상대방으로 하는 보험자의 보험료수납이나 관리의 편의를 위하여 이러한 조항을 규정하는 것이 일반적이다.

(2) 효력

상법 제663조는 보험약관의 불이익변경금지의 원칙을 규정하고 있는 바, 이는 보험계약의 성질이나 내용을 모르는 보험계약자 등의 이익을 보호하고자 하는 데에 그 의미가 있다. 한편 상법 제650조는 보험료의 불지급이 있는 경우에는 상당한 기간을 정하여 최고를 한 후 그래도 보험료가 지급되지 S아니할 때에는 그 계약을 해지할 수 있도록 하고 있는 바, 위의 실효약관조항이 이 법조문의 최고기간안에 해당한다고 하더라도 보험자의 해지의 의사표시 없이도 자동적으로 계약을 무효로 한 것이 상법 제663조의 원칙에 반하는 것으로서 실효약관은 무효가 되는 것이 아니냐 하는 문제가 생기게 되는 것이다.

보험계약은 개별적으로 보험자와 보험계약자간에 체결되어지는 채권계약이므로 개별적인 보험계약자 측면에서 보면, 일정한 유예기간의 경과로 당연히 계약을 무효화시키는 것은 보험계약자 등에게 매우 불이익한 것임은 부인할 수 없다. 그러나 보험계약은 대수의 법칙에 의하여 다수의 보험계약자를 대상으로 위험을 종합평균화함으로써 각 보험계약자에게 위험을 분산시켜 우연한 사고에 대비하는 일종의 사행계약으로서 보험단체안에서의 급여와 반대급여와의 균형을 유지하도록 꾀하고 있는 특수한 계약이다. 그리하여 보험계약관계에서는 보험자와 보험계약자와의 이익조정은 보험계약자 개인만을 대상으로 할 수는 없고, 보험단체 전체의 이익을 고려하지 않을 수 없는 것이다. 다시 말해서 보험계약에서 보험계약자에게 이익이 되는가의 여부는 보험의 단체성을 고려하여 보험계약자 전체의 이익에 부합되느냐 여부에 의해 판단되어져야 할 것이다.

보험계약자의 귀책사유로 보험료의 불지급이 있는 경우에 일정한 기간을 유예하였음에도 불구하고 그 지급이 없는 때에는 보험자가 계약해지의 절차를 밟지 않았다는 이유로 그 후의 보험사고에 대한 보험자의 책임을 인정하는 것은 보험료의 지급을 게을리 한 보험계약자에게는 이익이 되나 보험단체 전체의 이익으로는 되지 않는다. 이러한 점에서 보험자가 그 보험약관을 실효시켜 그 후의 사고에 대하여 그 책임을 지지 않도록 한 실효약관의 효력은 인정되어야 할 것이다. 대법원 판결에서도 이러한 실효약관의 효력을 인정하고 있다.

요약정리

07 보험료지급지체와 실효약관

1. 총설

(1) 의의

상법 제650조 제 2항은 '계속보험료가 약정한 시기에 지급되지 아니한 때에는 보험자는 상당한 기간을 정하여 보험계약자에게 최고하고 그 기간내에 지급되지 아니한 때에는 그 계약을 해지할 수 있다.' 라고 규정되어 있는 바, 이는 보통 보험자가 보험계약자에게 하는 최고 및 해지의 번거로움을 피하기 위하여 보험약관에 의하여 제2회 이후의 보험료는 그 납입기일부터 일정한 기간의 유예기간을 두고 그 기간내에 보험료를 지급하지 않으면 보험계약은 자동적으로 실효된다는 규정을 두고 있다. 이러한 규정을 실효약관이라 칭하는 데, 여기서 보험계약자가 보험료의 지급기일로부터 유예해 준 일정한 기간내에 보험료를 지급하지 아니하는 것은 보험계약자측에서 보험계약을 위반한 것이다. 원래 계약위반이 있으면

[51] 그 상대방에게 손해배상청구권과 계약해제권(해지권)이 발생한다. 종전에는 보험료납입이 지체되는 경우, 유예기간을 설정한 이행최고(의사표시)나 해지의 통지없이 바로 그 보험계약이 효력을 잃는다고 정하고 있는 약관을 사용하였던 바, 이는 무효라 할 것이다.

(2) 연혁

상법 제650조는 1991. 12. 31 개정되었다. 개정후의 상법 제650조 제2항은 개정전 상법 제650조의 본문을 변경하여 계속보험료의 지급이 지체되는 경우 상당한 기간을 정하여 보험계약자에게 최고하고, 계약을 해지할 수 있도록 하였다. 그러나 실효약관과 관련하여서는 큰 변경이 없게 되었다.

2. 실효약관의 효력

실효약관의 효력에 대하여 학설은 크게 무효설 유효설로 대립되어 있다. 무효설은 실효약관은 상법 제650조 제2항에 반하여 보험계약자에게 더 불리하므로 이는 상법 제663조 본문에 해당하여 무효라고 한다. 그러나 유효설은 실효약관은 보험자의 의사표시를 기다릴 필요없이 유예기간(보험료납입기간)의 경과만으로써 보험계약을 당연히 실효시키기로 약정한 것으로 이는 보험자의 의사표시로써 보험계약을 해지하는 경우에 적용되는 상법 제650조 제2항에 위반되는 것이 아니라고 하거나 또는 보험계약은 보험단체내에서의 급여와 반대급여의 균형을 이루도록 하는 특수한 계약인데 보험계약자의 귀책사유로 인하여 보험료를 지급하지 않은 경우에 일정한 유예기간을 주고 이 기간내에도 보험료를 지급하지 않으면 보험계약이 해지된 것으로 보아 보험자의 보험금지급책임을 면하도록 하는 것은 보험계약의 단체성에 비추어 인정되어야 한다는 것이다.

(1) 유효설

보험자는 다수의 보험계약을 취급하므로 편의상 실효약관을 인정할 필요가 있고, 또 보험료의 지급을 해태한 보험계약자에게 보험금을 지급하는 것은 보험단체의 관념상 도움이 되지 못하므로 실효약관의 효력을 인정하자는 견해이다.

(2) 무효설

이 견해의 근거로는 상법 제650조 제2항이 명시적으로 3단계의 해지절차를 규정학도 있으므로 이를 보험계약자에게 불리하게 위반한 것은 상법 제663조에 위배되어 무효이다. 그리고 만약에 계속보험료

51) 민법 제544조에 의하면 상당한 기간을 정하여 이해을 최고하고, 그 기간내에 이행이 없으면 당해 계약을 해지할 수 있다. 계속적 채권관계에서는 해지도 가능하다(판례입장). 보험계약자가 납입의무를 지체한 때에도 상법 제650조 제2항에 의해 같다.

가 지체되고 있던 차에 보험사고가 발생하지 않은 경우에는 보험자는 위 실효약관조항에 따라 보험금지급책임이 없는 한편 보험계약자의 계속보험료 지급책임은 여전히 존속한다. 이것은 보험자는 보상책임을 지지 않으면서 보험료는 취득하는 결과가 되어져 보험계약의 유상 · 쌍무계약성에도 반한다. 그리고 보험료 일부를 지급지체하고 있다는 이유로 당해 계약을 완전히 무효화시키는 것은 계약자에게 너무 가혹한 일이이라는 것이다[52]. 이런 해석의 입장이 민법 제544조의 취지와도 합치한다고 한다. 그리하여 상법 제650조 제2항을 주의적 규정으로 보는 견해이다.

(3) 소결

우리나라의 다수설은 실효약관조항을 유효[53]라고 본다. 이에 대하여 소수설은 무효[54]로 보고 있다. 이러한 유효설의 근거로는 보험단체론이라든지, 보험료불가분의 원칙에서 구하고 있다. 또 상법 제650조 제1항의 입법취지에서 유예기간이 상당하기만하면 이를 인정할 수 있다는 견해도 있다. 관련 판례로는 유효설의 입장[55]은 주류를 이루었다. 반면에 무효설[56]의 입장도 볼 수 있다.

3. 결론

보험자는 보험계약자에 대한 서비스차원에서 최고절차, 상당한 유예기간의 설정, 해지의 적정한 의사표시의 단계를 거쳐서 계약을 해지할 수 있도록 하여야 한다. 다른 이론구성을 통하여 위 요건을 결한 실효약관조항을 인정하는 견해는 보험계약자에게 불리한 해석으로서 지지하기 어렵다. 따라서 상법은 최초보험료의 지급은 보험자의 책임개시여건으로 계속보험료의 지급은 보험자의 책임유지요건으로 해석하고 있다고 본다[57].

52) 최준선, 상법사례연습(下), 삼조사, 1998, 230면.
53) 양승규, 전게서, 154면; 최기원, 보험법, 어음 수표법 · 보험해상법, 법문사, 218면; 정찬형, 상법판례평석, 홍문사, 2000, 507면.
54) 최준선, 전게서, 226면.
55) 대판 1977. 9. 13, 77다329 ; 대판 1995. 11. 16 선고, 94다56852 전원합의체 판결 등
56) 대판 1992. 11. 24, 92 다 23629 등
57) 강위두 · 임재호, 상법강의(하), 형설출판사, 2004, 576면.

기본학습

08 보험계약의 성립과 부활

1. 보험계약의 성립

보험계약은 낙성계약으로 보험계약자의 청약에 대하여 보험자가 승낙함으로써 성립한다(상법 제638조). 즉 보험계약도 계약법의 일반원칙에 의하여 성립하는 것이다. 다만 보험계약은 상행위성을 갖기 때문에(상법 제46 제17호) 상법의 규정이 우선 적용된다. 따라서 보험자는 '상인이 상시 거래관계에 있는 자로부터 그 영업부류에 속한 계약의 청약을 받은 때에는 지체없이 낙부의 통지를 발송하여야 한다. 이를 게을리 한 때에는 승낙한 것으로 본다(상법 제53조)' 는 규정에 의하여 낙부통지의무를 질 경우도 있다. 그러나 상법 제53조는 보험자와 상시 거래관계에 있는 자로부터의 청약에 대하여만 그 적용이 있고, 상시 거래관계에 있지 않은 일반의 보험계약자의 청약에 대하여는 그 적용이 없다. 따라서 보험계약자는 보험계약의 청약후 상당한 기간이 경과한 후에 보험사고가 발생하여도 보험자의 승낙이 없는 동안에는 아무런 보험보호도 받을 수 없게 되어 보험계약자의 지위는 매우 불안하다.

또한 거래의 실정을 살펴보면 보험계약자가 보험계약을 청약하는 경우 보험자가 작성한 청약서에 소정의 사항을 기재한 수에 기명날인을 하고, 적어도 제1회 보험료상당액을 지급하고 난 후 영수증을 교부받는 것이 관례이다. 이때 대다수의 보험계약자는 그때부터 보험계약상의 보험보호를 받을 수 있다고 기대하는 것이 보통이다. 그러므로 보험계약자의 보험보호에 대한 신뢰를 보호하여 줄 필요가 있다. 그러나 한편으로 보험자로서는 표준적인 위험을 결합함으로써 합리적인보험경영을 도모하여야 한다. 다시 말하면 표준이하의 위험이 보험단체에 들어오는 역선택을 배제하여 선량한 다수의 계약자를 보호하여야 한다. 이를 가능하게 하기 위해서는 보험자의 위험선책은 신중하여야 하고, 보험가입자의 위험사정을 판단하는데 어느 정도의 시간이 필요하다. 따라서 보험자에게 위험선택의 기회를 주어야 한다는 문제와 보험계약자가 가지게 된 보험보호에 대한 신뢰보호라는 당사자 간의 상충되는 이익을 균형 있게 조화시켜야 할 필요가 있다. 이에 상법은 계약법의 일반원칙과는 다르게 특별규정을 두어 보험계약자의 보호를 꾀하고 있다.

(1) 보험자의 낙부통지의무

보험자가 보험계약자로부터 보험계약의 청약과 함께 보험료 상당액의 일부 또는 전부를 지급 받은 때에는 다른 약정이 없으면 30일내에 상대방 즉 보험계약자에게 낙부의 통지를 발송하여야 한며, 인보험계약의 피보험자가 신체검사를 받아야 하는 경우에는 그 기간은 신체검사를 받을 날부터 기산한다(상법 제638조의 2 제1항)라고 규정하여 보험자에게 승낙 또는 거절의 의사표시를 촉구하고 있다.

(2) 승낙의제

만약 보험자가 위의 낙부통지의무 기간 내에 낙부의 통지를 해태한 때에는 승낙한 것으로 간주한다(상법 제638조의 2 제2항).

(3) 승낙전 사고에 대한 보험자의 책임

상법은 보험자가 보험계약자로부터 보험계약의 청약과 함께 보험료 상당액의 전부 또는 일부를 받은 경우에 그 청약을 승낙하기 전에 보험사고가 발생한 때에는, 그 청약을 거절할 사유가 없는 한, 보험자는 승낙 전에 발생한 보험사고에 대하여서도 보험계약상의 책임을 진다. 다만 인보험계약의 피보험자가 신체검사를 받아야 하는 경우에, 그 검사를 받지 아니한 때에는 그러하지 아니하다(상법 제638조 제2항).

2. 약관의 명시설명의무

보험자는 보험계약을 체결할 때에 보험계약자에게 보험약관을 교부하고, 그 약관의 중요한 내용을 알려주어야 하는데(상법 제638조의 3 제1항) 이를 명시설명의무라 한다. 이것은 1991년 상법개정시 약관규제법 제3조의 규정을 본받아 신설한 규정이다.

보험계약의 내용에 관하여 보험자나 모집인은 숙지하고 있는데 반하여 보험계약자는 거의 무지한 것이 보통이다. 그러므로 보험가입의 결정에는 보험자 등의 설명이 중대한 영향을 미치게 된다. 그러므로 상법은 보험자에게 약관의 교부와 설명의무를 부과하고 있다. 여기서 보험약관의 중요한 내용이 무엇이냐는 보험의 종류에 따라 다를 수 있으나, 보험약관의 중요한 요소 가운데 보험료와 그 지급방법, 보험금액, 보험기간 특히 보험자의 책임개시시기를 정한 경우에는 그 시기, 보험사고의 내용, 보험계약의 해지사유 그리고 보험자의 면책사유 등을 들 수 있을 것이다. 한편 판례는 '보험약관에 정하여진 사항이라 하더라도 거래상 일반적이고 공통된 것이어서 보험계약자가 별도의 설명 없이도 충분히 예상할 수 있었던 사항이거나 이미 법령에 의하여 정하여진 것을 되풀이하거나 부연하는 정도에 불과한 사항이라면 그러한 사항에 대하여는 보험자에게 명시 · 설명의무가 없다' 고 한다.

보험자가 위의 규정을 위반한 경우 보험계약자는 보험계약이 성립한 날로부터 1월내에 그 계약을 취소할 수 있다(상법 제638조의 3 제2항). 그러므로 보험자가 약관의 명시설명의무를 위반한 경우, 보험계약자는 1월내에 계약을 취소할 수 있다. 이때 1월은 제척기간이다. 그렇다면 보험자가 이 의무를 위반하였으나 보험계약자가 이를 취소하지도 않고 1월이 도과한 때에는 어떻게 해석할 것인가에 대하여, 다수설은 보험계약은 설명하지 않은 약관이라도 그 약관내용대로 확정된다고 해석한다. 이는 약관규제법 제3조 제3항이 명시 · 설명의무에 위반의 경우, 제척기간의 제한이 없이 당해 약관을 계약의 내용으로 주장할 수 없다고 한 것과 다르다. 즉 상법은 명시 · 설명의무위반에 대한 효과를 약관규제법과는 다르게 규정하고 있다. 이는 보험계약이 위험단체의 관념에 기초를 두고 있기 때문이라고 해석된다. 이에 대하여 판례[58]는 '보험자가 약관의 교부 및 명시의무를 위반한 때에 보험계약자가 보험계약 성립일로부터 1월내에 행사 할 수 있는 취소권은 보험계약자에게 주어진 권리일 뿐, 의무가 아님이 법문상 명백하므로 보험계약자가 보험계약을 취소하지 않았다고 하더라도 보험자의 설명의무위반의 법률효과를 주장할 수 없다거나 보험자의 설명의무위반의 하자가 치유되는 것은 아니라고 할 것'이라고 판시하여 보험자가 약관의 교부명시의무를 위반한 경우는 보험계약자의 취소 없이 계약 성립일로부터 1월의 기간이 경과하였다 하더라도 약관규제법 제3조 제3항에 의하여 그 약관의 효력을 주장할 수 없다고 하고 있다. 이 판례는 보험법의 단체성 등에 비추어 의문이다.

보험자가 보험계약을 체결할 때에 보험계약자에게 그 약관의 내용을 잘못 설명하여 준 경우에 그 약관의 내용이 변경되느냐는 문제도 제기될 수 있다. 그러나 보험계약이 우연한 사고의 발생에 대비하여 위험단체를 전제로 하는 특수한 계약이라는 점에서 그 계약조항을 개별적으로 흥정하여 정할 수 있는 것은 아니므로 그 약관의 내용의 변경을 허용할 수도 없다고 보아야 할 것이다. 그러나 판례는 '보험회사를 대리한 보험대리점 내지 보험판매원이 보험계약자에게 그 보통보험약관과 다른 내용으로 보험약관을 설명하고 이에 따라 계약이 체결되었을 때에는 그 설명된 내용이 보험계약의 내용이 되고 그과 배치되는 보통보험약관의 적용은 배제된다.' 라고 판시하고 있다[59].

(1) 낙성계약성

보험계약은 낙성계약으로 보험계약자의 청약에 대하여 보험자가 승낙함으로써 성립한다(상법 제638조). 즉 보험계약도 계약법의 일반원칙에 의하여 성립하는 것이다. 다만 보험계약은 상행위성을 갖기 때문에(상법 제46조 제17호) 상법의 규정이 우선 적용된다. 따라서 보험자는 '상인이 상시 거래관계에 있는 자로부터 그 영업부류에 속한 계약의 청약을 받은 때에는 지체없이 낙부의 통지를 발송하여야 한다. 이를 게을리 한 때에는 승낙한 것으로 본다' (상법 제53조)는 규정에 의하여 낙부통지의무를 질 경우도 있다. 그러나 상법 제53조는 보험자와 상시 거래관계에 있는 자로부터의 청약에 대하여만 그 적용이 있고, 상시 거래관계에 있지 않은 일반의 보험계약자의 청약에 대하여는 그 적용이 없다. 따라서 보험계약자는 보험계약의 청약 후 상당한 기간이 경과한 후에 보험사고가 발생하여도 보험자의 승낙이 없는 동안에는 아무런 보험보호도 받을 수 없게 되어 보험계약자의 지위는 매우 불안하다.

58) 대판 1996. 4. 12. 96 다 4893 판결.

59) 대판 88다8645

또한 거래의 실정을 살펴보면 보험계약자가 보험계약을 청약하는 경우 보험자가 작성한 청약서에 소정의 사항을 기재한 수에 기명날인을 하고, 적어도 제1회 보험료상당액을 지급하고 난 후 영수증을 교부받는 것이 관례이다. 이때 대다수의 보험계약자는 그때부터 보험계약상의 보험보호를 받을 수 있다고 기대하는 것이 보통이다. 그러므로 보험계약자의 보험보호에 대한 신뢰를 보호하여 줄 필요가 있다. 그러나 한편으로 보험자로서는 표준적인 위험을 결합함으로써 합리적인보험경영을 도모하여야 한다. 다시 말하면 표준이하의 위험이 보험단체에 들어오는 역선택을 배제하여 선량한 다수의 계약자를 보호하여야 한다. 이를 가능하게 하기 위해서는 보험자의 위험선책은 신중하여야 하고, 보험가입자의 위험사정을 판단하는데 어느 정도의 시간이 필요하다. 따라서 보험자에게 위험선택의 기회를 주어야 한다는 문제와 보험계약자가 가지게 된 보험보호에 대한 신뢰보호라는 당사자 간의 상충되는 이익을 균형 있게 조화 시켜야 할 필요가 있다. 이에 상법은 계약법의 일반원칙과는 다르게 특별규정을 두어 보험계약자의 보호를 꾀하고 있다.

(2) 보험자의 낙부통지의무

보험자가 보험계약자로부터 보험계약의 청약과 함께 보험료 상당액의 일부 또는 전부를 지급 받은 때에는 다른 약정이 없으면 30일내에 상대방 즉 보험계약자에게 낙부의 통지를 발송하여야 한며, 인보험계약의 피보험자가 신체검사를 받아야 하는 경우에는 그 기간은 신체검사를 받을 날부터 기산한다(상법 제638조의 2 제1항))라고 규정하여 보험자에게 승낙 또는 거절의 의사표시를 촉구하고 있다.

(3) 승낙의제

보험자가 위의 낙부통지의무 기간 내에 낙부의 통지를 해태한 때에는 승낙 한 것으로 간주한다(상법 제638조의 2 제2항).

(4) 승낙 전 사고에 대한 보험자의 책임

상법은 보험자가 보험계약자로부터 보험계약의 청약과 함께 보험료 상당액의 전부 또는 일부를 받은 경우에 그 청약을 승낙하기 전에 보험사고가 발생한 때에는, 그 청약을 거절할 사유가 없는 한, 보험자는 승낙 전에 발생한 보험사고에 대하여서도 보험계약상의 책임을 진다. 다만 인보험계약의 피보험자가 신체검사를 받아야 하는 경우에, 그 검사를 받지 아니한 때에는 그러하지 아니하다(상법 제638조 제2항).

3. 약관의 명시교부의무

보험자는 보험계약을 체결할 때에 보험계약자에게 보험약관을 교부하고, 그 약관의 중요한 내용을 알려주어야 하는데(상법 제638조의 3 제1항) 이를 명시설명의무라 한다. 이것은 1991년 상법개정시 약관규제법 제3조의 규정을 본받아 신설한 규정이다.

보험계약의 내용에 관하여 보험자나 모집인은 숙지하고 있는데 반하여 보험계약자는 거의 무지한 것이 보통이다. 그러므로 보험가입의 결정에는 보험자 등의 설명이 중대한 영향을 미치게 된다. 그러므로 상법은 보험자에게 약관의 교부와 설명의무를 부과하고 있다. 여기서 보험약관의 중요한 내용이 무엇이냐는 보험의 종류에 따라 다를 수 있으나, 보험약관의 중요한 요소 가운데 보험료와 그 지급방법, 보험금액, 보험기간 특히 보험자의 책임개시시기를 정한 경우에는 그 시기, 보험사고의 내용, 보험계약의 해지사유 그리고 보험자의 면책사유 등을 들 수 있을 것이다. 한편 판례는 '보험약관에 정하여진 사항이라 하더라도 거래상 일반적이고 공통된 것이어서 보험계약자가 별도의 설명 없이도 충분히 예상할 수 있었던 사항이거나 이미 법령에 의하여 정하여진 것을 되풀이하거나 부연하는 정도에 불과한 사항이라면 그러한 사항에 대하여는 보험자에게 명시 · 설명의무가 없다' 고 한다.

보험자가 위의 규정을 위반한 경우 보험계약자는 보험계약이 성립한 날로부터 1월내에 그 계약을 취소할 수 있다(상법 제638조의 3 제2항). 그러므로 보험자가 약관의 명시설명의무를 위반한 경우, 보험계약자는 1월내에 계약을 취소할 수 있다. 이때 1월은 제척기간이다. 그렇다면 보험자가 이 의무를 위반하였으나 보험계약자가 이를 취소하지도 않고 1월이 도과한 때에는 어떻게 해석할 것인가에 대하여, 다수설은 보험계약은 설명하지 않은 약관이라도 그 약관내용대로 확정된다고 해석한다. 이는 약관규제법 제3조 제3항이 명시 · 설명의무에 위반의 경우, 제척기간의 제한이 없이 당해 약관을 계약의 내용으로 주장할 수 없다고 한 것과 다르다. 즉 상법은 명시 · 설명의무위반에 대한 효과를 약관규제법과는 다르게 규정하고 있다. 이는 보험계약이 위험단체의 관념에 기초를 두고 있기 때문이라고 해석된다. 이에 대하여 판례[60]는 '보험자가 약관의 교부 및 명시의무를 위반한 때에 보험계약자가 보험계약 성립일로부터 1월내에 행사 할 수 있는 취소권은 보험계약자에게 주어진 권리일 뿐, 의무가 아님이 법문상 명백하므로 보험계약자가 보험계약을 취소하지 않았다고 하더라도 보험자의 설명의무위반의 법률효과를 주장할 수 없다거나 보험자의 설명의무위반의 하자가 치유되는 것은 아니라고 할 것' 이라고 판시하여 보험자가 약관의 교부명시의무를 위반한 경우는 보험계약자의 취소 없이 계약 성립일로부터 1월의 기간이 경과하였다 하더라도 약관규제법 제3조 제3항에 의하여 그 약관의 효력을 주장할 수 없다고 하고 있다[61].

보험자가 보험계약을 체결할 때에 보험계약자에게 그 약관의 내용을 잘못 설명하여 준 경우에 그 약관의 내용이 변경되느냐는 문제도 제기될 수 있다. 그러나 보험계약이 우연한 사고의 발생에 대비하여 위험단체를 전제로 하는 특수한 계약이라는 점에서 그 계약조항을 개별적으로 흥정하여 정할 수 있는 것은 아니므로 그 약관의 내용의 변경을 허용할 수도 없다고 보아야 할 것이다. 그러나 판례는 '보험회사를 대리한 보험대리점 내지 보험판매원이 보험계약자에게 그 보통보험약관과 다른 내용으로 보험약관을 설명하고 이에 따라 계약이 체결되었을 때에는 그 설명된 내용이 보험계약의 내용이 되고 그과 배치되는 보통보험약관의 적용은 배제된다.' 라고 판시하고 있다[62].

60) 대판 1996. 4. 12. 96 다 4893.

61) 이 판례는 보험법의 단체성 등에 비추어 의문이다.

62) 대판 88다8645

4. 보험계약의 부활제도

(1) 서설

1) 의의

보험계약의 부활이란 보험계약자가 소정의 시기에 계속보험료를 지급하지 아니하고 유예기간을 도과하므로써 계약이 해지되거나 실효된 경우에 보험계약자가 연체된 보험료와 연체이자를 지급하고 소정의 절차를 밟음으로써 종전의 계약을 실효하지 않은 것과 같은 효과를 가져오게 하는 제도를 말한다(상법 제650조의2).

2) 경제적 작용

보험계약이 실효된 경우에 다시 보험계약을 체결할 때에는 여러 가지 사정에 의하여 보험료가 할증되거나, 경우에 따라서는 새로운 보험계약의 체결이 곤란할 수 있다. 이에 종래 생명보험약관에서 인정되던 보험계약의 부활제도를 개정상법에 신설하였다.

3) 성질

당사자의 합의에 의하여 실효전의 상태를 회복시키는 특수한 계약으로 보는 것이 통설로서 타당하다. 따라서 부활된 계약은 신계약이 아니며 종전의 계약의 계속인 것이다.

(2) 부활요건절차

1) 부활청약의 요건

첫째 계속보험료의 부지급으로 보험계약이 해지되고, 둘째 해지환급금이 지급되지 아니한 경우에, 셋째 일정한 기간 내에, 넷째 연체보험료에 약정이자를 붙여 보험자에게 지급하고, 다섯째 그 계약의 부활을 청구할 수 있다.

2) 낙부통지의무

첫째 보험자가 위의 요건을 갖춘 청약을 받은 때에는 30일 내에 승낙의 여부를 통지하여야 하며, 둘째 보험자가 이 기간 내에 승낙의 여부의 통지를 발송하지 아니한 때에는 승낙한 것으로 본다. 이와 같이 부활계약의 청약에 있어서도 원래의 계약의 청약과 같이 낙부통지의무와 불통지의 경우의 승낙의제가 인정되고 있다.

3) 승낙의제

위의 부활계약청약의 요건이 구비되지 않은 청약도 보험자가 이를 승낙한 때에는 부활계약은 성립하는 것으로 본다.

(3) 고지의무

부활계약은 신계약이 아니고 종전계약의 계속이므로 고지의무는 논의의 여지가 없다. 그러나 부활계약이 부활의 청약과 승낙의 절차를 거치므로 고지의무를 인정하여야한다고 풀이된다.

(4) 부활의 효과

부활은 종전의 보험계약을 실효되기 전의 상태로 회복시키는 효과를 가져온다. 따라서 종전의 계약의 해지 · 무효 등의 사유가 존재하는 경우에는 부활 후에도 이를 주장할 수 있다.

5. 보험계약의 무효와 해제

(1) 보험계약의 무효(無效)

1) 보험사고의 발생내지 불발생의 확정

보험사고는 우연성이 있어야 하므로, 보험계약 당시 보험사고가 이미 발생하였거나 발생할 수 없는 것인 때에는 그 보험계약은 무효로 한다.(상법 제604조 본문). 그러나 보험계약의 우연성은 반드시 객관적이어야 하는 것은 아니고, 보험계약 당시 보험자 · 보험계약자 및 피보험자가 그 사실을 주관적으로 알지 못한 때에는 보험계약이 유효하게 성립한다(상법 제644조 단서).

2) 사기로 인한 초과보험 내지 중복보험

보험계약자의 사기로 인하여 초과보험계약이 체결된 경우에는 보험계약이 무효이다(상법 제669조 제4항). 또한 보험계약자의 사기로 인하여 중복보험계약이 체결된 경우에도 그 각 보험계약이 무효이다(상법 제672조 제3항, 제669조 제4항).

3) 15세 미만자, 심신상실자, 심신박약자의 사망보험

15세 미만자, 심신상실자 또는 심신박약자의 사망을 보험사고로 한 보험계약은 당연히 무효이다(상법 제732조).

(2) 보험계약의 해제(解除)

보험계약자가 보험계약 체결 후 지체없이 보험료의 전부 또는 제1회 보험료를 지급하지 않은 경우에 다른 약정이 없는 한 보험계약성립 후 2월이 경과한 때에는 그 보험계약이 해제된 것으로 본다(상법 제650조 제1항).

(3) 보험계약의 해지(解止)

1) 보험자측의 해지

① 계속보험료의 불지급(상법 제651조 본문)

보험계약자가 약정한 시기에 계속보험료를 지급하지 않은 때에는 보험자는 상당한 기간을 정하여 보험계약자에게 최고하고, 보험계약자가 그 기간내에도 지급하지 않을 경우에는 그 계약을 해지할 수 있다(상법 제650조 제2항). 그러나 타인을 위한 보험계약에 있어서 보험계약자가 보험료의 지급을 지체한 때에는 보험자는 그 타인에게도 상당한 기간을 정하여 보험료의 지급을 최고한 후가 아니면 그 보험계약을 해지하지 못한다(상법 제650조 제3항).

② 고지의무위반의 경우(상법 제652조 제1항과 제2항)

보험계약 당시에 보험계약자 또는 피보험자가 고의 또는 중대한 과실로 인하여 중요한 사항을 고지하지 않거나 부실의 고지를 한 때에는, 보험자는 그 사실을 안 날부터 1월 내에 또 보험계약을 체결한 날부터 3년 내에 보험계약을 해지할 수 있다(상법 제651조 본문).

③ 위험의 변경 증가의 경우(상법 제653조)

보험기간 중에 보험계약자 또는 피보험자가 사고발생의 위험이 현저하게 변경 또는 증가된 사실을 알고도 지체없이 보험자에게 이를 통지하지 않은 때에는 보험자는 그 사실을 안 날부터 1월내에 보험계약을 해지할 수 있고(상법 제652조 제1항), 또 이를 통지한 때에는 보험자는 그 통지를 받은 때부터 1월내에 보험계약을 해지할 수 있다(상법 제652조 제2항).

또한 위험유지의무의 경우 보험기간 중에 보험계약자 · 피보험자 또는 보험수익자의 고의 또는 중대한 과실로 인하여 사고발생의 위험이 현저하게 변경 또는 증가된 때에는, 보험자는 그 사실을 안 날부터 1월내에 보험계약을 해지할 수 있다(상법 제653조).

④ 선박미확정의 적하예정보험의 경우(상법 제704조)

보험계약 당시에 하물을 적재할 선박을 지정하지 않은 경우에 보험계약자 또는 피보험자가 하물이 선적되었음을 안 때에는 지체없이 보험자에게 그 선박의 명칭 · 국적, 하물의 종류 · 수량 · 가액의 통지를 발송하여야 하는데, 그 통지를 해태한 때에는 보험자는 그 사실을 안 날부터 1월내에 보험계약을 해지할 수 있다(상법 제704조).

2) 보험계약자측의 해지

① 사고발생전의 경우(상법 제649조 제1항)

보험계약자는「보험사고가 발생하지 전」에는 언제든지 보험계약의 전부 또는 일부를 해지할 수 있다(상법 제649조 제1항 본문). 그러나 타인을 위한 보험계약에서는 보험계약자는 그 타인의 동의를 얻지 않거나 보험증권을 소지하지 않으면 그 보험계약을 해지하지 못한다(상법 제649조 제1항 단서).

또한 보험사고의 발생으로 보험자가 보험금액을 지급한 때에도 보험금액이 감액되지 않는 보험계약(예: 자동차보험계약)에서는, 보험계약자는 보험사고가 발생한 후에도 보험계약을 해지할 수 있다(상법 제649조 제2항).

② 보험자의 파산의 경우(상법 제654조 제1항)
보험자가 파산선고를 받은 때에는, 보험계약자는 보험계약을 해지할 수 있다(상법 제654조 제1항).

(4) 보험계약의 소멸(消滅)

1) 보험사고의 발생

보험사고가 발생한 때에는 보험자가 보험금액지급책임을 부담하여 계약의 목적이 달성되므로, 보험계약이 소멸된다. 손해보험계약에 있어서 분손(分損)이 생긴 때에도 보험계약이 소멸된다. 그러나 손해보험계약에 있어서 분손이 생겼더라도, 특약으로 보험기간 동안 잔여 보험금액의 한도에서 보험계약을 유지할 수 있다.

그리고 책임보험에서는 보험기간 중에 발생하는 보험사고의 수에 제한이 없으므로, 보험사고가 발생하여 보험금액을 지급하여도 보험기간이 종료할 때까지 보험계약이 유지된다.

2) 보험기간의 만료

보험사고의 발생없이 보험기간이 만료된 때에는, 보험자의 책임기간이 경과하였으므로 당연히 보험계약이 소멸된다.

3) 보험계약의 실효

보험자가 파산선고를 받는 경우에 보험계약자가 보험계약을 해지하지 않고 파산선고 후 3월이 경과한 때에는, 보험계약은 그 효력을 잃는다(상법 제654조 제2항).

4) 선박보험계약의 종료

선박보험계약에 있어서 ① 선박을 양도한 때, ② 선박의 선급을 변경한 때, ③ 선박을 새로운 관리로 옮긴 때에는, 보험자의 동의가 없는 한 보험계약이 종료된다(상법 제703조의 2).

요약정리

08 보험계약의 성립과 부활

1. 총설

보험계약은 보험계약자가 약정한 보험료를 지급하고 재산 또는 생명이나 신체에 관하여 불확정한 사고가 발생할 경우에 일정한 보험금액 기타의 급여를 지급할 것을 약정함으로써 효력이 나타나는 불요식의 낙성계약이다(상법 제638조). 따라서 보험계약은 보험자와 보험계약자 사이에 의사가 합치되면 그 계약은 성립되어지는 것이고, 보험료의 납입이나 보험증권의 교부는 보험계약의 성립요건은 아니다. 또한 보험계약은 개별적으로 보면, 보험자와 보험계약자 사이에 체결되어지는 채권계약이지만 다수의 경제주체를 대상으로 위험을 효율적으로 분산시켜야 하는 보험제도의 특성상 대량적으로 이루어지는 다수계약에 해당한다. 그리하여 상법은 보험계약체결시에 보험자에게 보험증권의 교부(交付)·명시(明示)의무를 보험계약자와 피보험자에게는 고지의무(告知義務)라는 의무를 부담지우고 있다. 그리고 보험자가 보험계약자로부터 청약과 함께 보험료 상당액을 받은 때에는 낙부통지의무를 지우고 이를 게을리 한 때에는 승낙한 것으로 보아서 보험계약의 성립을 인정하고 있다.

2. 보험계약의 성립(成立)

(1) 보험계약의 청약(請約)과 승낙(承諾)

모든 계약은 당사자의 청약과 승낙에 의하여 이루어지는 것이고, 요물계약이 아닌 낙성계약에 있어서는 청약과 승낙이 어떤 방식에 따르도록 정해진 것은 아니다. 보험계약의 경우에도 역시 예외가 아니므로 보험계약당사자의 어떤 의사가 합치되면 그 계약은 성립되어 효력이 생기게 되는 것이다. 그러나 보험계약에 있어서는 보험설계사 등의 권유에 의해 보험계약청약자가 보험계약청약서를 통하여 일정한 사항을 기재하여 청약하고, 보험자가 이를 검토하여 그 보험청약의 인수여부를 결정하여 승낙통지를 서면으로 전달하거나 보험증권의 교부를 하는 방법으로 갈음하는 것이 일반적이다.

1) 보험계약의 청약(請約)

보험계약의 청약은 보험계약가입자가 보험자에 대하여 일정한 보험계약을 맺을 것을 목적으로 하는 일방적인 의사표시(意思表示)이다. 이러한 청약은 구두나 서면에 의하든 상관이 없으나 실제거래계에서는 보험계약청약서를 이용하는 것이 일반적이다. 이 청약서는 그 내용이나 형식에 있어서 특정한 것은 아니나, 보험자가 작성하여 그 인수할 위험과 관련되는 여러 가지 사항에 대하여 질문란을 두어서 보험계약가입자로 하여금 그 내용에 맞춰서 기재하도록 하고 있는 정형화(定型化)된 서류양식이다.

보험계약청약자가 청약서의 질문사항에 대하여 있는 사실을 그대로 정확하게 기재하는 것은 바로 고지의무의 이행이 된다(상법 제651조). 그래서 보험계약자가 그 청약서의 요구사항을 기재하여 보험자에게 전달하는 것은 정식으로 보험계약을 청약한 것으로 되며, 그 청약은 청약자가 임의로 철회하지 못하며, 이것이 이른바 청약의 구속력이다[63]. 이 같은 청약의 구속기간은 다른 약정이 없는 한 보험자가 승낙여부를 결정할 수 있는 '상당한 기간' 이라고 정리되고 있다. 다만 생명보험계약의 청약실무에서는 특히 진단보험의 경우, 보험계약자는 청약일 또는 제1회 보험료를 납입한 날로부터 15일 이내에 그 청약의 철회를 할 수 있도록 한다.

2) 보험계약의 승낙(承諾)

보험자의 승낙은 특정한 보험계약의 청약에 대하여 보험자가 당해 보험계약의 성립을 목적으로 하는 의사표시이다. 보험자가 보험계약의 청약을 승낙하면 보험계약이 성립되어 당연히 그 보험계약의 효력이 발생하게 된다. 이에 승낙방법에는 제한이 없고 명시적이든 묵시적이든 상관없다.

보험자는 보험계약청약자가 고지한 사항을 검토하고 특히나 진단을 필요로 하는 생명보험계약에서는 피보험자의 신체검사결과를 분석하여 그 보험의 인수여부를 결정해서 승낙통지를 발송하면 해당 보험계약이 성립한다. 그런데 그 승낙통지를 발송하지 아니하였으면 보험계약은 성립되지 않는 것이다.

본래 보험은 기본적 상행위(상법 제46조 제17호)에 속하여 영리보험자가 체결하는 보험계약은 일종의 상사계약(商事契約)이라 할 수 있다. 상법상 대화자(對話者) 사이의 계약의 청약은 상대방이 바로 승낙하지 아니한 때에는 그 효력을 잃게 되고(상법 제51조)[64], 격지자(隔地者) 사이의 계약의 청약은 승낙기간이 없으면 상대방이 상당한 기간내에 승낙통지를 발송하지 아니한 때에는 그 효력을 잃게끔 되어있다(상법 제52조)[65]. 따라서 보험계약의 경우에도 보험계약청약자가 단순히 청약의 의사표시만을 행하였을 때에는 그 청약도 보험자가 상당한 기간내에 승낙통지를 발송하지 않게 되면 그 효력을 잃게 되고 그로써 보험계약은 성립되지 않는다.

(2) 보험계약의 승낙의제조항

보험계약은 불요식 낙성계약이므로 보험계약청약자의 청약에 대하여 보험자의 승낙이 있은 때에 성립되는 것이다. 그러나 실제로 보험거래계에서는 보험계약청약자가 보험설계사의 등의 권유에 의해 보험

63) 민법 제527조 계약의 청약은 이를 철회하지 못한다.

64) 상법 제51조: 대화자간의 계약의 청약은 상대방이 즉시 항고하지 아니한 때에는 그 효력을 잃는다.

65) 상법 제52조: 격지자간의 계약의 청약은 승낙기간이 없으면 상대방이 상당한 기간내에 승낙의 통지를 발송하지 아니한 때에는 그 효력을 잃는다.

계약청약서를 작성하여 보험료의 전부나 일부에 해당하는 금액과 같이 보험자에게 교부하고, 보험자는 그 청약서를 근거로 보험인수여부를 결정하게 되어짐에 따라 그 청약 후 상당한 기간이 경과하도록 보험자의 승낙통지가 없을 때에는 이를 어떻게 처리할 것인가라는 문제가 생긴다.

계약법의 일반원리에 따르면 상시적인 거래관계가 있는 상인간의 청약의 경우(상법 제53조[66])가 아니면 청약자는 반드시 그 청약에 대한 승낙여부의 의사표시를 면백히 하여야 할 의무를 지는 것은 아니고 상당한 기간내에 승낙의 통지가 없으면 청약은 효력을 잃게되어 계약은 성립하지 않는다(민법 제529조[67], 상법 제52조). 그러나 보험계약은 동일한 위험에 처해 있는 다수의 경제주체사이에 위험을 효율적으로 분산시키기 위하여 보험자는 보험모집인 등을 동원하여 불특정 다수인을 대상으로 보험계약의 청약을 유인하여 보험계약의 청약과 함께 보험료상당액을 함께 받고 있는 것이 현실이다. 이러한 보험거래의 현실에서 볼 때에 보험자는 이를 지체없이 검토하여 상당한 기간내에 보험인수여부에 대한 통지를 해야 할 의무를 지고 있다고 보는 것이 신의원칙상 으로도 타당한 것이다.

보험계약의 청약에 대한 보험자의 낙부통지의무는 보험청약자로부터 그 청약과 함께 보험료상당액 전부 또는 일부를 받은 경우에 한하고, 낙부통지의 발송기간은 그 청약과 함께 보험료를 받은 날로부터 30일 내로 하고 있으나, 인보험계약에서 피보험자가 신체검사를 받아야 하는 경우에는 그 검사를 받은 날로부터 기산한다(상법 제638조의 2 단서조항). 그러므로 보험청약자가 보험계약의 청약시에 보험료 상당액을 지급하였거나 인보험에서 보험료상당액을 지급하였더라도, 피보험자의 신체검사가 필요한 경우에 그 검사를 받지 아니한 때에는 보험자의 낙부통지의무는 생기지 않게 된다.

(3) 상법 제638조의 3 제2항 위반의 효과

'보험자가 보험약관의 교부명시의무에 위반한 때에 보험계약자는 계약이 성립한 날로부터 1월내에 그 계약을 취소할 수 있다' 고 규정하였고, 이런 경우 약관규제법은 제3조 제3항에 의해 보험자는 당해 약관을 계약의 내용으로 주장할 수 없도록 하고 있다. 그러나 보험자가 이에 대하여 1월내에 그 계약을 취소하지 않은 경우, 그 약관의 효력에 대하여, 규범설은 '그 약관의 내용은 법규범이 되어 보험계약자를 구속한다.' 라 하지만, 의사설은 '보험자는 이러한 내용의 약관을 보험계약의 내용으로 주장할 수 없다' 고 한다. 따라서 이러한 경우에 보험약관조항의 효력은 의사설에 입각하여 또한 약관의 성질과 효과에 비추어 보험계약자가 보험자의 교부명시의무에 위반한 약관에 대하여 보험계약이 성립한 날로부터 1월내에 보험계약을 취소하지 않았다하여 그 약관의 내용이 법규범이 되거나 계약내용으로 확정되는 것으로 볼 수는 없다. 그래서 제638조의 3 제2항에 의한 보험계약자의 취소권은 보험계약자에게 부여된 하나의 권리일 뿐 의무가 아니며, 또한 보험계약자가 이에 의하여 계약을 취소하지 않았다하여 그 약관의 내용이 확정되고 보험자의 이러한 의무위반의 하자가 치유되어 보험계약자가 그 후 보험자의 약관의 교부명시의무위반을 주장할 수 없는 것은 아니라고 본다. 이에 관련한 대법원 판례[68]의 판지는 타당하다.

66) 상법 제53조: 상인이 상시 거래관계에 있는 자로부터 그 영업부류에 속한 계약의 청약을 받은 때에는 지체없이 낙부의 통지를 발송하여야 한다. 이를 해태한 때에는 승낙한 것으로 본다.

67) 민법 제529조: 승낙의 기간을 정하지 아니한 계약의 청약은 청약자가 상당한 기간내에 승낙의 통지를 받지 못한 때에는 그 효력을 잃는다.

68) 대판 1996. 4. 12, 96다 4893.

(4) 승낙 전 사고에 대한 보험자의 책임

상법은 보험자가 보험계약자로부터 보험계약의 청약과 함께 보험료 상당액의 전부 또는 일부를 받은 경우에 그 청약을 승낙하기 전에 보험사고가 발생한 때에는, 그 청약을 거절할 사유가 없는 한, 보험자는 승낙 전에 발생한 보험사고에 대하여서도 보험계약상의 책임을 진다. 다만 인보험 계약의 피보험자가 신체검사를 받아야 하는 경우에, 그 검사를 받지 아니한 때에는 그러하지 아니하다(상법 제638조 제2항).

3. 보험계약의 부활

(1) 총설

1) 의의

보험계약에서 보험자는 최초의 보험료를 받은 때로부터 보험계약상의 책임을 지게 되나(상법 제656조), 보험계약자가 제2회 이후의 계속보험료를 지급하지 아니한 때에는 일정한 절차를 거쳐서 보험자가 계약을 해지할 수 있거나(상법 제650조 제2항) 일정한 유예기간을 두어 그때까지 기다려서 보험료의 지급이 없으면 그 보험계약은 효력을 잃게 되어지는 실효약관을 규정하고 있는 실정이다. 그에 따라 보험계약자가 제2회 이후의 계속보험료를 지급하지 않음으로써 보험계약이 해지 또는 실효되고 그때까지도 해지환급금이 지급되지 않은 경우에 보험계약자는 일정한 기간내에 연체보험료에 약정이자를 붙여서 보험자에게 지급하고 그 계약의 부활을 청구하여 보험계약을 부활할 수 있도록 하고 있다(상법 제650조의2). 이를 이른바 보험계약의 부활(reinstatement)이라 한다.

2) 제도의 효용성

보험계약의 부활제도는 보험료를 나누어 지급하기로 하는 보험계약에서 인정되는 것이 일반적인 현상이다. 특히 생명보험계약에서는 그 계약이 해지 또는 실효된 후에 보험계약자가 해지환급금을 받는 것은 손해이고 또 새로운 보험계약을 체결하는 데는 피보험자의 나이 때문에 보험료금액이 높아지거나 다시는 보험에 들 수 없는 경우가 생길 수 있으므로 그 효용성이 높다고 할 것이다. 종래에는 보험계약에 의하여 보험거래에서 보험계약자의 편의를 위하여 인정되고 있었던 이 제도가 현행 상법에서 규정되어 있었다.

3) 제도의 성질

보험계약의 부활의 법적 성질에 대하여는 의견대립이 있다. 우선 해지 또는 실효된 보험계약이 보험계약자의 청구와 보험자의 승낙에 의하여 성립된다는 점에서 이전의 보험계약과 동일한 내용을 가지는 새로운 계약이라는 견해, 신계약설(새로운계약)과 보험계약의 부활은 보험계약당사자의 합의에 의하여 해지 전의 상태로 회복시키는 특수한 계약이라는 특수계약설이라는 견해가 있다.

이 제도는 보험계약자의 청약에 보험자가 당연히 구속되는 것이 아니라 새로운 계약을 체결할 때와 같은 절차에 의하여 보험자의 승낙이 있는 때에 이루어지는 것이지만 해지된 보험계약을 다시 회복시키는 것을 내용으로 하는 점에서 특수한 계약이라고 해석한다[69].

4) 고지의무

부활계약은 신계약이 아니고 종전계약의 계속이므로 고지의무는 논의의 여지가 없다. 그러나 부활계약이 부활의 청약과 승낙의 절차를 거치므로 고지의무를 인정하여야한다고 풀이된다.

(2) 보험계약의 부활의 요건(要件)

상법 제650조의 2에 따른 보험계약부활요건은 다음과 같은 4가지로 설명된다.

1) 계속보험료의 부지급으로 인한 보험계약해지

보험계약자가 보험료를 분할하여 지급하기로 하는 보험계약에서 보험자에게 최초의 보험료를 지급하여 보험자의 책임이 개시되었으나 (상법 제656조), 제2회 이후의 계속보험료를 약정한 기일에 지급하지 아니함으로써 보험자가 상당한 기간을 정하여 최고하고, 그 기간내에 지급되지 아니하여 보험계약을 해지하였어야한다. 그러므로 보험계약자가 보험계약이 성립되고 보험료의 전부 또는 일부를 지급하지 아니하고 2개월이 지나면 그 계약이 해지되었거나 보험자가 보험계약 체결시의 약관 교부 명시의무를 위반하여 보험계약자가 그 계약을 취소한 때에는 보험계약의 부활은 허용되지 아니한다.

2) 해지환급금의 미지급

보험계약이 해지된 경우에 보험계약자가 이미 지급한 보험료 가운데 미경과 보험료가 있거나 또는 약관에 정한 해지환급금이 있으면 보험자는 이를 보험계약자에게 되돌려 주어야 하는데, 보험계약자가 그 해지환급금을 되돌려 받지 아니하였어야 한다. 그 이유로는 보험계약자가 보험자의 계약해지에 의하여 소정의 해지환급금을 지급받을 때에는 그로서 보험계약관계는 끝나버려서 보험계약의 부활을 인정할 필요가 없기 때문이다. 그리고 보험계약자가 제2회 이후의 보험료를 지급하지 아니하므로써 보험계약이 해지되었으나 약관상 해지환급금을 되돌려 줄 것이 없는 경우에는 이를 어떻게 처리할 것이냐 라는 의문이 남게 된다. 이러한 경우에도 보험계약자는 그 보험계약의 부활을 청구할 수 있다고 해석한다.

3) 부활청구(復活請求)

보험계약자는 그 보험계약이 해지된 후 일정한 기간내에 연체보험료에 약정이자를 붙여 보험자에게 지급하고 그 계약의 부활을 청구하여야 한다. 여기서 일정한 기간으로써 의미하는 것은 '보험약관에 정한 기간' 을 의미하는데, 그 보험약관에서 정하고 있는 보험기간이 끝나기 전이어야 한다. 그리고 보험계약자의 청구는 해지된 종전의 계약을 회복시키는 것을 목적으로 하나 새로운 보험계약의 체결과 같은 절차를 밟아야 한다. 그러므로 보험계약자는 보험계약의 부활에 따르는 중요한 사항을 보험자에게

69) 양승규 · 박길준, 전게서, 493면.

고지하여야 할 이른바 고지의무를 지게 된다.

보험계약의 부활도 법률적으로는 불요식의 낙성계약이나 실제거래계에서는 보험계약부활청약서에 따라 일정한 사항을 기재하여 보험자에게 청약하고 특히 유진사(진단계약)의 신체검사는 검사가 필요한 생명보험계약에서는 피보험자는 검사를 받아야 한다.

4) 보험자의 승낙

보험자가 보험계약자의 부활청약에 대하여 승낙하여야 한다. 보험계약의 부활청약은 그때까지의 연체보험료와 약정이자를 붙여 보험계약자가 청구하도록 하고 있으므로 보험자는 그 청구를 받은 날로부터 다른 약정이 없는 한 30일내에 보험계약자에게 낙부의 통지를 발송하여야하고 이를 게을리 할 때에는 승낙한 것으로 간주하여 보험계약은 부활 된 것으로 인정한다(상법 제650조의 2의 후단, 제638조의 2 제1항 본문, 제2항). 다만, 인보험계약에서 피보험자가 신체검사를 받아야하는 경우에는 그 기간은 신체검사를 받은 날로부터 기산한다(상법 제638조의 2의 제1항 단서).

(3) 보험계약부활의 효과

보험계약의 부활은 부활청약은 조전의 보험계약을 회복시키는 것이므로 해지된 계약과 똑같은 내용의 보험계약이 유효하게 존속하는 결과가 된다. 따라서 종전의 계약에 무효 · 실효 · 해지 등의 원인이 있는 경우에는 부활후의 계약에도 그대로 인정되나, 보험계약의 부활에 의하여 그 원인이 제거된 때에는 종전의 계약상의 이유를 들어 이를 다툴 수는 없다고 해석한다. 예컨대, 종전의 보험계약의 체결시에 고지의무위반사실이 있다하더라도 부활시에 고지의무를 제대로 이행하게 되면 이를 따질 수가 없게 된다는 것이다.

보험계약자는 실효기간중의 연체보험료와 그에 따른 이자를 보험자에게 지급하여 부활을 청구하여 보험자가 승낙한 때로부터 보험자의 책임이 다시 시작된다고 해석한다. 그러므로 고지의무위반을 이유로 하는 보험자의 계약해지권의 제척기간의 기산점은 보험계약의 부활시를 기준으로 하는 것이고, 보험계약이 계속보험료부지급을 이유로 해지되어 부활할 때까지에 생긴 보험사고에 대해서는 보험자는 보험금 지급책임을 지지 아니한다. 다만 보험계약자가 부활청약시에 연체보험료와 이자를 보험자에게 지급한 경우에는 보험자의 승낙전에 보험사고가 생긴 때에는 보험자가 그 부활청약을 거절할 사유가 없는 한 보험계약상의 책임을 진다. 특히 피보험자가 신체검사를 받아야 하는 인보험계약의 경우에는 그 검사를 받지 아니한 때에는 보험자의 보험금지급책임은 인정되지 아니한다(상법 제650조의 2 후단, 제638조의 2의 제3항).

4. 보험자의 보험약관 교부 · 명시의무

(1) 법률규정

보험자는 보험계약을 체결할 때에 보험계약자에게 보험약관을 교부하고, 그 약관의 중요한 내용을 알려주어야 하는데(상법 제638조의 3의 제1항) 이를 명시설명의무라 한다. 이것은 1991년 상법개정시 약관규제법 제3조의 규정을 본받아 신설한 규정이다.

보험계약의 내용에 관하여 보험자나 모집인은 숙지하고 있는데 반하여 보험계약자는 거의 무지한 것이 보통이다. 그러므로 보험가입의 결정에는 보험자 등의 설명이 중대한 영향을 미치게 된다. 그러므로 상법은 보험자에게 약관의 교부와 설명의무를 부과하고 있다. 여기서 보험약관의 중요한 내용이 무엇이냐는 보험의 종류에 따라 다를 수 있으나, 보험약관의 중요한 요소 가운데 보험료와 그 지급방법, 보험금액, 보험기간 특히 보험자의 책임개시시기를 정한 경우에는 그 시기, 보험사고의 내용, 보험계약의 해지사유 그리고 보험자의 면책사유 등을 들 수 있을 것이다. 한편 판례는 '보험약관에 정하여진 사항이라 하더라도 거래상 일반적이고 공통된 것이어서 보험계약자가 별도의 설명 없이도 충분히 예상할 수 있었던 사항이거나 이미 법령에 의하여 정하여진 것을 되풀이하거나 부연하는 정도에 불과한 사항이라면 그러한 사항에 대하여는 보험자에게 명시 · 설명의무가 없다' 고 한다.

(2) 의무의 이행

1) 중요한 내용

보험자는 보험계약을 체결할 때에 보험계약자에게 보험약관을 교부하여 주고, 계약조항에서 중요한 내용을 밝히고 알려주어야 한다. 계약의 조항 중에서 중요한 내용이 무엇이냐는 각 보험의 특성을 감안하여 파악할 문제이나, 일반적으로 보험금액 · 보험기간 · 보험자의 면책사유 · 보험사고 · 보험계약의 해지사유 등은 중요한 사항으로서 명시설명을 하여야 할 것이다. 판례도 설명의무의 대상이 되는 '중요한 내용' 이라함은 사회통념에 비추어 고객이 계약체결의 여부 또는 대가를 결정하거나 계약체결 후 어떤 행동을 취할지에 관하여 직접적인 영향을 미칠 수 있는 사항을 말하고, 약관조항 중에서 무엇이 중요한 내용에 해당하는지에 관하여는 일률적으로 말할 수 없으며, 구체적인 사건에서 개별적 사정을 고려하여 판단하여야 한다고 판시한다.

2) 방법과 당사자

소비자가 약관의 전체에 대하여 인지할 수 있는 가능성을 제공하는 것이 명시이고, 명시된 약관 중 중요한 내용에 대하여 구두나 문서를 통하여 이해유뮤에 관계없이 설명하도록 한다. 설명의무의 이행은 고객에 대하여 직접 구두로 하는 것이 원칙이나, 특별히 중요한 조항을 일목요연하게 정리한 문서에 서명날인을 받음으로써 설명에 갈음 할 수 있는 것으로 본다. 설명의 정도는 그 조항의 법적 의미와 효과까지 상세하게 설명하여야 하는 것은 아니다. 설명의무의 입증책임은 보험자에게 있다.

약관의 교부명시의무자는 보험자이다. 보험대리점 중에서 체약대리점은 보험자를 대리할 수 있는 계약체결권을 가지고 있으므로 약관의 교부명시의무자가 되는 것이나, 보험설계사와 보험중개대리점 또는 보험중개인은 보험계약의 체결권을 가지고 있지 않으므로 그 의무자인지 의문이 있다.

3) 새로운 형태의 보험계약 체결

정보통신기술의 발달로 통신판매 또는 인터넷을 이용한 보험계약의 체결이 이루어지고 있다. 이런 방식의 경우 전통적인 명시설명의무가 그대로 적용되기 어려운 면이 있고 그 구체적인 범위에 관한 연구가 필요하다. 판례는 통신판매의 경우 보험약관의 명시설명의무를 인정하면서, 통신판매 방식으로 체결된 상해보험계약에서 보험자가 약관 내용의 개요를 소개한 것이라는 내용과 면책사고에 해당하는 경우를 확인하라는 내용이 기재된 안내문과 청약서를 보험계약자에게 우송한 것만으로는 보험자의 면책 약관에 관한 설명의무를 다한 것으로 볼 수 없다고 하였다[70]

(3) 의무위반의 효과

보험자가 위의 규정을 위반한 경우 보험계약자는 보험계약이 성립한 날로부터 1월내에 그 계약을 취소할 수 있다(상법 제638조의 3의 제2항). 그러므로 보험자가 약관의 명시설명의무를 위반한 경우, 보험계약자는 1월내에 계약을 취소할 수 있다. 이때 1월은 제척기간이다. 그렇다면 보험자가 이 의무를 위반하였으나 보험계약자가 이를 취소하지도 않고 1월이 도과한 때에는 어떻게 해석할 것인가에 대하여, 다수설은 보험계약은 설명하지 않은 약관이라도 그 약관내용대로 확정된다고 해석한다. 이는 약관규제법 제3조 제3항이 명시 · 설명의무에 위반의 경우, 제척기간의 제한이 없이 당해 약관을 계약의 내용으로 주장할 수 없다고 한 것과 다르다. 즉 상법은 명시 · 설명의무위반에 대한 효과를 약관규제법과는 다르게 규정하고 있다. 이는 보험계약이 위험단체의 관념에 기초를 두고 있기 때문이라고 해석된다. 이에 대하여 판례(대판 1996. 4. 12. 96 다 4893)는 '보험자가 약관의 교부 및 명시의무를 위반한 때에 보험계약자가 보험계약 성립일로부터 1월내에 행사 할 수 있는 취소권은 보험계약자에게 주어진 권리일 뿐, 의무가 아님이 법문상 명백하므로 보험계약자가 보험계약을 취소하지 않았다고 하더라도 보험자의 설명의무위반의 법률효과를 주장할 수 없다거나 보험자의 설명의무위반의 하자가 치유되는 것은 아니라고 할 것' 이라고 판시하여 보험자가 약관의 교부명시의무를 위반한 경우는 보험계약자의 취소 없이 계약 성립일로부터 1월의 기간이 경과하였다 하더라도 약관규제법 제3조 제3항에 의하여 그 약관의 효력을 주장할 수 없다고 하고 있다. 이 판례는 보험법의 단체성 등에 비추어 의문이다.

한편 보험자가 보험계약을 체결할 때에 보험계약자에게 그 약관의 내용을 잘못 설명하여 준 경우에 그 약관의 내용이 변경되느냐는 문제도 제기될 수 있다. 그러나 보험계약이 우연한 사고의 발생에 대비하여 위험단체를 전제로 하는 특수한 계약이라는 점에서 그 계약조항을 개별적으로 흥정하여 정할 수 있는 것은 아니므로 그 약관의 내용의 변경을 허용할 수도 없다고 보아야 할 것이다. 그러나 판례는 "보험회사를 대리한 보험대리점 내지 보험판매원이 보험계약자에게 그 보통보험약관과 다른 내용으로 보험약관을 설명하고 이에 따라 계약이 체결되었을 때에는 그 설명된 내용이 보험계약의 내용이 되고 그과 배치되는 보통보험약관의 적용은 배제된다." 라고 판시하고 있다(대판 88다8645).

70) 장덕조, 「보험법」 법문사, 2011. 65면

기본학습

09 고지의무

1. 총설

(1) 고지의무의 의의

보험계약자 또는 피보험자는 보험계약을 체결함에 있어서 중요한 사항을 고지하여야 하고, 고의 또는 중대한 과실로 인하여 부실의 고지를 한 때에는 보험자는 계약을 해지할 수 있다. 이러한 보험계약자 등의 의무를 고지의무라 한다. 이 계약전의 고지의무는 보험계약이 성립한 수에 보험계약자 등이 부담하는 의무인보험사고의 발생이나 위험의 현저한 변경 · 증가의 통지의무와는 다르다.

(2) 고지의무제도의 근거

보험자는 보험계약에 의하여 보험계약자에게 일정한 위험으로부터 보험보호를 해 주어야 할 의무를 진다. 그러므로 보험계약을 체결함에 있어서 어떠한 조건으로, 계약을 체결할 것인가를 결정하기 위해서는 위험의 상태에 대한 정확한 정보를 파악하는 것이 중요하다. 그렇다면 보험계약이 성립하지도 아니한 단계에서 보험계약자 또는 피보험자에게 고지의무를 부담시키는 고지의무제도의 근거 또는 입법이유가 무엇인가에 관하여 여러 가지의 학설이 제기되었다. 이에 관하여는 위험측정이라고 하는 보험제도의 특유한 기술적 기초에 있다고 해석하는 기술설 또는 위험측정설이 다수설이다. 즉 수지상등의 원칙이 지배하는 보험법의 기술성이나 단체성에 비추어 볼 때 보험자측이 보험계약자의 내부적인 사정까지 조사한다는 것은 기술상 한계가 있는 바, 보험계약자 등의 협력을 통하여 구현하고자 하는 제도라는 것이다. 그러나 이러한 위험측정설에 대하여는 보험자가 보험계약자 또는 피보험자에게 고지를 구할 필요가 있다는 점은 잘 설명하고 있지만, 보험계약이 성립되기 전에 이미 보험계약자 또는 피보험자에게 의무를 부담시키는 근거가 무엇인가에 대한 법률적 설명으로는 부족하다는 비판이 있다. 그리하여 고지의무제도의 근거를 보험계약의 법적 성질에서 구하려는 견해가 있다. 즉 보험계약은 사행계약의 일종에 속하고, 보험자의 급부의무는 보험사고의 발생이라는 우연한 사실에 좌우된다. 이런 이유 때문에 보험계약의 당사자 사이에는 선의 내지는 신의와 성실이 일층 더 요구되고, 보험계약자측이 보험의 목적에 관한 중요한 정보를 가지고 있다면 이것을 보험자에게 알려주지 않으면 안된다. 이러한 이유로 정보의 제공의무가 보험계약자 또는 피보험자에게 요구되는 것이라고 한다. 즉 사행계약성 내지는 선의 계약성에서 근거를 찾는다.

이처럼 고지의무의 근거에 관하여는 크게 1개의 설이 있지만, 양설은 서로 대립적인 것이라고 볼 것은 아니다. 즉 고지의무제도의 근거는 보험계약이 갖는 사행계약성 등의 법적 성격에서 설명을 취하고, 보험계약이 보험기술의 이용을 전제로 하는 까닭에 위험측정설과 같은 관점에서의 설명을 부가할 필요가 있다.

(3) 고지의무의 법적 성질

고지의무는 보험자가 그 이행을 강제하거나 불이행의 경우에 손해배상을 청구할 수 있는 보험계약의 효과로서 부담하는 의무가 아니다. 이를 위반하면 보험자에게는 계약의 해지권이 인정될 뿐이다. 그러므로 고지의무는 보험계약자가 계약해지로 인한 불이익을 받지 않기 위하여 이행하여야 할, 즉 보험계약상의 청구권을 유지하기 위한 전제가 되는 자기의무 또는 간접의무라 해석된다.

2. 고지의무의 내용

(1) 고지의무의 당사자

1) 고지의무자

상법상 고지의무자는 보험계약자 또는 피보험자이다. 고지의무는 보험계약성립전의 의무이므로 정확하게 말하면 보험계약의 청약자 또는 보험계약이 성립되면 피보험자가 될 자이다. 여기서 피보험자는 손해보험의 피보험자 및 인보험의 피보험자를 포함하는 것이다. 대리인에 의하여 보험계약을 체결하는 경우, 대리인이 안 사유는 그 본인이 안 것과 동일하므로(상법 제646조) 고지의무위반의 유무는 그 대리인에 관하여 판단할 것이다.

이때 타인을 위한 손해보험의 경우에 개정상법은 그 타인의 위임이 없는 때에는 보험계약자는 이를 보험자에게 고지하여야 하고, 그 고지가 없는 때에는 타인이 그 보험계약이 체결된 사실을 알지 못하였다는 사유로 보험자에게 대항하지 못한다고 규정하고 있다. 즉 보험계약자가 타인의 위임이 없음을 보험자에게 고지하면 보험자는 그 타인을 위한 보험계약이 체결되었음을 그 타인에게 통지하고 고지의무의 이행을 요구 할 수 있다. 그러나 보험계약자가 이 사실을 고지하지 아니한 경우 피보험자는 자기를 위하여 계약이 체결되었음을 알지 못하였다는 사유로 고지의무위반으로 인한 불이익을 면할 수 없는 것이다.

2) 고지의 상대방

고지의 상대방은 보험자와 그로부터 고지수령의 권한이 주어진 자이다. 체약대리상에게는 고지수령권이 있지만 중개대리상이나 보험모집인에게는 그 권한이 없다. 다만 보험의는 대리권한은 없지만 논리적으로 볼 때, 고지수령권이 있다고 해석된다.

(2) 고지의 시기와 방법

1) 시기

중요한 사항의 고지는 보험계약의 성립시까지 하면 된다. 그러므로 고지의무위반의 문제도 청약시가 아니라 계약성립시를 표준으로 판단하게 되므로 계약의 청약시에 한 고지를 변경하거나 철회 또는 추가할 수 있다. 즉 청약 이후에 새로이 알게된 사실이나 발생한 사항도 모두 고지하여야 한다.

2) 방법

고지의 방법에는 제한이 없으므로 서면이나 구두로도 가능하지만 실제에 있어서는 청약서상의 질문란에 답하는 등의 방식으로 서면에 의하는 것이 보통이다.

(3) 고지사항

1) 위험측정상 중요한 사항

보험계약자 또는 피보험자가 고지할 사항은 중요한 사항이다. 여기서 중요한 사항이란 보험자가 계약을 체결함에 있어서 사고발생의 위험률을 측정하여 보험을 인수할 것인지 여부와 보험료를 결정하는데 영향을 미치는 사항을 말한다.

2) 질문표

실제 거래계에서는 보험청약서에 고지를 요하는 사항에 대하여 질문란을 두고 이에 기재토록 하고 있는데, 이것을 질문표라고 한다. 우리 상법은 보험자가 서면으로 질문한 사항은 중요한 사항으로 추정한다고 규정하고 있다. 이때 질문표에 기재되지 아니한 사항은 중요한 사항이 아닌가 하는 논의가 있을 수 있는 바, 보험계약자는 실제에 있어서 무엇이 고지하여야 할 중요사항인지 모두 알 수는 없는 것이므로 질문란의 내용만 기재하면 일응 고지의무를 이행한 것으로 추정될 것이다.

3. 고지의무위반의 요건

(1) 주관적 요건(고의 또는 중과실)

고지의무위반은 보험계약자 또는 피보험자의 고의 또는 중대한 과실이 있어야 한다. 여기서 고의라 함은 중요한 사항을 알고 있으면서 고지하지 않는 경우와 부실하다는 것을 알고서 고지하는 것이다. 중대한 과실은 고지 또는 불고지에 대해 중과실이 있는 경우를 말한다. 이때 중요한 사항이 존재하는 것을 알지 못한데 대하여 중과실이 있는 경우를 포함하는가에 대하여는 적극설과 소극설의 대립이 있다. 소극설은 보험계약자에게 중요한 사항에 대한 탐지의무까지 부과할 수는 없다는 이유로 소극적으로 해석한다. 그러나 보험계약자 등이 중요한 사실의 존재를 인식하지 못한 데에 대한 중과실이라 함은 새로운 사실을 탐지하여 고지하여야 하는데 대한 것이 아니다. 예컨대 피보험자의 기왕증 유무를 중대한 과실로 고지하지 않은 경우 등을 말하는 것이다. 따라서 보험계약자에게 적극적으로 탐지의무를 부과하는 결과가 된다는 소극설의 반론은 타당하다고 할 수 없어 적극설에 찬동한다.

(2) 객관적 요건(불고지 또는 부실고지)

보험계약자 등에 의한 중요사실의 불고지 또는 부실고지가 있어야 한다. 여기서 불고지라 함은 중요한 사항을 알면서도 알리지 아니하는 것, 즉 묵비(concealment)를 말하고, 부실고지라 함은 사실과 다르게 말하는 것, 즉 거짓진술(misrepresentation)을 말한다.

(3) 입증책임

고지의무위반 사실에 대한 입증책임은 이를 이유로 보험계약을 해지하려는 보험자에게 있다.

4. 고지의무위반의 효과

(1) 계약해지권의 발생과 행사

보험계약자 등의 고지의무위반이 있으면, 보험자는 계약을 해지할 수 있다. 해지권은 보험자가 고지의무위반이 되는 구체적인 사실을 입증하고, 일방적 의사표시에 의하여 행사하는 형성권이다. 보험자는 보험사고의 발생전후를 묻지 않고 그 계약을 해지할 수 있으며, 또 그 권리를 포기할 수도 있다.

(2) 해지권 행사의 효과

보험자의 계약해지의 효력은 그 의사표시가 보험계약자에게 도달한 때에 생긴다(민법 제111조 도달주의의 원칙). 보험자가 계약을 해지한 때에는 장래에 대하여서만 그 효력이 생긴다. 따라서 보험자는 그 때까지의 보험료를 청구할 수 있다. 그러나 보험사고가 발생한 후에도 보험자는 보험금액을 지급할 의무가 없고, 이미 보험금액을 지급한 때에는 그 반환을 청수할 수 있다(상법 제655조). 그러나 생명보험의 경우 생명보험의 저축성의 성격으로 보험수익자를 위한 적립금은 보험계약자에게 지급하여야 한다(상법 제736조 제1항).

(3) 해지권의 제한

1) 제척기관의 도과

계약해지권은 보험자가 고지의무위반의 사실을 안 날로부터 1월내에, 계약을 체결한 날로부터 3년 내에 한하여 행사할 수 있다. 이 기간은 시효가 아니라 제척기간이다.

2) 보험자의 악의, 중과실

보험자가 그 중요한 사실을 알았거나 또는 중대한 과실로 알지 못한 때에는 해지권은 인정되지 않는다(상법 제651조 제1항). 이때 보험자의 보조자로서 예컨대 그 대리인이나 보험의와 같은 고지수령권이 있는 자의 악의, 중과실의 경우에도 보험자의 해지권은 인정되지 않는다.

3) 인과관계의 부존재

보험계약자가 고지의무에 위반한 사실이 위험의 발생과 인과관계가 없음을 증명 한 때에는 보험금을 청수할 수 있고, 이미 지급된 보험금의 반환을 거절할 수 있다(상법 제655조).

5. 고지의무위반과 민법상 착오 · 사기와의 관계

상법상 고지의무 위반에 해당하는 사실이 동시에 민법상의 착오, 사기에 해당하는 경우에 상법 제651조의 해지권 외에 민법 제109조(착오)와 민법 제110조(사기)의 취소권도 인정되는가에 관하여는 학설이 대립되어 있다. 이는 결국 상법 제651조에 정한 해지권이 제척기간의 경과로 행사할 수 없게 된 때에, 보험자는 다시 민법상의 취소권을 행사할 수 있는가에 관한 논의이다.

(1) 학설의 검토

1) 상법 단독적용설

고지의무 위반의 효과에 관한 상법의 규정은 민법의 규정에 대한 특칙이므로 상법 제651조만 적용하여야 한다는 견해이다.

2) 민 · 상법 동시적용설

고지의무에 관한 상법상의 제도는 보험계약의 특수성에 따라서 일정한 요건 하에 보험자에게 계약해지권을 인정하는 것이고, 당사자의 의사표시의 하자를 이유로 한 착오 · 사기에 관한 민법의 규정과는 그 근거, 요건 및 효과를 달리 한다. 따라서 이 양자는 특별법과 일반법의 관계에 있는 각각 별개의 제도이므로 보험자는 이들 모두를 동시에 주장할 수 있다는 견해이다.

3) 양법의 절충설

이 설은 착오와 시기를 구별하여 착오에 관한 민법의 규정은 그 적용을 배제하고, 사기에 관한 민법의 규정은 적용한다는 견해이다.

(2) 검토

착오의 경우에는 보험계약자에게 악의는 없는 것이므로 보험자와 더불어 보험계약자의 이익도 고려하여야 할 필요가 있다. 즉 보험계약자에게 귀책사유가 없는데 보험자가 스스로 착오에 빠진 경우, 이를 취소사유로 인정한다면 보험계약자에게 너무 가혹하다. 따라서 착오에 관한 민법규정의 적용은 배제되어야 할 것이다. 그러나 고지의무자에게 사기가 있는 경우에는 그러한 자의 이익을 보호할 필요가 없고, 만약 사이에 관한 민법규정의 적용을 배제하여 사기를 행한 자를 보호한다면 오히려 부당한 결과가 된다. 따라서 사기의 경우 보험자는 민법의 규정에 의한 취소권을 행사할 수 있다고 하는 절충설이 판례와 다수설의 입장으로 타당하다.

요약정리

09 고지의무(告知義務)

1. 총설

(1) 고지의무의 의의(意義)

고지의무라 함은 보험계약자 또는 피보험자가 보험계약을 체결함에 있어서 중요한 사실을 고하고, 중요한 사실에 대하여 부실고지 또는 불고지 아니할 사실을 고하지 아니할 의무를 이른다(상법 제651조).

다시 말해서 법이 보험계약자 등에 관하여 보험사고발생의 가능성을 측정하는데 중요한 사실에 관하여 진실을 말할 것을 그 전제로 하는 계약전의 의무로서 계약성립 후의 통지의무(상법 제652조) 등과는 구별되는 개념이다.

(2) 고지의무제도의 존재이유와 그 근거(根據)

1) 존재이유

보험자는 다수의 계약을 체결함으로써 보험단체내부의 급여 · 반대급여의 균형을 유지하여 합리적인 보험기업을 운영하기 위하여 보험계약자의 협조를 필요로 하는데 그 존재이유가 있겠다.

2) 근거이론

고지의무제도의 근거에 대하여는 보험계약의 성질에 따라 사행설 · 선의설 · 합의설 등 여러 가지로 견해가 나뉘어 있으나, 보험의 기술적 기초에 있다고 해석하는 기술설 · 위험측정설이 다수설이다. 즉, 보험제도는 동질적인 위험에 처해 있는 다수의 보험계약자가 이른바 보험단체를 구성하여 공동준비금에 의하여 보험사고에 대비하는 것을 그 본질로 하므로 보험금과 대가관계에 있는 보험료산출을 위하여 필요한 위험률의 측정을 가급적 정확하게 할 필요가 있는 바, 보험자가 스스로 모든 사항을 조사할 수는 없으며, 보험계약자 등의 협력을 구할 수밖에 없다. 여기에 법이 고지의무제도를 인정할 근거가 있겠다. 그러나 오늘날 이 고지의무제도는 보험기술의 발달과 더불어 의무자가 고자사항을 찾아내어 능동적으로 하는 것이 아니라 보험자의 질문에 기계적으로 대답하는 수동적인 의무로 진전하고 있음을 유의할 필요가 있다.

3) 법적 성질(性質)

고지의무는 의무라고 하고 있으나, 보험자가 그 이행을 강제하거나 또는 그 불이행에 대하여 손해배상을 청구할 수 있는 것이 아니고, 의무자가 고의 또는 중과실로 이해위반하면 보험자가 이를 이유로 계약을 해지할 수 있을 뿐이다. 따라서 고지의무는 보험계약이 완전히 효력을 발생하는 전제조건이고 보험계약의 효과로서 부담하는 것이 아니므로 진정한 의무가 아니고 이른바 간접의무 내지 자기의무에 불과하다.

2. 고지의무의 내용

(1) 고지의무의 당사자

1) 고지의무자

보험계약상 고지의무자는 보험계약자와 피보험자이다. 우리 상법은 손해보험과 인보험을 일률적으로 규정하고 있으므로 피보험자가 인보험계약의 피보험자 이외에 손해보험에 있어서의 피보험자를 포함하느냐는 의문이 있으나 피보험이익의 소유자로서 이해관계를 가지므로 그 의무를 진다고 해석한다. 다만, 타인을 위한 손해보험계약인 경우 피보험자가 실질적으로 그 의무를 이행할 수 없는 경우가 많을 것이다. 또 대리인에 의한 보험계약의 경우에 그 보험계약자의 대리인도 고지의무를 진다(상법 제646조, 민법 제116조 참조).

2) 고지수령권자

고지의 수령권자는 보험자와 그의 대리인이다. 체약대리인이나 보험의(保險醫)는 고지수령권을 가지나 중계대리인이나 보험설계사는 그 권한을 갖지 못한다[71].

(2) 고지의 시기와 방법

1) 시기

고지의 시기는 계약성립시를 표준자를 기준으로 한다(예외로서 생명보험에 있어서는 약관에 의하여 고지의무를 계약성립 후 보험기간에 시기까지 연장하는 경우는 그에 따른다). 따라서 청약 당시 고지의무를 완전히 이행하지 아니하였어도 계약성립시까지 보완 내지 정정할 수 있고, 또 청약 후 계약성립시까지 발생 또는 변경한 사항에 대해서도 고지하여야 한다.

2) 방법

고지의 방법에는 제한이 없으므로 서면이나 구두로도 가능하지만 실제에 있어서는 청약서상의 질문란에 답하는 등의 방식으로 서면에 의하는 것이 보통이다.

3) 고지할 사항

고지(告知)할 사항(事項)은 이른바 '중요한 사항(事項)' (material fact)이다. 여기서 '중요한 사항(事項)' 이란 보험자(保險者)가 보험사고의 발생과 그로 인하여 책임부담의 정도의 개연성을 측정하여 계약을 체결하는 여부 또는 보험료산정의 기준이 되는 사항으로서 객관적으로 보아 보험자가 그 사실을 안다면 당연히 그 계약을 체결하지 않든가 또는 적어도 동일한 조건으로는 그 계약을 체결하지 않았으리라고 생각되는 사항을 말한다. 이러한 사항은 구체적으로 각종 보험에 따라 결정될 문제인데, 예컨대 가옥에 대한 화재보험에서는 가옥의 물리적 성상(性狀) · 구조(構造) · 장소적 문제 · 사용목적(使用目的), 또 생명보험에서는 계약 당시의 피보험자의 건강상태뿐만 아니라 기왕증 등이 그에 해당한다. 실제 거래계에서는 보험청약서에 질문란을 두고, 고지를 요하는 사항을 들고 있는데, 이것을 질문표(質問表)라고 한다. 그리고 이 질문표에 기재된 사항은 일단 중요한 사항이라고 추정(推定)한다(상법 제651조의 2).

---

71) 대판 1979. 10. 30, 79다1234 참조.

3. 고지의무위반의 요건(要件)

(1) 주관적 요건

고지의무위반은 보험계약자 또는 피보험자의 고의 또는 중대한 과실이 있어야 한다(상법 제651조). 여기서 '고의'라 함은 중요한 행실을 알면서 고지하지 아니하거나 거짓으로 고지하는 것을 말하고, 사기의 의사 등 해의(害意)를 의미를 하는 것은 아니다. 또 중대한 과실에 대하여는 고지나 불고지에 대하여 있는 경우뿐만 아니라 중요한 사항을 알지 못한데 대하여 중대한 과실이 있는 경우도 포함한다는 견해와 고지사항 자체를 알지 못한 것이 중대한 과실로 인한 경우는 포함하지 못한다는 견해가 있다. 그러나 여기서 '중대한 과실'에는 업무상 당연히 알 수 있는 사항에 대하여 중대한 과실로 이를 알지 못한 경우를 제외하고는 고지사항의 존재를 중대한 과실로 알지 못하는 경우는 포함되지 않는다고 해석하는 것이 타당할 것이다.

(2) 객관적 요건

중대한 사항에 관하여 불고지 또는 부실고지가 있어야 한다. 그러므로 주관적으로는 중요한 사항이라고 생각하였으나 객관적으로 고지사항에 속하지 않으면 고지의무위반은 되지 않는다. 그리고 보험자가 서면으로 질문한 사항에 대하여 그대로 고하면 그 밖의 사항에 대하여는 악의의 묵비가 없는 한 고지의무를 다한 것으로 추정 받는다고 해석한다.

(3) 입증책임(立證責任)

보험계약자, 피보험자 및 이들의 대리인의 고지의무위반사실은 보험자에게 입증책임이 있다.

4. 고지의무위반의 효과(效果)

(1) 계약해지권의 발생과 해지의 효력

1) 해지권의 발생과 그 성질

고지의무위반이 있으면, 계약이 당연 무효가 아니고 보험자가 계약을 해지할 수 있을 뿐이다(상법 제651조 본문). 해지권은 보험자가 고지의무위반의 사실을 입증하고 일방적으로 행사할 수 있으므로 일종의 형성권에 속한다. 따라서 보험자는 보험사고의 발생 전·후를 묻지 아니하고 그 계약을 해지할 수 있으며, 또 그 권리를 포기할 수도 있다.

2) 해지의 효과

보험자가 고지의무위반을 이유로 계약을 해지한 때에는 그 계약은 장래에 대하여 효력을 잃는다(민법 제550조). 다만 보험사고의 발생 후에 계약을 해지한 경우에는 보험자는 보험금액을 지급할 책임이 없고, 이미 지급한 보험금액의 반환을 청구할 수도 있다(상법 제655조 본문). 그러나 인보험의 경우에는 보험수익자를 위한 적립금을 보험계약자에게 지급하여야 한다(상법 제736조 제1항).

(2) 계약해지권행사의 제한사유

보험자는 다음의 경우에 계약해지권을 행사할 수 없도록 하고 있다.

1) 보험자가 고지의무위반의 사실을 안 날로부터 1월이 지나거나 계약체결당시부터 3년이 지나버렸을 경우(상법 제651조 본문), 이 기간은 소멸시효(時效期間)이 아닌 제척기간(除斥期間)이다.

2) 보험자가 계약당시에 그 사실(고지의무위반사실)을 알았거나 중대한 과실로 알지 못한 때(상법 제651조 단서).

3) 보험사고의 발생이 고지의무에 위반한 사실에 기인하지 아니하였음이 밝혀진 때(상법 제655조 단서조항), 이것의 의미는 그 입증책임은 보험계약자에게 있고, 그 사이에 인과관계의 존재여지가 조금이라도 있을 때에는 인과관계가 상당히 있는 것으로 볼 수 있겠다72).

4) 당사자간에 특약을 정해놓았을 경우에는 계약해지권 행사를 할 수 없다. 그러나 의무자에게 해의(害意)가 있는 경우 그 특약은 민법 제103조에 의하여 무효로 한다.

5. 고지의무위반과 민법의 착오(錯誤)와 사기(詐欺)와의 관계

우리 민법상 착오나 사기로 인하여 행한 법률행위[73]는 취소(取消)할 수 있도록 규정되어 있다[74]. 그러나 보험법상 고지의무위반이 착오나 사기로 인한 경우에는 민법을 적용할 것인가에 대하여 논란이 있다. 여기에는 보험계약이 갖고 있는 선의성과 단체성, 그리고 기술성에 기하여 민법의 적용을 배제하여야 한다는 견해가 있으나, 사기로 인한 경우는 민법의 규정을 적용하여 보험계약을 취소하거나 또는 무

72) 대판 1992. 10. 23. 92다28259: 판지에 의하면 '보험계약자의 고지의무위반사실이 보험사고의 발생에 영향을 미치지 아니하였다는 점이 증명된 때에는 상법 제655조 단서규정에 의하여 보험자는 그 부실고지를 이유로 보험계약을 해지할 수 없을 것이나, 그와 같은 고지의무위반사실과 보험사고발생과의 인과관계가 부존재한다는 점에 관한 입증책임은 보험계약자측에 있다할 것이므로 만약에 그 인과관계의 존재를 조금이라도 규지할 수 있는 여지사 있으면 위 단서는 적용되어서는 안될 것이다.'

73) 법률행위 ~ 일정한 법률효과의 발생을 목적으로 하는 단일 또는 복수의 의사표시를 불가결의 요소로 하는 법률요건을 말한다. 이 개념은 18세기말 독일 보통법이론에 의하여 성립되었으며, 이 용어는 Savigny가 처음 사용하였으며 그는 의사표시와 법률행위를 같은 의미로 파악하였다. 이에 이는 준법률행위개념과 구별되는데, 그 차이는 행위자의 행위능력을 요구하느냐에 따라 달라진다.

74) 민법 제110조; ① 사기나 강박에 의한 의사표시는 취소할 수 있다. ② 상대방있는 의사표시에 관하여 제3자가 사기나 강박을 행한 경우에는 상대방이 그 사실을 알았거나 알 수 있었을 경우에 한하여 그 의사표시를 취소할 수 있다.

效[75]로 하고(상법 제669조 제4항), 착오로 인한 경우는 민법의 규정을 당연히 적용할 것은 아니라고 해석한다. 즉, 고지의무위반이 착오로 인한 경우는 이의약관의 정함에 따라 이의(異議)를 제기할 수 있다(상법 제641조). 착오로 인한 의사표시(민법 제109조[76])에서는 착오의 개념, 착오에 관한 입법태도, 착오의 태양 등이 중요하다. 다만 보험의 목적에 관한 착오와 같이 고지의무위반에 관한 규정적용이 없는 것은 물론 민법의 규정이 적용된다고 본다.

(1) 학설

1) 상법단독적용설

고지의무 위반의 효과에 관한 상법의 규정은 민법의 규정에 대한 특칙이므로 상법 제651조만 적용하여야 한다는 견해이다.

2) 민 · 상법 동시 적용설

고지의무에 관한 상법상의 제도는 보험계약의 특수성에 따라서 일정한 요건 하에 보험자에게 계약해지권을 인정하는 것이고, 당사자의 의사표시의 하자를 이유로 한 착오 · 사기에 관한 민법의 규정과는 그 근거, 요건 및 효과를 달리 한다. 따라서 이 양자는 특별법과 일반법의 관계에 있는 각각 별개의 제도이므로 보험자는 이들 모두를 동시에 주장할 수 있다는 견해이다.

3) 절충설

이 설은 착오와 사기를 구별하여 착오에 관한 민법의 규정은 그 적용을 배제하고, 사기에 관한 민법의 규정은 적용한다는 견해이자 현재 통설이다.

(2) 검토

착오의 경우에는 보험계약자에게 악의는 없는 것이므로 보험자와 더불어 보험계약자의 이익도 고려하여야 할 필요가 있다. 즉 보험계약자에게 귀책사유가 없는데 보험자가 스스로 착오에 빠진 경우, 이를 취소사유로 인정한다면 보험계약자에게 너무 가혹하다. 따라서 착오에 관한 민법규정의 적용은 배제되어야 할 것이다. 그러나 고지의무자에게 사기가 있는 경우에는 그러한 자의 이익을 보호할 필요가 없고, 만약 사이에 관한 민법규정의 적용을 배제하여 사기를 행한 자를 보호한다면 오히려 부당한 결과가 된다. 따라서 사기의 경우 보험자는 민법의 규정에 의한 취소권을 행사할 수 있다고 하는 절충설이 판례와 다수설의 입장으로 타당하다.

75) 이범찬, 전게서, 주4)에서 재인용; 대판 1991. 12. 27., 91 다 1165 : 판지는 '보험계약자의 고지의무위반이 사기에 해당하는 경우에는 보험자를 상법의 규정에 의하여 계약을 해지할 수 있음은 물론 민법의 일반원칙에 따라 그 보험계약을 취소할 수 있는 것이다'라고 한다.

76) 민법 제109조; 의사표시는 법률행위의 내용의 중요부분에 하자가 있는 때에는 취소할 수 있다. 그러나 그 착오가 표의자의 중대한 과실로 인한 때에는 취소하지 못한다. ② 전항의 의사표시의 취소는 선의의 제3자에게 대항하지 못한다.

기본학습

10 보험증권

1. 보험증권의 의의

보험증권이라 함은 보험계약의 성립과 그 내용을 증명하기 위하여 보험자가 소정의 사항을 기재하고 기명날인 또는 서명하여 보험계약자에게 교부하는 증권이다. 보험계약은 낙성 · 불요식의 계약이므로 보험증권의 작성교부는 계약의 성립요건이 아니며, 보험증권은 그 작성에 의하여 법률관계가 비로소 발생하는 설권증권도 아니다. 또한 보험자 일방만이 기명날인 또는 서명을 하므로 계약서도 아니다.

(1) 보험증권의 교부의무

보험자는 보험계약이 성립한 때에는 지체없이 보험계약자에게 보험증권을 작성, 교부할 의무가 있다(상법 제640조 제1항).

타인을 위한 보험계약의 경우에도 보험자는 피보험자 또는 보험수익자가 아니라 보험계약자에게 교부하여야 한다.

이때 보험계약자가 보험료의 전부 또는 최초의 보험료를 지급하지 아니한 때에는 보험증권의 교부의무가 있다(상법 제640조 제1항). 또한 보험계약을 연장하거나 변경하는 경우에도 보험자는 그 보험증권에 그 사실을 기재함으로써 새로운 보험증권의 교부에 갈음할 수 있다(상법 제640조 제2항).

(2) 보험증권의 법적 성질

1) 요식증권성

보험증권은 요식증권으로서 다음과 같은 사항을 기재하고 보험자가 기명날인 또는 서명하여야 한다.

즉 ① 보험의 목적, ② 보험사고의 성질, ③ 보험금액, ④ 보험료와 그 지급방법, ⑤ 보험기간을 정한 때에는 그 시기와 종기, ⑥ 무효와 실권의 사유, ⑦ 보험계약자의 주소와 성명 또는 상호, ⑧ 보험계약의 연월일, ⑨ 보험증권의 작성자와 그 작성년월일 등이다(상법 제666조). 개정전 상법에서는 보험자의 기명날인만을 규정하였으나, 개정상법에서는 해상보험증권 등이 서명에 의해 발행되는 실무관행을 고려하여 보험자의 서명을 규정하였다.

또 상법은 위의 기본적 기재사항 이외에 보험의 종류에 따라서 특별할 기재사항을 정하고 있다. 그러나 보험증권의 요식증권성은 어음, 수표의 경우와 같이 엄격한 것이 아니고 법정기재사항을 갖추지 못한 경우에도 보험증권의 효력에는 영향이 없다.

보험계약의 당사자는 보험증권의 기재내용이 정확하지 않은 부분이 있는 경우 이의를 제기할 수 있다. 이 이의기간은 당사자간의 합의(이의약관)에 의하여 증권의 교부일로부터 일정한 기간내로 제한 할 수 있으나 그 기간을 1월 이내로 할 수 없다(상법 제641조).

2) 증거증권성

보험증권은 그 기재내용에 관하여 법률상 특별한 증거력이 인정되는 것은 아니지만 보험계약자가 이의 없이 수령한 때에는 그 기재가 계약의 성립 및 내용에 대하여 사실상의 추정력을 가지게 되므로 증거증권이다. 그러나 증권에 기재되지 않은 사실을 증명함으로써 그 증권에 기재된 사실을 다툴 수 있다.

3) 면책증권성

보험자가 보험금 등의 급여를 함에 있어서 그 증권의 제시자의 자격을 조사할 권리가 있을 뿐이고, 의무는 없으므로 보험증권은 면책증권이다.

4) 유가증권성

보험증권은 증거증권으로서 원칙상 유가증권이나 유통증권이 아니다. 그러나 보험증권의 발행은 기명식에 한하지 않는 바, 지시식 또는 소지인출급식으로 발행할 수 있다. 이 경우 보험증권의 유가증권성에 관하여 학설의 대립이 있다.

긍정설은 보험증권은 금전채권증권이므로 지시식 또는 소지인출급식으로 발행된 때에는 민법 제508조 이하의 규정에 비추어 모두 유가증권성을 인정한다는 견해이다.

이에 대하여 부정설은 보험증권이 지시식 또는 소지인출급식으로 발행된 경우에도 면책증권에 불과하고 유가증권이 아니라는 설이다. 부정설은 첫째, 보험금청구권이 그 성질상 증권 이외의 사정 즉, 보험료의 지급 기타 여러 가지의 의무이행에 달려 있다는 점과 둘째, 손해보험에 있어서는 보험증권의 점유의 이전에 의하여 보험계약상의 권리를 이전할 수 없고, 보험의 목적의 양도에 수반하여 이전되는 점에서 유가증권성을 부인한다.

생각건대, 보험증권의 유가증권성을 논함에 있어서는 ① 보험의 목적이 성질상 유통성이 있는가의 여부, ② 목적물의 이전에 의하여 위험이 변경될 가능성이 있는가, ③ 보험증권의 양도에 의하여 보험관계의 이전의 효력을 인정할 수 있는가의 여부를 고려하여야 한다.

위의 학설 가운데 긍정설은 보험증권의 특성상 위의 ① 및 ② 에 관한 문제를 고려하지 않는 점에서 부당하다. 부정설은 보험증권이 지시적으로 발행된 경우에도 보험관계의 이전을 인정하지 않는다고 하나, 그럴 경우 지시식증권이 무의미하게 된다는 점에서 문제가 있다. 지시증권은 원래 배서에 의하여 증권상의 권리를 이전하는 것이므로 이러한 권리이전적 효력을 부인하는 것은 증권의 지시성에 반하는 해석이 된다.

실제 거래계에서도 운송증권이나 창고증권 등의 유통증권에 표창되는 운송물 또는 임치물을 보험의 목적으로 하는 보험증권의 경우를 보면 ① 운송증권 등의 이전에 의하여 목적물에 관한 권리가 이전되는 것을 전제로 하며, ② 목적물은 운송인 또는 창고업자가 직접 점유하므로 보험관계가 이전되어도 위험의 변경 · 증가될 염려가 없고, ③ 보험관계의 이전을 위하여 보험증권의 인도 이외에 다른 절차를 요하지 않으므로 지시식, 무기명식 보험증권에 관하여는 그 유가증권성을 인정하는 것이 타당하다. 이렇게 해석하는 일부긍정설이 우리나라의 다수설이다.

(3) 보험증권의 재교부

보험증권이 멸실 또는 현저하게 훼손되어, 보험계약자가 그 비용을 부담하고 재교부를 청구한 때에는 보험자는 재교부의 의무가 있다(상법 제642조). 이 경우 재교부의 비용을 특약에 의하여 보험자의 부담으로 할 수 있다. 보험증권이 지시식 또는 소지인출급식으로 발행된 때에는 유가증권성이 인정되므로 상실증권에 대해 공시최고에 의한 제권판결의 절차에 의하여 증권이 무효가 된 경우가 아니면 재교부를 청구할 수 없다고 본다.

요약정리

10 보험증권(保險證券)

1. 총설

(1) 의의(意義)

일반적으로 보험계약의 성질에서 볼 수 있듯이 계약이 체결되고, 보험료의 납입이 있으면 당연히 작성 · 교부되는 것이 보험증권이다. 따라서 보험증권은 보험계약이성립한 후에 그 계약의 내용을 증명하기 위하여 보험자가 발행하는 일종의 증거증권이다. 보험계약은 요식계약이 아니고 낙성(諾性)계약이므로 보험증권의 발행은 계약당사자의 편의를 위한 것이지 계약의 성립요건도 아니므로, 또한 보험자만이 기명날인 하거나 서명하는 것이므로 계약서도 아니다.

(2) 보험증권의 교부(交付)

보험자는 당해 보험계약이 성립하면 지체없이 보험증권을 작성하여 보험계약자에게 교부하도록 하고 있다(상법 제 640조 본문). 이것이 이른바 보험자의 보험증권작성교부의무이다. 이러한 보험증권은 정형화(定型化)에 따라 보험약관이 인쇄되어 있고, 특약조항도 기재되어 있어서 보험계약의 내용을 증명하는 가장 유력한 증거로서 사용되므로 보험계약이 성립하면 당연히 이를 작성(作成) · 교부(交付)하도록 하고 있는 것이다. 다만 보험계약자가 보험료의 전부 또는 최초의 보험료를 지급하지 않은 경우에는 그러하지 아니하다(상법 제640조 제1항 단서). 그리고 기존의 보험계약을 연장하거나 변경한 경우에는 보험자는 이미 발행한 보험증권에 그러한 사실을 기재함으로써 보험증권의 교부에 갈음할 수 있도록 하고 있다(상법 제640조 제2항).

2. 법적 성질

(1) 요식증권성(要式證券性)

보험증권에는 일정한 사항을 기재하고 보험자가 기명날인 또는 서명하여야 한다(상법 제666조). 즉, ①보험의 목적, ②보험사고의 성질, ③보험금액, ④보험료와 그 지급방법, ⑤보험기간을 정한 때에는 그 시기(始期)와 종기(終期), ⑥계약의 무효(無效)와 실권(失權)의 사유(事由), ⑦보험계약자의 주소와 성명 또는 상호(商號), ⑧보험계약의 연월일, ⑨보험증권의 작성지와 그 작성년월일 등을 기재하지 않으면 안된다. 또 상법은 앞서의 기재사항 이외에도 보험의 종류에 따라 특별한 기재사항도 요구하고 있다(상법 제685조, 제690조, 제695조, 제726조의 3, 제728조, 제738조). 그리하여 보험증권은 요식증권이나 그 요식성은 어음 · 수표에 있어서와 같이 엄격한 것은 아니고, 법정사항의 기재를 흠결하거나 그 밖의 사항을 기재하여도 보험증권의 효력에는 아무런 영향을 미치지 않는다.

(2) 증거증권성(證據證券性)

보험증권은 증거증권으로서 보험계약의 성립과 그 내용에 관하여 사실사의 추정력을 가진다. 그러므로 보험증권의 기재내용과 보험계약의 내용이 다른 때에는 그 사실을 입증하여 진실한 계약의 내용에 따라 당사자는 그 권리를 주장할 수 있다고 해석한다. 그리고 보험계약의 내용에 착오가 있는 경우에도 보험계약자의 진술은 전체로서 고려되어 공정하고 합리적인 해석의 원칙을 받아들여 당사자의 의사가 명백히 발견되어질 수 있다면 그에 따라 보험계약의 범위내에서 그 효력을 인정할 수 있다고 해석하여야 할 것이다.

(3) 면책증권성(免責證券性) · 상환증권성(相換證券性)

면책증권이라 함은 보험자가 보험금을 지급함에 있어서 증권제시자의 자격유무를 조사할 권리는 있으나, 의무는 없으므로 인하여 면책증권이라 한다. 즉, 보험자는 보험증권을 제시한 사람에 대하여 악의(惡意) 또는 중대한 과실(過失)이 없이 보험금을 지급한 경우에는 그가 비록 권리자가 아니라 하더라도 그 책임을 면하게 된다. 그리고 보험사고의 발생으로 보험자가 보험금을 지급할 때에는 보험증권과 상환하는 것이 일반적이므로 보험증권은 유가증권으로서의 성질을 갖고 있다. 그러나 이것은 보험증권과 상환하지 않으면 보험금을 지급할 수 없다는 강한 뜻이 아니고, 증권을 제출할 수 없을 때에는 다른 방법으로 그 권리를 증명함으로써 보험금을 청구할 수 있다고 해석한다.

(4) 유가증권성(有價證券性)

보험증권이 유가증권이냐 아니냐에 대하여는 그간 학설이 대립되어 왔다. 원칙적으로 보험증권은 증거증권으로서 유가증권도 유통증권도 아니라는 것이 일반적이었다. 그러나 보험증권이 기명식(記名式)에 한하지 않고 지시식(指示式) 또는 무기명식(無記名式)으로 발행할 것을 법에서 금지하지 않고 있으므로, 이것을 발행할 수 있었고, 또 실제 거래계에서도 많이 이용하고 있는 실정이다. 그러나 이러한 보험증권의 발행을 승인하고 있는 입법례(立法例)에서도 그 유가증권성을 승인하고 있지는 않다(독일과 프랑스). 따라서 지시식 또는 무기명식보험증권의 유가증권성이 문제가 되어 지고 그에 대한 학설은 다음과 같다.

1) 부정설(否定說)

이 설은 보험금청구권은 그 성질상 증권이외의 사정, 즉 보험료의 지급 기타 여러 가지의 의무이행에 걸려 있다는 점과 또 손해보험에 있어서는 보험증권의 점유의 이전으로 권리만을 이전할 수 없고, 보험의 목적의 양도에 수반하여 이전되는 점(상법 제679조)에서 유가증권성을 부인(否認)한다. 그러나 반드시 불요인채무를 표창하는 것에 한하지 않는 다는 점에서 비판을 받고 있다.

2) 긍정설(肯定說)

이 설은 거래의 안전의 확보, 권리의 행사에 증권의 점유를 필요로 한다는 것을 이유로 유가증권성을 전면적으로 긍정하는 견해이다. 그러나 생명보험에 있어서는 그 성질상 또 일반의 손해보험, 화재보험 등에 있어서도 보험의 목적인 물건 자체가 전전유통(輾轉流通)하는 성질의 것이 아니고, 또 손해의 보상이라는 보험의 성질상 손해보상청구권만이 전전유통하는 성질의 것도 아니므로 보험증권에 유가증권성을 인정할 필요는 없고 오히려 이를 인정함으로써 많은 폐해가 생길 염려가 크다.

3) 일부긍정설(一部肯定說)

이 설은 해상보험증권, 특히 적하보험증권 등에 유가증권성을 인정하자는 견해이다. 그 이유로는 선하증권의 이전(移轉)에 따라서 전전유통되어야 할 경제적 필요성도 있고, 증권의 배서(背書)나 교부(交付)에 의해서 그 목적을 실현할 필요성이 크기 때문이다. 또 보험계약에 따른 항변이 배서 또는 교부로 인하여도 절단되지 않는 것은 바로 유가증권성을 부인하는 것도 아니기 때문이다. 이 설이 최근에 유력하여지고 우리의 통설적 견해이다. 다만 보험증권은 문언증권(文言證券)이나 무인증권(無因證券)이 아니므로 보험자는 보험계약에 따른 항변으로써 그 소지인에게 대항할 수 있고, 게다가 그 보험증권상의 권리의 발생은 우연한 사고에 의하여 결정되어지므로 보험증권은 가장 불완전한 의미에 있어서 유가증권이라 할 수 있겠다.

3. 보험증권에 관한 이의신청(異議申請)

보험증권은 앞에서 살펴본 바와 같이 증거증권으로서 사실상의 추정력을 가질 뿐이므로 그 증권상의 기재내용이 실제 계약과 다를 때에는 이를 정정하여 당사자사이의 불필요한 분쟁을 방지할 필요가 있겠다. 이리하여 상법은 보험계약당사자는 보험증권의 교부가 있은 날로부터 1월을 내리지 않는 기간 안에 한하여 그 증권내용의 정부(正否)에 관한 이의(異議)를 할 수 있음을 약정할 수 있도록 하고 있다(상법 제641조). 이것을 정한 약관을 이의약관(異議約款)이라 부른다.

4. 보험증권의 멸실(滅失) · 훼손(毁損)과 재교부

보험증권이 보험증권을 멸실 또는 훼손한 경우에도 보험금을 청구할 수 있다. 그러나 보험증권은 보험계약의 증거방법의 하나로서 발행된 증서이기 때문에 보험계약자는 보험증권을 소지함으로써 일단 보험계약의 내용이 추정을 받아 입증하기가 편리하다. 그리하여 상법은 보험증권을 멸실 또는 현저하게 훼손한 때에는 보험계약자는 자기의 비용으로 보험증권의 재교부를 청구할 수 있음을 규정하고 있다(상법 제642조).

기본학습

11 보험계약의 변경과 소멸

1. 총설

보험계약은 일종의 사행계약이며 또한 그 성질상 일정한 기간동안 계속되는 계약이므로 보험계약의 변경과 소멸에 관하여는 일반의 계약관계에 있어서보다 더 많은 특칙이 인정되고 있다. 이와 같은 보험계약의 변경·소멸사유는 각종의 보험계약에 일반적인 것과 각각의 계약에 따라 특유한 것이 있으나 여기에서는 일반적인 사항에 대하여만 살펴본다.

2. 보험계약의 변경·소멸사유

(1) 당연한 변경·소멸

1) 보험기간의 만료

종신보험의 경우를 제외하고는 보험사고가 발생하지 않고 보험기간이 끝난 때에 계약은 소멸한다.

2) 위험의 소멸

보험사고가 발생할 수 없는 것은 보험의 목적으로 할 수 없으므로(상법 제644조) 보험사고 이외의 다른 사유로서 사고발생의 위험이 소멸하면 보험계약은 당연히 종료하게 된다. 보험계약의 당사자가 특별한 위험을 예기하여 보험료의 액을 정한 경우에 보험 기간중 그 예기한 위험이 소멸한 때에는 보험계약자는 그 후의 보험료의 감액을 청구할 수 있다(상법 제647조).

3) 보험자의 파산후 3월이 경과한 때

보험자가 파산선고를 받으면 보험계약자는 계약을 해지할 수 있다(상법 제654조 제1항). 그러나 보험계약자가 해지하지 않고 파산선고후 3월을 경과한 때에는 보험계약은 당연히 그 효력을 잃는다(상법 제654조 제2항).

4) 보험사고의 발생

보험사고의 발생에 의하여 보험금액이 지급된 경우 보험계약은 목적의 달성에 의하여 종료한다. 다만 손해보험계약에서 보험사고로 일부손해가 발생하여 보험금액의 일부만을 지급한 경우에는 그 나머지 보험금액의 한도에서 보험기간동안 보험계약관계의 존속을 인정하기도 한다.

(2) 당사자의 의사에 의한 변경 · 소멸

상법은 다음의 각 경우에는 당사자의 의사에 의한 계약의 해지를 인정하고 있다.

1) 보험계약자의 임의해지

보험계약자는 보험사고가 발생하기 전에는 언제든지 계약의 전부 또는 일부를 해지할 수 있다(상법 제649조 제1항). 그러나 타인을 위한 보험계약의 경우에 있어서는 보험계약자가 그 타인의 동의를 얻지 아니하거나 보험증권을 소지하지 아니하면 그 계약을 해지하지 못한다(상법 제649조의1단서). 이 경우에는 보험계약자는 당사자간에 다른 약정이 없으면 미경과보험료의 반환을 청구할 수 있다(상법 제649조 제3항). 나아가 보험사고의 발생으로 보험자가 보험금액을 지급한 때에도 보험금액이 감액되지 아니하는 보험의 경우에는 사고 발생 후에도 보험계약을 해지할 수 있다(상법 제649조 제2항).

2) 보험자의 파산으로 인한 해지

보험자가 파산의 선고를 받은 때에는 보험계약자는 계약을 해지할 수 있다(상법 제654조 제1항).

3) 보험료의 부지급으로 인한 해지

계속보험료가 약정한 시기에 지급되지 아니한 때에는 보험자는 상당한 기간을 정하여 보험계약자에게 최고하고 그 기간내에 지급되지 아니한 때에는 그 계약을 해지할 수 있다(상법 제650조 제2항).

4) 고지의무 · 통지의무의 위반으로 인한 해지

보험계약자 또는 피보험자는 보험계약 성립 시까지는 고지의무를 그리고 보험계약 체결 후에는 위험의 변경 · 증가의 통지의무를 진다. 그리고 보험계약자 또는 피보험자가 이러한 의무를 해태한 때에는 보험자는 보험사고의 발생전후를 불문하고 계약을 해지할 수 있다(상법 제651조~제652조).

다만 보험자의 해지권행사는 일정한 기간 안에 하여야 하며, 계약을 해지한 때에는 보험금액의 지급책임이 없고, 이미 지급한 경우에는 그 반환을 청구할 수 있다. 그러나 고지의무에 위반한 사실 또는 위험의 현저한 변경이나 증가된 사실이 보험사고의 발생에 영향을 미치지 아니하였음이 증명된 때에는 그러하지 않다(상법 제655조). 또 생명보험의 경우에는 계약이 해지된 때에도 보험적립금을 보험계약자에게 반환하여야 한다(상법 제736조).

5) 주관적 위험의 변경 · 증가의 경우 해지

보험기간중에 보험계약자, 피보험자 또는 보험수익자의 고의 또는 중대한 과실로 인하여 사고발생의 위험이 현저하게 변경 또는 증가된 때에는 보험자는 계약을 해지할 수 있다(상법 제653조). 해지의 효과는 고지의무에 있어서와 같다(상법 제655조).

6) 약관의 규정에 의한 해지

기타 각종 보험약관에는 위의 사유 외에 일정한 요건하에서 보험자가 계약을 해지할 수 있음을 정하고 있다.

요약정리

11 보험계약의 변경과 소멸

1. 총설

보험계약은 일종의 사행계약이며 또한 그 성질상 일정한 기간동안 계속되는 계약이므로 보험계약의 변경과 소멸에 관하여는 일반의 계약관계에 있어서보다 더 많은 특칙이 인정이 되고 있으며 이와 같은 보험계약의 변경 · 소멸사유는 각종의 보험계약에 일반적인 것과 각각의 계약에 따라 특유한 것이 있으나 여기에서는 일반적인 사항에 대하여만 살펴본다.

2. 보험계약의 변경 · 소멸사유

(1) 당연한 변경 · 소멸

1) 보험기간의 만료

종신보험의 경우를 제외하고는 보험사고가 발생하지 않고 보험기간이 끝난 때에 계약은 소멸한다.

2) 위험의 소멸

보험사고가 발생할 수 없는 것은 보험의 목적으로 할 수 없으며(상법 제644조) 보험사고 이외의 다른 사유로서 사고발생의 위험이 소멸하면 보험계약은 당연히 종료하게 된다. 보험계약의 당사자가 특별한 위험을 예기하여 보험료의 액을 정한 경우에 그 보험기간 중에 그 예기한 위험이 소멸한 때에는 보험계약자는 그 후의 보험료의 감액을 청구할 수 있다(상법 제647조).

3) 보험자의 파산후 3월이 경과한 때

보험자가 파산선고를 받으면 보험계약자는 계약을 해지할 수 있다(상법 제654조제 1항). 그러나 보험계약자가 해지하지 않고 파산선고 후 3월을 경과한 때에는 보험계약은 당연히 그 효력을 잃는다(상법 제654조 제2항).

4) 보험사고의 발생

보험사고의 발생에 의하여 보험금액이 지급된 경우 보험계약은 목적의 달성에 의하여 종료한다. 다만 손해보험계약에서 보험사고로 일부손해가 발생하여 보험금액의 일부만을 지급한 경우에는 그 나머지 보험금액의 한도에서 보험기간동안 보험계약관계의 유지를 인정하기도 한다.

(2) 당사자의 의사에 의한 변경 · 소멸

상법은 다음의 각 경우에는 당사자의 의사에 의한 계약의 해지를 규정하고 있다.

1) 보험계약자의 임의해지

보험계약자는 보험사고가 발생하기 전에는 언제든지 계약의 전부 또는 일부를 해지할 수 있다(상법 제649조 제1항). 그러나 타인을 위한 보험계약의 경우에 있어서는 보험계약자가 그 타인의 동의를 얻지 아니하거나 보험증권을 소지하지 아니하면 그 계약을 해지하지 못하며(상법 제649조 1단서) 이 경우에는 보험계약자는 당사자간에 다른 약정이 없으면 미경과보험료의 반환을 청구할 수 있다(상법 제649조 제3항). 나아가 보험사고의 발생으로 보험자가 보험금액을 지급한 때에도 보험금액이 감액되지 아니하는 보험의 경우에는 사고 발생 후 에도 보험계약을 해지할 수 있다(상법 제649조 제2항).

2) 보험자의 파산으로 인한 해지

보험자가 파산의 선고를 받은 때에는 보험계약자는 계약을 해지할 수 있다(상법 제654조 제1항).

3) 보험료의 부지급으로 인한 해지

계속보험료가 약정한 시기에 지급되지 아니한 때에는 보험자는 상당한 기간을 정하여 보험계약자에게 최고하고 그 기간내에 지급되지 아니한 때에는 그 계약을 해지할 수 있다(상법 제650조 제2항).

4) 고지의무 · 통지의무의 위반으로 인한 해지

보험계약자 또는 피보험자는 보험계약 성립 시까지는 고지의무를 지며 계약성립 후에는 보험계약 체결 후에는 위험의 변경 · 증가의 통지의무를 진다. 그리고 보험계약자 또는 피보험자가 이러한 의무를 해태한 때에는 보험자는 보험사고 발생 전 · 후를 묻지 않고 계약을 해지할 수 있다(상법 제651조 · 제652조).

다만 보험자의 해지권행사는 일정한 기간 안에 하여야 하며, 계약을 해지한 때에는 보험금액의 지급책임이 없고, 이미 지급한 경우에는 그 반환을 청구할 수 있다. 그러나 고지의무에 위반한 사실 또는 위험의 현저한 변경이나 증가된 사실이 보험사고의 발생에 영향을 미치지 아니하였음이 증명된 때에는 그러하지 않다(상법 제655조). 생명보험의 경우에는 계약이 해지된 때에도 보험료적립금을 보험계약자에게 반환하여야 한다(상법 제736조).

5) 주관적 위험의 변경 · 증가의 경우 해지

보험기간 중에 보험계약자, 피보험자, 보험수익자의 고의 또는 중대한 과실로 인하여 사고발생의 위험이 현저하게 변경 또는 증가된 때에는 보험자는 계약을 해지할 수 있다(상법 제653조). 해지의 효과는 고지의무에 있어서와 같다(상법 제655조).

6) 약관의 규정에 의한 해지

기타 각종 보험약관에는 위의 사유 외에 일정한 요건 하에서 보험자가 계약자의 귀책사유를 근거로 하여 계약을 해지할 수 있음을 정하고 있다.

기본학습

12 보험자면책

1. 총설

보험자는 보험기간 안에 보험사고가 발생하면 피보험자 또는 보험수익자에게 보험금을 지급할 책임을 진다(상법 제638조 참조). 여기서 보험금이란 손해보험의 경우에는 보험자가 책임을 지기로 한 보험금액의 한도에서 보험사고로 말미암아 피보험자가 입은 재산상의 손해액이고, 생명보험과 같은 정액보험의 경우에는 계약에서 정한 보험금액이다.

보험자의 보험금지급의무는 보험계약에서 가장 주된 의무이고, 보험계약자의 보험료지급에 대한 반대급부라 할 수 있다. 그러므로 보험자는 다른 약정이 없는 한 보험계약자로부터 보험료의 지급을 받지 아니한 경우에는 비록 보험사고가 발생하여도 보험금지급의무를 지지 아니한다(상법 제656조).

(1) 보험자의 면책사유

1) 면책사유의 의의 및 인정이유

보험계약법이나 보험약관은 보험기간 안에 보험사고가 발생하여도 일정한 사유가 있는 경우에는 보험자에게 보험금의 지급책임이 없음을 정하고 있는데 그 일정한 사유를 보험자의 면책사유라 한다.

보험제도는 보험단체 안에서 위험을 효율적으로 분산시켜 위험에 대비하기 위한 제도이다. 따라서 보험계약자 등에 의한 인위적 사고유발이나 도덕적 위험 등을 배제할 필요가 있다. 그리고 전쟁 등의 비정상적인 위험을 면책토록 하여 보험자의 지불능력을 유지시켜 줌으로써 보험사업의 건전한 발전을 도모하기 위하여 보험자의 면책사유를 인정하고 있다.

(2) 보험계약자 등의 고의, 중과실

① 면책사유

보험사고가 보험계약자 또는 피보험자나 보험수익자의 고의 또는 중대한 과실로 인하여 생긴 때에는 보험자는 보험금을 지급할 책임이 없다(상법 제659조 제1항). 이 경우에는 보험사고로서의 우연성을 인정할 수 없고, 자기가 발생시킨 손해를 타인에게 전가시킨다는 것이 계약당사자 사이에 요구되는 신의성실의 원칙에 반하고 공익을 해하는 까닭에 면책으로 한 것이다.

② 보험계약자 등의 범위

원칙적으로 제3자의 고의, 중과실로 보험사고가 발생한 경우에는 면책되지 않는다. 그러나 보험계약자 등과 특별한 관계에 있는 법정대리인이나 대표자의 고의나 중과실로 인한 보험사고를 면책할 것인가에 관하여 독일의 통설과 판례는 이를 긍정하고 있다(대표자책임이론). 우리나라의 경우에는 긍정설과 부정설의 대립이 있으나 자동차보험약관에 '보험계약자, 피보험자 이들의 법정대리인이나 피보험자동차에 관계되는 피용자 또는 피보험자와 같이 살거나 살림을 같이하는 친족의 고의로 인한 손해' 를 차량손해의 면책사유로 규정하고 있는데 이는 대표자책임이론을 배경으로 한 조항이라고 이해할 수 있겠다. 판례는 부정설의 입장을 취한다.

③ 책임보험의 경우

오늘날 배상책임보험의 경우 보험계약자의 중과실을 담보하는 경우가 많다. 이것은 보험계약자 등에게 유리한 것이므로 불이익변경금지의 원칙에 반하지 않고, 오히려 책임보험의 경우에는 중과실에 의한 보험사고에 대한 보험보호의 필요성이 강하므로 유효하다고 볼 것이다.

④ 생명보험의 경우

상법은 사망보험이나 상해보험의 경우에는 보험계약자 또는 피보험자나 보험수익자의 고의로 생긴 보험사고만을 면책사유로 하고, 중대한 과실의 경우에는 보험자가 보상책임을 부담한다(상법 제732조의 제2항. 제739조). 또한 생명보험약관에 의하면 이른바 자살조항을 두고 잇는데 그에 의하면 계약체결 후 일정기간(대개는 2년)이후의 자살에 대하여 보험금을 지급한다고 규정하고 있다.

3) 전쟁 기타의 변란

전쟁 기타의 변란으로 인하여 보험사고가 생긴 때에는 당사자간에 다른 특약이 없는 한 보험자에게는 보험금지급책임이 없다. 여기서 전쟁이란 선전포고의 유무는 불문하며 국가간의 교전상태를 가리킨다. 기타 변란이란 이에 준하는 국가간의 분쟁상태 또는 내란, 폭동 등이 이에 해당한다. 전쟁 기타 변란을 면책사유로 하고 있는 것은 평상시에는 예상할 수 없을 뿐만 아니라 이것이 일단 발생하면 그 손실의 규모가 너무 커서 통상의 보험료로는 담보할 수 없기 때문에 면책으로 하고 있다. 그러나 이 면책사유는 공익과는 무관하므로 특약으로 추가보험료를 받고 담보할 수 있으며 이른바 상대적 면책사유에 해당한다.

4) 약관상 면책사유

보험자는 위와 같은 법정면책사유 이외의 보통보험약관에 기타의 면책조항을 정하고 있는데 이를 면책약관이라고 한다. 이러한 면책약관은 그것이 보험제도의 본질에 반하지 않고, 공서양속에 반하지 아니한다면 유효하다고 할 것이다. 그러나 그것이 불이익변경금지원칙에 비추어 보험계약자 또는 피보험자나 보험수익자에게 불이익으로 변경되었다면 무효가 된다.

생명보험의 자살조항은 비록 피보험자의 고의를 담보하는 것이지만 나름대로의 합리적인 이유가 있기 때문에 인정된다. 이것은 보험계약자측에게 유리하게 변경되어 유효한 것이라고는 이해해서는 안된다. 자살조항의 유효성을 인정하는 이유는 다음의 두 가지를 들 수 있다.

첫째는 두개의 상반되는 이론의 타협이다. 보험은 본질상 보험사고의 우연성을 요구한다. 자살에 대하여 보험금을 지급하는 것은 자신의 집에 방화한 자에게 화재보험금을 지급하는 것과 마찬가지이다. 따라서 우연성을 결한 사고에 대하여는 보험본질상 보상할 수 없다는 것이 면책사유의 법리이다. 한편 생명보험제도의 취지가 피보험자에게 경제적으로 의존하고 있는 보험수익자를 보호하기 위한 제도라는 점이다. 보험수익자의 입장에서는 피보험자가 자살하였느냐 또는 사고로 사망하였느냐에 관계없이 그가 겪는 슬픔이나 경제적 수요는 똑같을 것이기 때문이다. 결국 보험사고의 우연성 요구와 보험수익자의 보호라는 상충되는 이론의 타협으로 2년간은 우연성 요구에 의하여 보험자의 면책으로 하고, 2년이 지난 이후는 보험수익자보호의 요청에서 부책으로 정한 것이다.

둘째는 역선택을 감소시키기 위하여 둔 조항이다. 역선택이란 평균보다 불량한 위험이 자진해서 자신의 위험을 보험자에게 전가시키려고 보험계약을 청약하는 것을 말한다. 즉 평균보다 높은 보험료를 부담하여야 할 위험이 평균보험료로 위험단체에 가입하려는 청약을 말한다. 보험상품에 대한 수요는 어차피 역선택이 있을 수밖에 없다. 왜냐하면 자신의 건강이 악화되었다고 생각될 때 생명보험에 대한 수요가 생기는 것은 오히려 당연하다. 문제는 이러한 역선택이 극단적으로 보험단체에 집중될 경우, 실제의 보험사고는 보험자가 예상한 사고율을 훨씬 초과하게 되어 보험경영에 악영향을 미친다. 따라서 역선택의 배제는 보험자에게 있어서는 중요한 과제이다. 그리고 생명보험에 자살조항을 두는 이유는 바로 보험계약자의 역선택을 배제하려는데 그 취지가 있다. 보험금을 노려 자살하려는 사람을 막을 방법은 없다. 자살에 대하여 면책하면 되지 않느냐고 말할 분도 있을 것이다. 그러나 자살을 이유로 면책하는 것이 그렇게 쉽지가 않다.

자살의 경우에는 추정적 증거로는 충분하지 않다고 보는 것이 보통이다. 왜냐하면 모든 인간은 자기보호의 본능을 가지고 있고, 어지간한 일로 인간이 자살한다는 것은 극히 어려운 일일 것이라는 점을 근거로, 자살이 아니라는 강한 추정을 받게 되기 때문이다. 따라서 보험자는 자살을 입증하기가 거의 불가능하게 된다. 대부분의 경우에 보험자는 고의를 입증하기 못하고 보험금을 지급하게 될 것이다.

그러나 자살조항을 두게 되면, 자살을 계획한 가입자도 혹시 자살이 발각되면 면책되니 안전하게 2년 후에 자살하자고 자살계획을 2년 후로 미룬다면 이 자살조항은 그 효용을 다하는 것이다. 자살조항에서 규정하고 있는 2년이라는 기간을 기다렸다가 자살하는 사람도 있을 수 있다. 그러나 사람들은 자살 예정일을 기다리다, 몇몇은 마음을 바꾸어 다시 살고 싶은 의욕을 갖게 된다면 이 자살조항은 큰 역할을 소리 없이 해내는 것이다. 이것이 자살조항의 취지이다.

(3) 보험금의 지급

보험사고가 생긴 때에 보험자에게 보험금의 지급을 청구할 수 있는 자는 손해보험의 경우에는 피보험자이고, 생명보험의 경우에는 보험수익자이다. 보험금청구권은 하나의 재산권에 속하는 것이므로 보험사고의 발생 후에 피보험자 또는 보험수익자가 사망한 때에는 상속인의 상속재산이 된다.

보험금의 지급은 현금으로 하는 것이 원칙이나 다른 약정이 있는 때에는 현물 기타의 급여로서 할 수 있다고 본다. 또한 보험자는 다른 약정이 없는 한 보험사고발생의 통지를 받은 날로부터 10일 안에 피보험자 또는 보험수익자에게 보험금을 지급하여야 한다(상법 제658조). 그 이행장소는 채권자인 피보험자 또는 보험수익자의 주소 또는 영업소이나(민법 제467조 제2항), 보통은 보험자의 영업소에서 지급하고 있다.

(4) 소멸시효

보험자의 보험금지급의무는 2년이 지나면 시효로 소멸한다(상법 제662조). 이 시효기간은 보험사고가 발생한 때로부터 기산하는 것이 일반적이나, 보험사고로 발생통지를 한 때에는 보험자가 그 통지를 받은 후 보험금지급유예기간을(10일)이 경과한 다음 날부터 기산한다고 해석된다.

요약정리

12 보험자면책(保險者免責)

1. 총설

(1) 면책사유의 의의

보험계약상 보험자의 기본적인 의무는 보험금지급의무이다. 그러나 보험계약법이나 약관은 보험계약의 성격상 일정한 사유가 있으면 보험사고가 발생하였다 하더라도 보험금지급책임을 면제하고 있는데, 그 사유를 면책사유라 한다.

한편 보험약관에서 정하고 있는 면책사유로는 보험사고의 원인과 관련하여 보험자의 책임을 면제하는 책임면제사유(exceptions)와 보험계약에서 약정한 보험사고의 범위에서 제외시켜버리는 담보위험제외사유(exclusions)로 나누어 볼 수 있다. 그리고 보험자는 보험계약자 등의 보험료의 불지급(상법 제650조), 또는 고지의무위반(상법 제651조), 위험변경 · 증가(增加)의 통지의무위반(상법 제652조) 또는 위험유지의무위반(상법 제653조) 등의 사유로 보험계약을 해지한 때에는 보험사고가 발생한 후에도 보험금지급책임을 지지 아니하나(상법 제655조), 이것은 보험자의 면책사유라기보다는 보험계약해지의 효과(效果)로서 인정할 수 있다[77].

(2) 면책사유제도의 효용성

보험제도는 동일한 위험에 처해 있는 다수의 경제적 주체가 대수의 법칙이나 통계적 원리에 입각한 공동기금을 준비하여 우연한 사고발생에 대비하는 제도이고 보험계약은 우연한 사고를 전제로 보험자의 책임을 인정하므로 사행계약적인보험계약이다. 그러므로 보험사고는 개별적으로 보면 지극히 우발적인 것이지만 보험공동체의 전체적인 흐름속에서 보면 그 위험발생의 개연율을 측정한 통계나 대수의 법칙의 균형을 유지하면서 보험사업을 과학적으로 나아가 합리적으로 운영할 수 있을 필요가 있다. 따라서 보험사고가 보험계약자 등의 인위적인 사고의 유발이라든가 전쟁 등으로 인한 사고의 발생과 같이 비정상적인 상황속에서 발생한 경우에는 법률적으로나 계약적으로나 보험자의 보험금액의 지급책임을 면제하여 도덕적 위험(moral risk)도 방지하고 나아가 보험자를 보호하여 보험기업의 원만한 유지를 도모할 필요가 있다. 이에 보험자의 면책제도를 두어 그 사유를 정하여 놓고 있는 것이다. 이러한 면책사유는 보험계약법상 일반적인 것과 각종 보험의 목적에 따라 특성별로 인정되는 것이 있다. 이외에도 약관으로 개별적으로 정하는 것들도 있겠다.

2. 일반적 면책사유

(1) 보험계약자 등의 고의(故意)나 중과실(重過失)에 의한 보험사고

1) 고의와 중과실의 의미

여기서 고의라 함은 일정한 결과의 발생을 인식하면서 그것을 감히 행하는 것으로서, 자살 · 자해행위 · 방화 등이 그 예이다. 그래서 보험계약자 등의 고의는 원인행위에 존재하면 되는 것이지, 그 결과의 발생에 대하여까지 인식하여야 하는 것도 아니므로 또한 그 사고의 결과 보험금을 취득하는 데 대한 고의를 필요로 하는 것은 아니다. 더욱이 고의는 미필적 고의(Bedingter Vorsatz)만 있어도 된다고 본다.

한편 중과실이라 함은 사람은 누구나 실수할 수 있지만 그 정도가 현저하게 주의를 다하지 못한 경우를 말하는데, 보험자의 면책사유로서의 중대한 과실이란 사회적으로나 도덕적으로 허용할 수 없거나 적어도 행위자의 미필적 고의가 인정되는 정도의 상황에서 생겨난 경우로 한정하여야 한다고 본다.

77) 양승규 · 박길준, 전게서, 494면.

2) 고의나 중과실을 면책사유로 한 이유(理由)

상법 제659조에서는 보험사고가 보험계약자 또는 피보험자나 보험수익자의 고의 또는 중대한 과실로 인하여 생긴 때에는 보험자는 보험금을 지급할 책임이 없도록 하고 있다. 이는 보험계약자 등에 의해 인위적인보험사고를 보험자의 면책사유로 하고 있는 것이다. 보험계약에서 보험자는 우연한 사고가 생긴 때에 보험금을 지급하기로 한 것이므로 보험계약자 등이 고의적으로 일으킨 사고에 대해서까지 담보하는 것은 아니기 때문이다. 따라서 보험계약자 등이 인위적으로 보험사고를 일으킨 것은 보험사고의 불확정성에 반하는 것이고, 또한 주관적인 위험을 배제하고, 보험사기나 범죄를 방지하여 인위적인 사고로 인한 도덕적 위험을 막고자 보험계약자 등의 고의나 중과실로 생긴 보험사고에 대하여는 보험자의 면책사유로 한 것이라 할 수 있다.

3) 사망보험의 경우

인보험의 사망보험의 경우에는 보험계약자 또는 피보험자나 보험수익자의 고의로 발생한 보험사고만을 보험자의 면책사유로 하고, 중대한 과실로 인하여 보험사고가 생긴 경우에는 보험자의 보험금지급책임을 인정하는 경우도 있다(상법 제732조의 2). 이러한 경우는 상해보험(상법 제739조)에서도 마찬가지인데, 이는 보험수익자를 보호하기 위한 법의 배려이다.

4) 입증책임

보험계약자 또는 피보험자나 보험수익자의 고의 또는 중대한 과실로 보험사고가 발생하였다는 것을 보험자가 입증하여야 하고, 이것은 추정적 증거(Beweis auf erste Sicht)로 충분하다고 할 것이다.

5) 대표자책임이론

보험계약자 등이 민사상의 배상책임을 지는 자, 가령 가족이나 사용인의 고의 또는 중대한 과실로 보험사고가 발생한 때에 보험자의 책임을 인정할 것이냐는 문제가 생기게 된다. 이것이 이른바, 대표자책임이론(Repräsentantenhaftungstheorie)으로써, 독일에서는 보험자가 면책된다는 이론이나 우리나라에서는 보험계약자 등의 법정대리인이나 지배인과 같이 포괄적 대리권을 가진 자의 고의 또는 중과실로 생긴 경우를 제외하고는 이를 받아들이지 않고 있다. 다만 보험계약자 등과 밀접한 생활관계에 있는 가족이나 고용인 등에 의한 보험사고의 발생에 보험계약자 등이 공모(共謀), 교사(敎唆) 또는 방조(傍助)한 같은 책임있는 사유가 있는 경우에는 보험자는 그 책임을 면한다는 것이다.

(2) 전쟁위험 등으로 인한 경우

보험사고가 전쟁이나 기타의 변란으로 인하여 생긴 경우에는 당사자간에 특약이 없는 한 보험자는 책임이 없도록 하고 있다(상법 제660조). 이것은 전쟁 등의 변란은 위험산정의 기초로 되는 통상적인 사고가 아니기 때문에 일반적인보험료로써는 그 위험을 인수하기 어렵기 때문이다. 그러나 보험자가 특약에 의하여 전쟁위험을 인수하는 것은 상관이 없으며, 이러한 보험을 전쟁위험보험(war risk insurance)이라고 한다.

3. 특수한 면책사유

(1) 서언

상법에서 규정하고 있는 보험자의 특수한 면책사유는 손해보험에만 존재하는데, 이것은 또 손해보험 전반에 걸치는 것과 운송보험과 해상보험에만 해당하는 것으로 구별할 수 있다.

(2) 손해보험일반의 경우

손해보험에 있어서는 보험의 목적의 성질, 하자(瑕疵) 또는 자연소모(自然消耗)로 인한 손해는 보험자가 이를 보상할 책임이 없다(상법 제678조). 이것은 보험사고는 그 발생이 우연한 것이어야 하는데, 보험의 목적의 성질, 하자 또는 자연소모로 인한 손해는 이미 객관적으로 확정되어 있다고 할 수 있으므로 보험사고의 요소인 불확정성과 우연성을 결하여 보험의 목적이 될 수 없기 때문이다[78]. 그러나 이것은 손해보험의 통칙규정에 규정되어 있으나 책임보험과 같은 재산보험에는 해당되지 않는다.

(3) 운송보험의 경우

운송보험에 있어서 운송보험사고가 송하인(送荷人) 또는 수하인(受荷人)의 고의 또는 중대한 과실로 인하여 발생한 때에는 보험자는 이로 인하여 생긴 손해를 보상할 책임이 없다(상법 제692조). 이것은 송하인 · 수하인은 비록 보험계약자 또는 피보험자가 아니라 하더라도 운송계약상의 일정한 권리의무를 갖고 있으므로(상법 제139조 내지 제141조) 보험계약자 · 피보험자의 고의 · 중과실과 같이 취급하여 보험자의 면책을 인정한 것으로 상법 제659조와 그 뜻이 같다고 할 수 있다.

(4) 해상보험의 경우

해상보험자는 해상사업에 관한 사고로 인하여 생길 손해를 배상할 책임을 지는데(상법 제693조), 해상기업의 특수성에 따라 보험사고도 다른 손해보험에 비하여 보다 빈번하고, 또 그 책임범위도 넓은 것이 보통이다. 이에 상법과 약관은 그 면책범위를 넓히고 있는데, 상법상의 면책사유를 정리하면 아래와 같다.

1) (상법 제706조 제1호)에서 정하고 있는 선박 또는 운임보험의 경우에는 선박의 감항능력의 흠결로 인한 손해

2) (상법 제706조 제2호)에서 정하고 있는 적하보험의 경우에는 용선자, 송하인 또는 수하인의 고의

78) 예컨대, 주정(酒精)의 증발, 육류(肉類)나 과물(果物)의 부패(腐敗), 포장(包裝)의 불충분으로 인하여 운송물의 파손(破損) 등이 이에 해당한다.

또는 중과실로 인한 손해

3) (상법 제706조 제3호)에서 정하고 있는 도선료(導船料), 입항료(入港料), 검역료 기타 선박 또는 적하에 관한 통상비용으로 이를 소해손(average accustomed)이라고도 하며, 해상항해에서는 사고로써 발생하는 것이 아닌 통상적으로 들어가는 비용이기 때문이다.

4) (상법 제701조 내지 제703조)에서 정하고 있는 바로써 일정한 경우에 항해변경, 이로(離路), 발항(發航), 항해의 지연, 선박변경 등이 있으면 보험자의 면책을 인정하는 것이다.

4. 약관상의 면책사유

각종 보통보험약관은 보험자의 면책사유를 정하고 있다. 이것을 면책약관이라 하며, 이 보험약관이 정하고 있는 면책사유는 보험계약법에서 인정하고 있는 사유이외에 그 보험의 특성에 따라 이를 열거하고 있다. 일반적으로 보험약관에서는 보험자가 담보하지 않은 위험으로 인하여 생긴 사고에 대하여 보험금지급책임이 없음을 규정하기도 한다. 예컨대, 지진, 해일 또는 이와 유사한 천재지변, 핵연료물질의 폭발성이나 방사능오염 등으로 생긴 사고에 대하여 보험자가 면책사유로 정하는 것이 그 예이라고 할 수 있다. 이러한 약관의 면책사유는 그것이 상법 제663조에 위배되지 않는 한 유효하며, 그리하여 그 약관에 정한 사유로 보험사고가 발생한 때에는 보험자는 보험금지급책임을 지지 않는다는 것이다.

5. 보험금의 지급

보험사고가 생긴 때에 보험자에게 보험금의 지급을 청구할 수 있는 자는 손해보험의 경우에는 피보험자이고, 생명보험의 경우에는 보험수익자이다. 보험금청구권은 하나의 재산권에 속하는 것이므로 보험사고의 발생 후에 피보험자 또는 보험수익자가 사망한 때에는 상속인의 상속재산이 된다.

보험금의 지급은 현금으로 하는 것이 원칙이나 다른 약정이 있는 때에는 현물 기타의 급여로서 할 수 있다고 본다. 또한 보험자는 다른 약정이 없는 한 보험사고발생의 통지를 받은 날로부터 10일 안에 피보험자 또는 보험수익자에게 보험금을 지급하여야 한다(상법 제658조). 그 이행장소는 피보험자 또는 보험수익자의 주소 또는 영업소이나(민법 제467조2), 보통은 보험자의 영업소에서 지급하고 있다.

(1) 소멸시효

보험자의 보험금지급의무는 2년이 지나면 시효로 소멸하며(상법 제662조). 이 시효기간은 보험사고가 발생한 때로부터 기산하는 것이 일반적이나, 보험사고로 발생통지를 한 때에는 보험자가 그 통지를 받은 후 보험금지급유예기간을(10일)이 경과한 다음 날부터 기산한다고 해석된다.

6. 보험료 반환의무

(1) 보험계약이 무효인 경우

보험계약의 전부 또는 일부가 무효인 경우에 보험계약자와 피보험자 또는 보험수익자가 선의이며 중대한 과실이 없는 때에는 보험자는 보험료의 전부 또는 일부를 반환할 의무가 있다(상법 제648조).

(2) 사고발생전의 임의해지

보험계약자는 보험사고가 발생하기 전에는 언제든지 계약의 전부 또는 일부를 해지할 수 있으며(상법 제649조 제1항). 이때 보험자는 다른 약정이 없으면 미경과보험료를 반환하여야 할 의무를 진다(상법 제649조 제3항).

(3) 소멸시효

보험료반환의무는 2년의 시효로 소멸한다(상법 제662조).

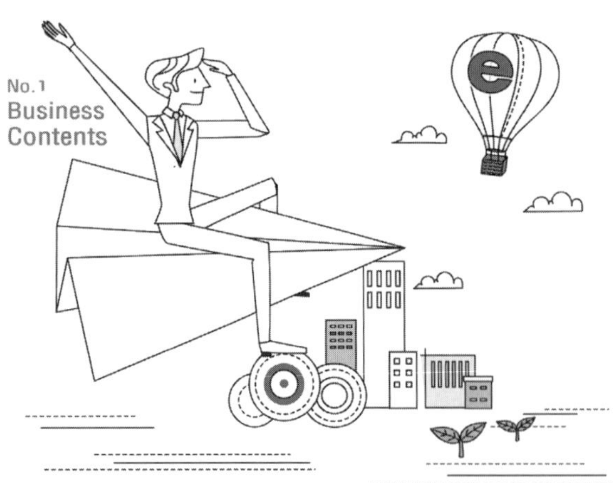

기본학습

13 타인을 위한 보험계약

1. 총설

타인을 위한 보험계약이라 함은 보험계약자가 타인을 보험의 수익자로 하고 그 타인을 위하여 자기명의로 체결하는 보험계약을 말한다. 즉 손해보험에 있어서는 피보험자가, 인보험에 있어서는 보험수익자가 보험계약자 이외의 타인인 경우를 말한다. 이에 대하여 보험계약자가 동시에 피보험자 또는 보험수익자인 경우를 자기를 위한 보험계약이라 한다. 또한 보험계약은 피보험자 또는 보험수익자를 특정하지 아니하고 체결할 수 있는데 이를 불특정타인을 위한 보험계약이라 한다.

타인을 위한 보험계약은 해상보험의 발달 시초부터 대리인 또는 중개인 등이 자신의 이름으로 상품소유자의 이익을 위하여 보험계약을 체결하였던 관행에서 유래하며 오늘날 해상보험을 비롯한 손해보험뿐만 아니라 인보험 등 각종 보험에서 널리 이용되고 있다. 예컨대 격지자 사이의 매매에서 매도인이 매수인을 위하여 운송중인 매매의 목적물에 대하여 운송보험계약을 체결한다거나, 아버지가 아들을 보험수익자로 하여 생명보험계약을 체결하는 것 등이다. 보험계약자의 고의 또는 과실로 인하여 피보험자가 입은 손해를 보상하여 줄 것을 목적으로 하는 보증보험계약도 타인을 위한 보험계약의 일종이다.

2. 타인을 위한 보험계약의 법적 성질

타인을 위한 보험계약은 그 계약의 당사자가 아닌 피보험자 또는 보험수익자가 보험계약상의 이익을 받고 나아가서 일정한 의무를 부담하게 되는데 그 법적 성질이 무엇이냐에 관하여는 논의가 있다. 이에는 크게 민법상의 대리관계로 보는 견해와 민법상 제3자를 위한 계약이라고 보는 견해로 나뉜다. 제3자를 위한 계약이라고 보는 견해는 다시 민법상 제3자를 위한 계약이라고 보는 견해와 상법상의 특수한 계약이라고 보는 견해로 나뉜다.

(1) 대리설

타인을 위한 보험계약의 법적 성질에 대하여 보험계약자는 그 타인의 대리인으로서 보험계약을 체결하는 것이라고 보는 설이다. 이 설은 보험계약자가 자기 명의로 보험계약을 체결하는 것이므로 보험계약자를 피보험자 또는 보험수익자의 대리인이라 할 수 없어 부당하다.

(2) 제3자를 위한 계약설

일반적으로 승인되고 있는 민법상의 제3자를 위한 계약이라고 해석하는 설로 통설적인 견해이다. 그러나 민법상 제3자를 위한 계약에서는 제3자가 수익의 의사표시를 하여야 비로소 제3자의 권리가 발생한다. 그러나 타인을 위한 보험계약에서는 이와 같은 수익의 의사표시를 요하지 아니하고 당연히 그 이익을 받는 점에서 다르다. 이러한 차이점 때문에 이를 상법상 특수한 보험계약이라고 하는 설이 있다. 그러나 보험계약의 성질상 타인을 위한 보험계약의 경우에는 수익자의 의사를 고려할 필요가 없다는 것이지, 이것을 이유로 제3자를 위한 계약임을 부정할 것은 아니다.

3. 성립요건

(1) 타인을 위한다는 의사표시

타인을 위한 보험계약이 유효하게 성립하기 위하여는 먼저 타인을 위한다는 의사표시가 있어야 한다. 그 의사표시는 명시적이든 묵시적이든 불문하며, 그 타인은 특정인이든 불특정인이든 상관없다. 다만 손해보험계약에 있어서 그 타인은 보험의 목적에 대한 피보험이익을 가진 자이어야 한다. 타인을 위한 계약을 체결한다는 의사가 명확하지 않은 경우에는 자기를 위한 보험계약으로 추정하게 될 것이다.

(2) 타인의 위임여부

타인을 위한 보험계약에 있어서 그 타인의 위임여부는 불문한다. 보험계약자는 그 타인의 대리인으로서가 아니라 자기의 이름으로 계약을 체결하는 것이므로 타인의 위임이 없어도 보험계약을 체결할 수 있다.

손해보험계약의 경우, 그 타인의 위임이 없는 때에는 보험계약자는 이를 보험자에게 고지하도록 하고 있으며 그 고지가 없는 경우 타인이 보험계약의 체결을 알지 못하였다는 것을 보험자에게 대항할 수 없다(상법 제639조 제1항). 따라서 그 보험계약의 체결을 알지 못한 타인이 알고 있었던 중요한 사항이 보험자에게 고지되지 않는 경우에는 고지의무위반으로 취급된다.

4. 계약의 효과

(1) 수익자의 지위

1) 수익자(피보험자, 보험수익자)의 권리

① 피보험자 또는 보험수익자는 보험자에 대하여 수익의 의사표시를 하지 아니하더라도 당연히 보험금청구권을 취득한다(상법 제639조 제2항). 그러나 이 경우 보험자는 보험계약자에 대한 사유(보험료부지급으로 인한 계약해지 등)로 피보험자 또는 보험수익자에게 대항할 수 있다.

② 손해보험계약의 경우에 보험계약자가 피보험자에게 보험사고의 발생으로 생긴 손해의 배상을 한 때에는 보험계약자는 피보험자의 권리를 해하지 않는 범위에서 보험자에게 보험금액의 지급을 청구할 수 있다(상법 제639조 제2항). 이 단서는 피보험자의 이중이득을 방지하기 위하여 개정상법에 의하여 신설된 것이다.

2) 수익자의 의무

① 피보험자 또는 보험수익자는 계약의 당사자가 아니므로 원칙적으로 보험료지급의무는 없다. 그러나 보험계약자가 파산선고를 받거나 보험료의 지급을 지체한때에는 피보험자 또는 보험수익자가 보험금청구권을 포기하지 않는 한 보험료지급의무를 부담한다(제2차적 보험료지급의무).

② 피보험자 또는 보험수익자는 계약의 당사자는 아니지만 보험계약자와 함께 사고발생의 통지의무(상법 제657조), 객관적 위험변경 · 증가의 통지의무(상법 제652조), 손해보험의 피보험자는 손해방지의무(상법 제680조) 등을 부담한다. 그리고 손해보험계약의 경우에 피보험자는 보험계약자와 함께 고지의무(상법 제651조), 위험증가의 통지의무(상법 제652조)를 부담한다.

(2) 보험계약자의 지위

1) 보험계약자의 권리

보험계약자는 보험계약의 당사자이므로 보험자에 대하여 보험계약상의 여러 가지 권리 · 의무를 가진다. 즉, 보험증권교부청구권(상법 제640조), 보험사고 발생전의 계약해지권(상법 제649조), 보험계약이 무효인 경우의 보험료반환청구권(상법 제648조), 초과보험의 경우의 보험료 감액청구권(상법 제669조 제1항), 보험료적립금 반환청구권(상법 제736조) 등을 가진다.

① 타인을 위한 보험의 경우에 보험사고 발생전의 계약해지를 함에 있어서는 보험계약자가 그 타인의 동의를 얻거나 보험증권을 소지한 때에만 해지를 할 수 있다(상법 제649조 제1항).

② 그리고 생명보험에 있어서는 보험계약자는 타인을 위한 보험계약의 경우에도 보험수익자의 지정 · 변경권을 가진다(상법 제733~제734조).

2) 보험계약자의 의무

보험계약자는 보험계약의 당사자로서 보험계약상의 모든 의무를 부담함은 당연하다. 즉 제1차적으로 보험료지급의무를 부담하며 고지의무(상법 제651조), 통지의무(상법 제651~제652조), 손해방지의무(상법 제680조) 등을 부담한다.

요약정리

13 타인(他人)을 위한 보험

1. 타인을 위한 보험계약의 기초

(1) 의의

타인을 위한 보험계약이라 함은 보험계약자가 특정 또는 불특정한 타인의 이익을 위하여 자기의 이름으로 체결한 보험계약을 이른다(상법 제639조). 즉 손해보험에 있어서는 피보험자(被保險者)가, 인보험에 있어서는 보험수익자(保險受益者)이외의 타인인 경우이고, 보험계약자가 동시에 피보험자 또는 보험수익자인 경우에는 이를 자기를 위한 보험계약이라 한다. 또 보험계약은 피보험자 또는 보험수익자를 특정하지 아니하고 체결할 수 있는데, 이것을 불특정인(不特定人)타인을 위한 보험계약이라 한다.

(2) 효용성(效用性)

타인을 위한 보험계약은 해상보험의 발달 시초부터 대리인 또는 중개인 등이 상품소유자의 이익을 위하여 보험계약을 체결하는 관행에서부터 유래하여 오늘날에는 C.I.F. 매매 뿐 아니라 각종의 보험분야에서 널리 이용되고 있다. 즉, 기업주가 피용자를 위하여 상해보험계약을 체결해준다든가, 아버지가 아들을 위하여 생명보험계약을 체결하는 것 등이 그 실례가 된다. 특히 이러한 유형의 계약의 근거로는 보험업법 제4조 괄호조항에서 보증보험계약의 기초를 마련하여 주고 있다.

2. 타인을 위한 보험계약의 법적 성질(性質)

(1) 서

타인을 위한 보험계약의 법적 성질에 대하여는 보험계약자가 직접 또는 간접으로 피보험자의 대리인으로서 계약을 체결한다는 대리설 또는 하나의 주선행위라고 보는 주선행위설 등이 있으나, 이것들은 오늘날에는 거의 인정되지 아니하므로 '제3자를 위한 계약설' 에 대해서만 살펴볼 필요가 있겠다.

(2) 대리설

타인을 위한 보험계약의 법적 성질에 대하여 보험계약자는 그 타인의 대리인으로서 보험계약을 체결하는 것이라고 보는 설이다. 이 설은 보험계약자가 자기 명의로 보험계약을 체결하는 것이므로 보험계약자를 피보험자 또는 보험수익자의 대리인이라 할 수 없어 부당하다.

(3) 제3자를 위한 계약설

이 학설은 피보험자 또는 계약관계에 있어서 당사자가 아니고 제3자이므로 민법상의 이른바 '제3자를 위한 계약' 이라고 한다. 그러나 다만 민법상의 제3자를 위한 계약에서는 제3자가 수익의 의사표시를 함으로써 비로소 제3자의 권리가 발생하는 것(민법 제539조 제2항)에 비해 타인을 위한 보험계약에서는 이와 같은 의사표시를 필요로 하지 않고 당연히 그 이익을 받는 점(상법 제639조 제2항)에서 차이가 있다. 이러한 차이로 인해 타인을 위한 보험계약은 보험법상의 특수한 일종의 계약이라고 보는 입장도 있으나, 그러한 차이는 보험계약의 성질상 인정된 특례라고 보는 것이 타당하다.

3. 계약체결의 요건

(1) 타인을 위한다는 의사표시

타인을 위한 보험계약을 체결할 때에는 먼저 타인을 위한 것이라는 의사표시가 있어야 한다. 그 의사표시는 명시적이든 묵시적이든 상관이 없고, 피보험자 또는 보험수익자가 누구인가를 반드시 특정하여야 하는 것도 아니다. 다만 그것이 타인을 위한 것인지 아닌지 분명하지 않으면 그 보험계약은 보험계약자 자신을 위한 보험이라고 보는 것으로 보아야 한다.

(2) 타인의 위임여부

타인의 위임에 의하여 하는 것은 요건이 아니다(상법 제639조 제1항 본문). 보험계약자가 위임을 받지 않고 타인을 위한 손해보험계약을 체결하는 경우에는 위임에 의한 것이 아님을 보험자에게 고지하지 않으면 그 타인이 그 보험계약이 체결된 사실을 알지 못하였다는 사유로 보험자에게 대항하지 못한다(상법 제639조 제1항 단서). 위 고지는 보험자로 하여금 피보험자에게 그 자를 위한 보험이 성립하였음을 알리는 기회를 주어 도박보험의 위험을 방지하는 동시에 그 타인으로 하여금 피보험자로서의 적정한 행위(예컨대, 통지의무나 손해방지의무)를 할 수 있게 하고자 하는 데 그 뜻이 있다.

보험계약자와 피보험자 또는 보험수익자의 관계는 위임 또는 사무관리 등 여러 가지 형태로 존재할 수 있으나, 각 경우에 따라 당사자의 구체적 의사를 해석하여 결정하여야 할 것이다. 따라서 이들의 내부관계는 보험자에 대한 법률관계에서는 아무런 상관도 없다.

4. 계약의 효과

(1) 서언

타인을 위한 보험계약의 효과로서 보험사고가 발생한 때에는 피보험자 또는 보험수익자는 보험자에게 당연히 손해보상 그 밖의 보험금급여청구권을 가진다. 즉, 이 경우에 보험계약자는 실질상의 이익을 가지지 아니하고, 제3자(손해보험에서 피보험자, 인보험에서 보험수익자)가 경제상의 수요의 충족을 받게 되므로 법은 제3자에게 권리를 귀속시키고 있는데, 손해보험과 인보험에 따라 약간의 차이를 볼 수 있다.

(2) 보험계약자의 지위(地位)

1) 권리(權利)

타인을 위한 보험계약의 성질상 보험계약자는 원칙적으로 보험금 그 밖의 급여청구권은 가지지 않으나, 보험계약자가 가지는 계약상의 부수적인 권리들, 예컨대, 보험증권교부청구권(상법 제640조), 보험료감액청구권(상법 제647조), 보험료반환청구권(상법 제648조), 보험계약해지권(상법 제649조) 등이 보험계약자에게 속한다. 다만 계약해지권은 성질상 보험계약자가 보험증권을 가지고 있지 아니하면 그 타인의 동의를 얻어서만 행사할 수 있다(상법 제649조 제 1항 단서, 민법 제541조 참조).

또 인보험의 경우에는 보험계약자는 보험수익자의 지정 · 변경권을 갖는다(상법 제733조, 제734조 참조). 타인을 위한 손해보험계약에서 피보험이익의 주체는 피보험자로서 보험금청구권은 피보험자의 몫이다. 그러나 타인을 위한 손해보험계약에 있어서는 보험계약자와 피보험자는 이해관계가 대립되는 것이 일반적이므로 이들의 이익조화를 꾀하기 위하여 보험계약자가 그 타인에게 보험사고의 발생으로 생긴 손해를 배상한 때에는 그 타인의 권리를 해하지 않는 범위내에서 보험계약자는 보험자에게 보험금액의 지급을 청구할 수 있도록 하고 있다(상법 제639조 제2항 단서).

2) 의무

보험계약자는 자기의 이름으로 계약을 체결하는 자이므로 보험료지급의무가 있음은 물론 고지의무(상법 제651조), 위험변경증가의 통지의무(상법 제652조), 위험유지의무(상법 제653조), 보험사고발생통지의무(상법 제657조) 등을 지고, 특히 손해보험에 있어서는 손해방지의무(상법 제680조)를 진다.

(3) 피보험자 · 보험수익자의 지위(地位)

1) 권리(權利)

피보험자 또는 보험수익자는 그 계약의 이익을 향수(享受)할 의사표시를 하지 아니하여도 당연히 그 계약의 이익을 받으므로(상법 제639조 제2항) 보험사고가 발생하면 직접 보험자에 대하여 보험금 및 그 밖의 기타급여를 청구할 수 있다. 그러나 이 경우에 보험자가 보험계약자와의 관계에 의한 모든 사유, 예컨대 보험계약자의 고지의무위반으로 인한 해지(상법 제651조), 면책사유(상법 제659조) 등은 피보험자 또는 보험수익자에게 대항할 수 있다. 특히 인보험에 있어서는 보험수익자의 지정 · 변경권이 보험계약자에게 있으므로(상법 제733조) 보험수익자의 권리는 그 한도 안에서 제한을 받는다.

2) 의무

피보험자 또는 보험수익자는 보험계약의 당사자가 아니므로 보험료지급의무는 없으나, 다만 보험계약자가 파산선고를 받거나 보험료의 지급을 지체한 때에는 그 계약상의 권리를 포기하지 않는 한 보험료를 지급하여야 한다(상법 제639조 제3항 단서). 이것은 보험계약이 특성상 계속성을 가진 데에서 보험자와 피보험자 또는 보험수익자의 이익을 고려하여 인정한 것이다. 따라서 피보험자 또는 보험수익자는 계약상의 수익자이므로 보험계약과 같이 법률의 규정에 의하여 위험변경증가의 통지의무(상법 제652조) 등의 일정한 의무를 지게 된다. 이러한 의무는 피보험자 또는 보험수익자의 지위에 수반하는 법정의무로 이해되며, 보험계약에 따르는 계약상의 의무로 해석할 수는 없다고 한다[79].

79) 박세민 「보험법」 박영사, 2011, 379면.

기본학습

14 피보험자의 법적 지위

1. 피보험자의 개념

손해보험에 있어서는 피보험이익의 주체로서 보험사고 발생시 보험금을 청구할 수 있는 자이다. 생명보험에 있어서 보험계약에 의하여 보험금을 지급받을 자로서 지정된 자를 이른다. 보험수익자를 지정·변경할 권한은 보험계약자에게 있다.

일반적으로 보험계약자와 피보험자는 일치하는 경우가 대부분이겠으나(자기를 위한 보험계약) 반드시 일치하는 것은 아니다. 따라서 보험계약자와 피보험자가 서로 다른 경우가 있는데 이를 타인을 위한 보험이라 한다. 이와 같이 타인을 위한 보험계약이 체결된 경우 그 타인이 피보험자가 되어 보험금청구권을 갖지만(상법 제639조 제2항), 타인인 피보험자는 보험계약이라는 법률행위에 있어서는 청약자도 또한 낙약자도 아니다. 즉 법률행위의 당사자가 아니기 때문에 보험계약상의 각종 권리와 의무는 가지지 않는다. 따라서 미경과보험료의 반환청구권(상법 제648조), 보험료 지급의무(상법 제650조) 등과 같이 계약상의 효과로서 생기는 권리와 의무는 물론이고, 보험계약의 해지권(상법 제649조)과 같은 계약자체의 처분권도 계약의 당사자인보험계약자가 행사하며, 피보험자는 권리가 없다.

이와 같이 타인을 위한 보험계약에서 피보험자는 보험계약의 당사자가 아니므로 보험계약상의 권리와 의무는 갖지 않지만, 보험계약자가 보험료 지급의무를 지체하여 보험계약의 해지사유가 될 경우(상법 제650조 제1항, 2항), 보험자는 피보험자인 그 타인에게도 상당한 기간을 정하여 보험료의 지급을 최고한 수가 아니면 보험계약을 해지 할 수 없다(상법 제650조)고 규정하고 있다. 즉 타인을 위한 보험계약의 경우 그 타인에게도 체납보험료를 납입할 수 있는 기회를 부여함으로서 그 타인을 보호하고 있다. 그러나 이 경우에도 피보험자인 타인은 보험계약이 해지되는 것을 감수한다면, 보험료 지급의무는 지지 않는 것이니 제2차적인 보험료지급의무밖에는 없다고 할 것이다. 그러나 고지의무나 위험의 변경·증가의 통지의무 등은 보험계약상의 진정한 의무가 아닌 간접의무로서, 피보험자야말로 위험사정을 가장 잘 알 수 있는 지위에 있다 할 것이다. 따라서 보험의 목적의 관리자라 할 수 있는 피보험자도 이들 의무를 부담함은 당연하다(상법 제652조).

한편 인보험에 있어서 피보험자란 손해보험의 경우와는 다른 의미로 쓰이는데 보험사고의 객체로서 생명이나 신체가 보험에 붙여지는 자연인을 말한다. 그러므로 인보험에 있어서 피보험자란 손해보험의 경우의 보험의 목적에 해당한다. 따라서 인보험의 피보험자는 위험사정에 관한 고지의무나 통지의무를 지는 외에는 보험자에 대하여 어떠한 권리도 갖고 있지 않다. 그리고 보험계약자와 피보험자가 일치하는 경우를 자기의 생명보험, 일치하지 않는 경우를 타인의 생명보험이라 하는데, 특히 타인의 생명보험의 경우에 보험계약이 도박으로 악용될 소지가 있으므로 영미의 경우에는 생명보험계약의 경우에도 피보험이익의 관념을 인정하고 있다. 우리나라의 경우에는 손해보험의 경우에만 피보험이익의 관념을 인정하고 있고 생명보험에서는 그 타인의 동의를 받도록 하여(상법 제731조) 제한을 가하고 있다(동의주의). 또한 15세미만자, 심신상실자, 심신박약자를 피보험자로 하는 사망보험, 혼합보험계약은 자기의 보험이든 타인의 보험이든, 또한 이들의 동의를 받았는지 받지 아니하였든 무효로 한다고 하여 이들을 보호하고 있다(상법 제732조).

요약정리

14 피보험자의 법적 지위

1. 총설

(1) 피보험자의 의의

보험계약법상 '피보험자' 라는 용어는 인보험과 손해보험에 따라 각기 다른 개념으로 사용되고 있다. 이 용어는 자주 혼동되므로 개념을 정확히 파악하여 쓰는 것이 의미가 크고, 이 문제는 보험계약의 효과로서 주어지는 보험계약자나 피보험자 등의 권리의무와 밀접하게 관련되는 것이기 때문이다.

1) 손해보험의 경우에, 피보험자는 피보험이익의 주체로서 보험사고의 발생시에 손해의 보상을 받을 권리를 가진 자를 이른다.

2) 인보험의 경우에, 피험자는 그 사람의 생명이나 신체에 관하여 보험이 붙여진 자, 즉 보험사고의 객체를 이른다.

3) 위와 같은 개념상의 혼란을 피하기 위하여서는 법전(法典)상 손해보험의 피보험자를 인보험의 경우와 같이 보험수익자라는 용어를 사용하는 것이 적절하다는 의견이다.

(2) 보험계약자와의 관계(關係)

1) 손해보험의 경우

손해보험에 있어서는 자기를 위한 보험계약이면 보험계약자와 피보험자가 동일인이고, 타인을 위한 보험계약인 경우에는 피보험자는 계약당사자가 아닌 제3자이다. 여기서 他人(타인)을 위한 損害保險契約(손해보험계약설)인 경우에는 보험계약자가 他人(타인)을 被保險者(피보험자)로 하여 그 他人(타인)을 위하여 自己(자기)의 이름으로 계약을 체결하는 것으로서, 보험계약자는 계약자로서 여러 가지의 권리와 의무를 가지나 그 계약의 이익, 즉 보험금지급청구권은 被保險者(피보험자)가 가진다(상법 제639조).

2) 인보험의 경우

인보험에 있어서는 자기의 생명이나 신체에 관한 보험인 경우에는 보험계약자와 피보험자가 동일인이고, 타인의 생명이나 신체에 관한 보험인 경우에는 보험계약자와 피보험자가 다르다. 따라서 자기의 생명보험과 타인의 생명보험이란 자기를 위한 생명보험 · 타인을 위한 생명보험과 전혀 다르게 구별되는 것이다. 그리하여 인보험에 있어서 보험계약자는 자기 이외의 자를 피보험자로 하여 보험계약을 체결하는 것은 무방하나, 다만 그것이 사망보험이나 혼합보험의 경우에는 보험계약의 체결 및 그에 의한 권리의 이전은 피보험자의 서면에 의한 동의를 요건으로 규정하고 있다(상법 제731조). 이 경우의 피보험자도 보험계약의 당사자가 아님은 물론이다.

3) 피보험자의 자격(資格)

손해보험의 경우에는 피보험이익의 주체이면 법인이든 자연인이든 누구나 피보험자가 될 수 있으나, 인보험의 경우에는 성질상 자연인에 한정됨은 물론이거니와 특히 사망보험의 경우에는 15세미만자, 심신상실자, 심신박약자는 피보험자가 될 수 없도록 규정하고 있다(상법 제732조).

2. 손해보험에 있어서의 피보험자의 지위

(1) 개관

손해보험에 있어서 피보험자는 보험금액의 청구권자로서 보험계약의 당사자인보험계약자와는 다르나 법은 아래와 같은 권리와 의무를 부여하고 있다.

(2) 권리

피보험자는 타인을 위한 보험계약인 경우에는 보험계약체결 당시 자기를 위한 것임을 알든지 모르든지, 또한 보험계약자에게 위임을 하였든 하지 않았든 당연히 그 계약의 이익을 받으므로(상법 제639조 제2항) 보험사고의 발생으로 인한 손해에 대하여 직접 그 보상청구권을 갖게 된다.

(3) 의무

1) 보험료지급의무

피보험자는 타인을 위한 보험계약으로 인하여 계약상의 이익을 받는 자이므로 원칙적으로 계약에서 나타나는 불리한 의무를 지지 않는다. 따라서 보험료의 지급의무는 보험계약자에게 있게 된다(상법 제639조 제3항). 그러나 보험계약자가 파산선고를 받거나 보험료의 지급을 지체한 때에는 보험계약상의 권리를 포기하지 않는 한 보험료는 끝까지 지급할 의무가 있다(상법 제639조 제3항 단서조항).

2) 고지의무

보험계약 체결당시에 고의 또는 중대한 과실로 인하여 중요한 사항을 고지하지 아니하거나 부실의 고지를 하지 아니할 의무를 지게 된다(상법 제651조). 이는 보험의 특성상 기술성에 의하여 보험자의 보험업운영에 대한 협조를 위하여 요구되는 것인데, 이 의무를 위반하면 계약해지의 불이익을 받게 된다. 그런데 우리 상법이 손해보험이나 인보험을 구별없이 그대로 피보험자로 함으로써 고지의무자로써는 손해보험의 피보험자가 포함되느냐의 문제가 남게 되었다. 그러나 이에 대해서는 피보험이익의 주체로서 적극적으로 해석하여 포함한다고 본다.

3) 통지의무

이 통지의무에는 두 가지 내용이 포함된다.

① 위험변경증가의 통지의무로서 피보험자는 보험기간 중에 사고발생의 위험이 현저하게 변경 또는 증가된 사실을 안 때에는 지체없이 보험자에게 통지하여야 할 의무를 지고, 이를 게을리하면 보험자가 그 사실을 안 때로부터 1월내에 당해 계약을 해지할 수 있다(상법 제652조). 이 통지의무의 법적 성질은 보험계약 성립 후에 생기는 것이므로 순수히 채무(債務)의 성질을 가진다는 견해와 피보험자로부터 위험변경과 증가의 통지를 받은 때에는 1월내에 보험료의 증액을 청구하거나 당해 계약을 해지할 수 있도록 하였다(상법 제652조 제2항).

② 보험사고발생통지의무로서 피보험자는 보험사고의 발생을 안 때에는 지체없이 보험자에게 통지하여야 할 의무를 부담하게 된다(상법 제657조). 이것은 피보험자는 보험계약의 당사자는 아니지만 피보험이익주체의의 향유자로서 보험의 객체에 대한 사항을 잘 파악할 수 있는 위치 및 지위에 있기 때문

이다. 이 의무는 보험자의 책임을 묻기 위한 전제조건인 동시에 보험자에 대한 진정한 의무이다. 피보험자가 그 통지의무를 게을리함으로써 손해가 증가된 때에는 보험자는 그 증가된 손해를 보상할 책임이 없다(상법 제657조 제2항).

4) 위험유지의무

보험기간 중에 피보험자는 보험자가 인수한 보험을 임의로 변경이나 증가시키지 아니하고 그대로 유지시켜야 할 이른바 위험유지의무가 부여된다. 그러므로 피보험자의 고의 또는 중대한 과실로 인하여 위험이 현저하게 변경 또는 증가한 경우에는 보험자는 그 사실을 안날로부터 보험료의 증액을 청구하거나 계약을 해지할 수 있도록 하고 있다(상법 제653조).

5) 손해방지의무

피보험자는 피보험이익의 주체로서 보험사고발생시에 적극적으로 손해의 방지와 경감을 위하여 노력하여야 한다(상법 제680조). 이는 보험의 원리상 보험자에 대한 신의성실의 원칙에 따른 요구와 공익상의 필요에 의하여 요구되어지는 것이다. 이 의무를 게을리 하면 확대된 손해와 피해에 대하여는 보험자는 보상책임을 지지 않게 되며, 이미 지급한 보험금에 대하여도 손해배상을 청구할 수 있게 된다.

3. 인보험에 있어서의 피보험자의 지위

(1) 총설(總說)

인보험에 있어서의 피보험자는 손해보험에 있어서의 피보험자와는 전혀 다르게 보험계약상의 수익자가 아니고 보험사고의 객체이다. 따라서 인보험에 있어서의 보험금액지급청구권자는 보험수익자이고, 피보험자가 보험계약자 자신인 경우도 있고, 보험수익자 또는 제3자인 경우도 있다.

(2) 권리(權利)

1) 타인의 생명보험계약의 경우

타인의 사망을 보험사고로 하는 보험계약에는 보험계약체결시에 피보험자의 서면에 의한 동의를 얻어야 하고(상법 제731조 제1항), 또 그 보험계약으로 인하여 발생한 권리를 피보험자가 아닌 자에게도 양도하는 경우에도 동의를 필요로 한다(상법 제731조 제2항). 따라서 보험계약자가 타인의 사망보험계약 체결 후 보험수익자를 지정 · 변경할 때에도 역시 그 피보험자의 동의가 있어야 하므로(상법 제734조 제2항) 사망보험계약의 경우 피보험자는 자기 이외의 제3자가 보험계약자와 보험수익자로 되어 있는 경우에 한하여 동의권을 가질 뿐이다. 이것은 타인의 생명보험을 무제한으로 인정할 경우 발생할 수 있는 여러 가지 도덕적 · 인위적사고 및 폐단을 방지하려는 데 그 목적이 있겠다.

2) 타인을 위한 생명보험계약의 경우

타인을 위한 생명보험계약에서는 보험계약자가 보험수익자의 지정 · 변경권을 가지는데(상법 제733조 제1항), 보험계약자가 그 지정 · 변경권을 행사하지 아니하고 사망한 경우에는 그 승계인이 그 권리를 행사할 수 있다는 약정이 없는 한, 피보험자가 보험수익자의 지위를 차지하여(상법 제733조 제2항), 보험수익자로서의 권리를 가지게 된다. 그리고 보험계약자가 보험수익자의 지정 · 변경권을 행사하기 전에 보험사고가 생긴 경우에는 피보험자의 상속인이 보험수익자로 된다(상법 제733조 제4항).

(3) 의무(義務)

피보험자는 손해보험의 피보험자와 같이 고지의무(상법 제651조), 통지의무(상법 제652조와 제657조)를 부담한다. 또한 고의 또는 중대한 과실로 인하여 보험사고를 일으키지 않을 의무를 지는 것은 당연하다(상법 제659조). 다만 사망 또는 상해보험의 경우에는 피보험자 등의 중대한 과실로 인하여 보험사고가 생긴 경우에도 보험자는 보험금액을 지급할 책임이 있음을 주의해야 한다(상법 제732조의 2와 제739조).

기본학습

15 손해보험계약

1. 의의

손해보험계약이라 함은 당사자의 일방이 약정한 보험료를 지급하고, 상대방이 보험의 목적에 대하여 생길 우연한 사고로 피보험자가 입은 재산상의 손해를 보상한 것을 약정함으로써 효력이 생기는 보험계약이다(상법 제638조, 제665조). 따라서 손해보험계약은 보험자가 보험사고로 인한 피보험자의 재산상의 손해를 보상할 책임을 지는 점에서 손해보상계약의 일종이다.

2. 손해보상의 원칙

(1) 의의

여기서 손해란 그것을 야기한 사고가 발생하기전의 이익상태와 사고가 이미 발생한 현재의 이익상태와의 차액을 말한다. 그리고 손해보상의 원칙이란 보험사고의 발생으로 보험자가 피보험자에게 지급하게 되는 보험금은 피보험자의 실제손해를 초과해서는 안된다는 손해보험의 중심적인 지도원리를 말한다. 만약 보험사고 발생한 후에 피보험자의 이익상태가 보험사고가 발생하기전의 이익상태보다 더 좋아진다면, 보험은 자칫 도박으로 악용될 수 있기 때문이다.

이것은 보험사고 발생 후의 피보험자의 이익상태가 보험사고가 발생하기 전의 이익상태보다 더 좋아지도록 보상하여서는 안된다는 이득금지의 원칙이나 보험사고로 보험자가 피보험자에게 지급하는 보험금은 사고전의 경제상태를 복구시키는 균형적인 것이어야 한다는 실손보상의 원칙이나 모두 같은 표현이다.

(2) 강행법적 원리로서 손해보상의 원칙

우리 상법상 손해보상의 원칙 내지는 이득금지의 원칙을 명문으로 규정하고 있지는 않다. 그러나 현행 상법의 피보험이익(상법 제668조), 시가보상의 원칙(상법 제676조), 중복보험(상법 제672조), 보험자 대위(상법 제681조, 제682조 참조) 등 제 규정으로부터 이러한 원칙을 추론할 수 있다. 화재보험을 예로 들어본다면, 가입자가 소유하는 건물이 시가 1억원이라고 한다면, 그 건물이 화재사고로 전소될 경우 건물자체에 관하여는 1억원의 손해가 발생하게 된다. 따라서 보험가입자에게 1억원의 손해액을 초과하는 보험금을 지급하는 보험계약을 체결하는 것은 원칙적으로 허용될 수 없다.

이러한 원칙은 강행법적으로 존재한다고 볼 것인가가 문제로 된다. 왜냐하면 오늘날의 보험거래의 실정을 보면, 가평가보험(상법 제670조)을 체결한 경우 비록 그 평가된 가액이 사고발생시의 가액을 초과하더라도 평가된 가액에 따라서 보상하거나, 기계보험에서는 목적물의 재조달가액을 보상하는 신가보험(상법 제 676조)이 영위되고 있기 때문이다.

이에 대하여 절대설은 손해보험계약의 본질적인 내용은 손해(실손해)의 보상에 있다고 한다. 이 설은 엄격하게 관철시킨다면, 재조달가액을 보험가액으로 하는 신가보험과 같은 것은 인정될 수 없다는 결론에 이르게 된다. 그러나 현재에는 엄격한 의미에서의 절대설을 주장하는 분은 없는 것 같다. 한편 상대설은 손해보험계약의 본질적 내용은 손해(실손해)의 보상에 있는 것이 아니고, 일종의 조건부 금전급부의 약속을 그 내용으로 한다고 해석한다. 그런데 보험계약은 사행계약성을 갖기 때문에 그로부터 발생할 수 있는 폐해나 남용의 위험을 회피하기 위한 공익적 · 정책적 요청에서 손해보상의 원칙 또는 이득금지의 원칙이 인정되는 것이라고 이해한다. 생각건대 보험계약이 보험사고로 말미암아 피보험자에게 어떠한 이득을 주려는 제도는 아니라고 할 것이며, 보험사고로 인한 경제적인 수요를 충족시켜 주기 위한 제도라는 점에서 볼 때, 손해보상의 원칙은 손해보험계약의 기본적인 요소라고 이해하여야 한다. 그렇다고 하더라도 보험정책상 필요한 경우에는 그 한도에서 예외도 인정될 수 있다고 보는 상대설이 보다 설득력이 있다.

(3) 손해배상과의 구별

손해보상의 개념과 구별하여야 할 것은 손해배상의 개념이다. 손해보상과 손해배상은 모두 사고전의 이익상태로 회복시켜 주려는 제도라는 점에서 유사하다. 그러나 손해보험에서 손해보상이라 함은 보험계약의 효과로서 피보험자가 보험가소로 재산상의 손해를 당한 경우에 보험자의 급부의무는 피보험자의 실손해만을 보상하여야 한다는 원칙이다. 이것은 위법행위의 결과를 제거하려는 것이 아니고 적법행위인 계약의 효과인 것이다. 반면 손해배상이란 채무불이행이나 불법행위에 있어서 위법행위의 결과를 야기한 배상의무자(위법행위자)와 피해자 사이의 이익을 조절하는 제도하는 점에서 본질적으로 다르다. 다시 말하면 손해보험은 적법행위(보험계약)의 효과로서 권리 · 의무가 발생하는데 반하여 손해배상은 위법행위(불법행위)의 결과로서 권리 · 의무가 발생하는 것이며, 전자의 손해는 피보험자의 손해가 기준이 되지만 후자는 배상의무자의 위법행위와 상당인과관계 있는 피해자의 손해가 그 기준이 되는 것이다.

기본학습

16 피보험이익

1. 총설

(1) 피보험이익의 개념

피보험이익이란 손해보험계약에 특유한 요소로서 피보험자가 보험의 목적에 대하여 가지는 경제적 이해관계라고 할 수 있다. 손해보험계약은 피보험자의 재산상의 손해를 보상하는 것을 목적으로 한다. 그러므로 손해의 전제로서 어떠한 이익이 필요한 데 이것을 피보험이익이라 한다. 피보험이익의 의의에 관하여는 보험사고가 발생하여 손해를 입게 되는 경우 피보험자와 그 보험의 목적과의 사이에 존재하는 손해를 입을 수 있는 관계라는 소위 관계설이 있다. 이에 대하여 피보험이익이란 보험사고가 발생하지 아니할 때 피보험자가 보험의 목적에 대하여 갖는 경제상의 이익이라는 이익설이 있는 데 양설은 이론구성에 차이가 있는 것이 아니라 표현상의 차이가 있을 뿐이고 결과와 실익에 있어서 차이는 없다.

(2) 보험의 목적과의 차이

피보험이익은 보험계약의 목적으로 보험의 목적과는 구별된다. 보험의 목적은 그것에 대하여 보험이 붙여지는 경제상의 재화를 말하는데 반하여 보험계약의 목적 즉, 피보험이익은 피보험자가 보험의 목적에 대하여 가지는 경제적 이해관계를 말한다. 따라서 피보험이익이 다르면 동일한 보험의 목적에 여러 가지의 보험계약이 성립할 수 있다.

(3) 피보험이익의 보험계약법상 지위

1) 절대설

손해보험계약의 본질을 손해보상계약으로 파악한다. 그러므로 피보험자에게 손해의 보상을 위한 전제로서 피보험이익은 손해보험계약에서의 불가결한 요소이며 손해보험계약의 유효한 존속을 위한 요건이라고 한다.

2) 상대설

손해보험계약의 본질을 금전급부계약으로 파악하고, 피보험이익은 다만 보험이 악용되는 것을 방지하기 위한 정책적 요소에 불과하다고 한다. 그리하여 현실의 손해는 보험자의 보험금지급책임의 상한을 정하는 본질적인 제약이라고 보는 절대설에 반대한다.

3) 검토

상대설은 손해보험계약실무를 피보험이익의 개념에 의한 구속으로부터 해방시키고, 새로운 사회적 수요에 응하는 새로운 보험상품을 개발하는데 공헌하는 바가 크다. 그러나 상대설은 보험자의 급부내용을 손해나 피보험이익으로부터 완전히 분리하는 것을 인정하는 것은 아니다. 즉 상대설도 피보험이익이 전연 존재하지 않는 경우, 그 손해보험계약은 무효라고 이해하는 것이다.

신가보험, 기평가보험, 초과보험 등은 모두 존재하지 않는 이익을 부보하는 보험이라는 점에서 절대설에 의하면 모두 무효라고 하여야 할 것이다. 상대설은 이것들이 유효하게 인정되는 이유를 설명하기 쉽다. 그러나 최근에는 절대설도 피보험이익의 개념을 완화하여 이해하고 있으므로 절대설과 상대설이 계약실무상의 운용에 커다란 차이가 있는 것은 아니다.

(4) 피보험이익의 요건

1) 경제성

피보험이익은 금전적으로 산정할 수 있는 이익이어야 한다(상법 제668조). 손해보험은 피보험자의 재산상의 손해를 보상할 것을 목적으로 하는 것이므로 손해액의 산정이 가능한 것이어야 한다. 만약 경제적으로 평가할 수 없는 이익의 부보를 허용한다면, 보험제도를 남용하여 실손해 이상의 보상을 받을 염려가 있기 때문이다. 그러나 그것이 경제적 이익이기만 하면 주관적인 것이든 객관적인 것이든 불문하며 반드시 법률상의 권리임을 요하지 않는다. 따라서 보험의 목적에 대하여 소유권, 전세권, 저당권 등 물권을 갖는 자나 임차권 등 채권을 갖는 자는 물론이고 보험의 목적을 사용, 처분할 수 있는 사실상의 관계에 있는 자도 그 각자의 이익을 보험에 붙일 수 있다(예, 민법 제201조의 타인의 물건의 점유자, 민법 제734조의 사무관리자).

2) 적법성

피보험이익은 선량한 풍속 기타 사회질서에 반하지 않는 적법한 것이어야 한다. 즉 탈세, 도박, 절도, 밀수 등에 의한 불법한 이익은 법의 보호를 받을 수 없으므로 피보험이익으로 할 수 없다. 이때 적법성의 여부는 객관적으로 판단하여야 하며 계약당사자 또는 피보험자의 주관과는 무관하므로 이들의 선의, 악의에 의하여 영향을 받지 않는다.

3) 확정가능성

피보험이익은 계약체결 당시에 확정되어 있어야 하는 것은 아니지만, 적어도 보험사고가 발생할 때까지는 확정할 수 있어야 한다. 확정할 수 없는 이익으로는 피보험자의 손해도 확정할 수 없으므로 손해에 대한 보상이 불가능하기 때문이다. 그러나 계약 성립 시에 피보험이익의 내용(종류, 가액, 귀속)이 모두 구체적으로 확정되어야 하는 것은 아니고, 보험사고가 발생한다면 그 내용을 확정할 수 있는 정도로 그 요소가 정하여져 있으면 된다.

(5) 피보험이익의 기능

1) 도박보험, 초과보험 등의 판정기준

보험계약은 피보험이익이라는 개념에 의하여 도박과 구별되며, 피보험자는 피보험이익에 대한 손해액 이상을 보상받을 수 없으므로, 인위적 위험의 조장과 초과보험, 중복보험의 폐해를 방지한다. 또한 피보험이익의 평가액인보험가액은 보험금액과의 관계에 의하여 초과보험, 중복보험 및 일부보험, 전부보험을 판정하는 기준이 된다.

2) 보험자의 책임범위 결정

보험자의 책임은 손해액을 초과할 수 없으므로(이득금지의 원칙) 피보험이익의 가액을 초과할 수 없다. 따라서 피보험이익은 보험자의 보상책임의 최고한도를 정하는 표준이 된다.

3) 보험계약의 개별화 기능

보험계약의 동일성을 구별하는 표준은 부보되는 재산 자체가 아니고 피보험이익이다. 따라서 동일한 보험의 목적에 대하여 피보험이익이 다르다면 각각 별개의 독립한 보험계약을 체결할 수 있다.

(6) 피보험이익의 평가

1) 의의

피보험이익의 금전적 평가액을 보험가액이라고 하는데, 이것은 보험사고발생시에 발생되는 보험자의 보상책임의 법률상 최고한도로서의 의미를 가진다. 그러므로 보험가액의 평가는 이득금지의 원칙과 관련하여 보험계약의 당사자간에 첨예한 이해관계를 가지므로 우리 상법은 그 평가에 관하여 다음과 같이 두 가지의 경우를 규정하고 있다.

2) 기평가보험

기평가보험이란 보험계약의 체결 당시 당사자간에 미리 보험가액에 대하여 합의가 이루어진 보험을 말한다. 계약당사자간의 합의로 미리 보험가액을 정하였다 하여 이를 협정보험가액이라고도 한다.

사고발생시에 손해액을 결정하기 위하여는 보험가액에 대한 평가가 선행되어야 한다. 그러나 이러한 가액의 평가가 쉬운 것이 아니어서 당사자 사이에 분쟁을 일으킬 우려가 많다. 그러므로 당사자 사이에 보험가액의 평가나 그에 대한 입증을 둘러싼 분쟁을 방지하기 위하여 기평가보험이 이용된다.

우리 상법도 당사자간에 보험가액을 정한 때에는 그 가액을 사고발생시의 가액으로 정한 것으로 추정한다고 하고 있다(상법 제670조). 그러나 비록 당사자간에 보험가액에 대한 합의가 있었다고 하더라도 그것이 사고발생시의 보험가액을 현저히 초과하는 경우에까지 그것을 손해액산정의 기초로 한다면 실손해액 이상의 보상이 이루어지게 된다. 이것은 이득금지의 원칙에 반하므로 상법은 그 가액이 사고발생시의 가액을 현저히 초과할 때에는 사고발생시의 가액을 보험가액으로 한다고 하였다(상법 제670조). 그러나 그것이 현저하게 초과하지 않을 때에는 보험가액협정의 취지에 따라 당사자를 구속하는 효력을 갖는다.

3) 미평가보험

미평가보험이란 보험계약의 체결 당시 당사자간에 보험가액에 대하여 아무런 평가를 하지 아니한 보험을 말한다. 이러한 미평가보험에 있어서는 당사자간에 보험가액에 대한 아무런 협정이 없기 때문에 피보험이익에 대한 평가의 때와 장소 나아가서 그 평가기준을 어떻게 정할 것인가 하는 문제가 생기게 된다. 우리 상법은 미평가보험의 경우 원칙적으로 사고 발생시의 가액을 보험가액으로 한다고 정하고 있다(상법 제671조). 상법은 평가의 시기만을 정하고 있어서 평가의 장소 등이 문제될 수 있으나, 이는 사고 발생시의 장소에 있어서 사회통념에 따른 가액을 표준으로 한다고 해석한다. 그런데 운송보험이나 해상보험 등과 같이 보험의 목적이 광범위하게 이동하는 보험에 있어서는 보험기간이 비교적 단기이고, 그 기간에 보험가액의 변동이 크지 않기 때문에 평가가 용이한 시점에서의 보험가액을 전 보험기간에 걸치는 고정적인 것으로 취급하는 방법을 취하고 있다(상법 제689조, 제 691조 내지 제698조). 이를 보험가액불변경주의라 한다.

4) 신가보험

신가보험이란 보험사고의 발생으로 인한 실손해를 보상하는 것이 아니라 재조달가액을 보상하는 것을 내용으로 하는 보험이다. 물가상승 등으로 보험급여의 실제적 가치가 원상회복에 미흡함을 고려하여 일정한 제한하에 주택이나 기계의 화재보험에 있어서 보험 목적의 조달단가액을 보상하는 방식이다. 상법 제676조 제1항 단서 특약에 따른 신품가액에 의하여 손해액을 산정할 수 있도록하고 있다.

① 신가보험의 피보험이익

ⅰ. 적법성 : 과거 신가보험이 손해보험의 기본원칙에 반하는 것으로 그 효력이 부인된 적도 있다. 실손보상원칙을 엄격히 적용하고, 피보험자에 대해서 멸실 · 훼손된 목적물의 시가를 초과하여 보상하

는 신가보험은 부적법하다는 판단 때문이었다. 그러나 피보험이익 개념을 형식적.경직적으로 파악할 것은 아니고, 탄력적으로 이해하여야 하며, 재조달가액의 보상에 대한 기업 · 개인의 강한 요청이 타당성이 있으므로, 오늘날 대부분의 국가에서 적법성이 인정되고 있다.

ⅱ. 근거 : 다만 그 적법성을 인정함에 있어서 그 피보험이익을 어떻게 설명할 것인지가 문제된다. 우리나라에서는 이 점을 논하시는 분이 적으나, 일본에서는 3가지 학설이 있다. 첫째, 물건의 소유이익을 피보험이익으로 보아, 신가보험특약의 인정근거를 사용재의 평가의 곤란에서 찾고, 또한 종래의 보험가액산정방법의 비합리성의 시정에서 구하여 재조달가격에 따르는 물건이익을 인정하는 견해가 있다. 둘째, 신가보험은 순수한 물건보험이 아니고, 보험사고가 발생한 경우 시가의 새로운 가격과의 사이에 차액이 생기는 데서 피보험자가 부담하게 될 비용을 전보하는 보험으로 이해하는 견해가 있다. 셋째, 혼합이익설은 두 가지 학설이 절충적 입장에서, 시가에 관해서는 물건보험인 적극보험과 신 · 구차액에 관해서는 비용보험이라는 소극보험이 결합된 보험으로 해석한다. 이 견해가 현재 통설이다.

신가보험은 이득금지원칙의 예외이지만, 이는 피보험자로 하여금 이득케 하려는 것은 아니고, 사고로 인한 경제적 수요를 실질적으로 충족시시려는 목적에서 보험정책상 허용하는 것이다[80].

요약정리

16 피보험이익(被保險利益)

1. 총설(總說)

(1) 의의

보험계약의 체결은 우연한 사고의 발생에 대비하여 경제적 불안을 제거하려는데 그 목적이 있으며, 피보험이익은 적어도 손해보험계약의 중심요소를 이루고 있다. 이는 단적으로 '이익(利益)없으면, 보험(保險)도 없다(Ohne Interesse keine Versicherung)' 라는 말이 표현하기도 한다. 그리하여 이 피보험이익의 관념은 사행계약으로서의 보험계약을 도박 등과 차별화하는 데 결정적인 의미를 갖는다. 그러

80)양승규, 보험법, 191-192면

나 상법에서는 피보험이익의 용어를 '보험계약의 목적' 이라고 사용하고 있어서, 그에 대한 해석이 다양하게 나뉘고 있다. 따라서 독일의 König은 피보험이익개념 무용론(無用論)을 펴기도 하나, 손해보험계약의 불가결한 요소로서가 아니더라도 보험계약이 갖는 공서양속성(公序良俗性)의 징표로서 상대적인 의미를 가질 뿐이라는 견해도 있다.

(2) 피보험이익의 개념

피보험이익의 개념을 어떻게 구성하느냐는 학설이 다양하다.

1) 관계설(關係說)

이 견해는 피보험이익(被保險利益)이라는 것은 '피보험자가 보험사고가 발생하면 손해를 받게 될 우려가 있는 이익관계' 이라고 하는데, 이것은 이익의 설명함에 있어서, 손해의 개념을 전제로 하므로 결국 순환론법적인 설명이라는 비판을 받기도 한다.

2) 이익설(利益說)

이 견해는 피보험이익을 '보험사고가 발생하지 않았으면 피보험자가 갖게 되는 이익(利益) 또는 가치(價値)라고 보고, 따라서 피보험이익은 객관적으로는 사고가 생기지 않는 경우에 그 재화의 속성(屬性)으로서의 이익이고, 주관적으로는 구체적인 재화(財貨)의 가치' 라 한다. 그러나 이 견해도 그 표현방식이 다를 뿐 순환론법(循環論法)이라는 점에서 관계설과 차이가 없다는 비판을 받는다.

3) 소결

결국 어떠한 견해를 취하든 그 결과와 실익에서는 차이가 없고, 피보험이익의 요건을 명확히 하면 개념정의는 충분하므로 피보험이익은 '보험의 목적에 대하여 보험사고와 관련하여 피보험자가 가지는 경제적 이익관계' 로써 정리하고자 한다.

(3) 보험의 목적과의 구별

피보험이익은 상법상 보험계약의 목적이라고 사용되고 있다(상법 제668조). 이는 보험의 목적이라는 용어와 구별되는 개념으로 상법 제666조 제1호, 제675조, 제678조, 제679조 등에서 알 수 있다. 즉, 보험의 목적은 보험계약의 대상인 재화를 의미하고, 보험계약의 목적은 그것 자체가 가지고 있는 이익을 말한다. 따라서 피보험이익이 다르면 동일한 목적에 대한 보험계약이라도 별개의 보험계약으로 된다.[81]

---

81) 예컨대, 화물을 송하인이 운송보험에 붙이는 경우와 운송인이 보험에 붙이는 경우에 있어서는 보험의 목적은 동일한 운송물건이지만 피보험이익은 송하인의 경우에는 소유권자로서의 이익이고, 운송인의 경우에는 배상책임의 불발생이라는 소극적 이익이라는 점에서 차이가 있다.

(4) 인보험에 있어서의 피보험이익개념

피보험이익은 원래 손해보험의 중심적 요소로서 인보험에서는 이를 인정하기가 어려웠고, 이는 우리나라와 독일이나 일본의 통설이나 최근 인보험에서도 보험사고로 인한 경제적 수요에 대비하는 것이고, 타인의 생명보험(상법 제731조)과 같은 경우에는 보험의 도박화의 폐해나 인위적 보험사고의 유발이라는 우려도 있기 때문에 피보험이익의 관념을 인정하여야 한다는 견해가 지배적이다[82].

2. 피보험이익의 요건(要件)

(1) 적법한 이익

이러한 요건은 당연한 것으로서 탈세 · 절도 ·도박으로 인하여 받을 이익과 같이 불법한 것이라든가 선량한 풍속 기타 사회질서에 반하는 서적 등에 관한 이익은 피보험이익으로 될 수 없다. 이 적법성에 대한 판단은 객관적인 문제로서 당사자 또는 피보험자의 선의이든 악의이든 간에 영향을 받지 않는다. 또 피보험이익의 적법성은 이익주체의 신분이나 능력과 같은 인적 상태와는 전혀 관계가 없다. 그래서 피보험자가 전쟁과 같은 경우에 비록 적군이 된다고 하더라도 사법관계에 속하는 범위내에서는 보험계약관계의 효력에는 영향을 미치지 않게 된다.

(2) 경제적 이익

피보험이익은 금전으로 산정할 수 있는 것이어야 한다(상법 제668조). 즉, 경제적인 이익을 가진 것이어야 하며, 이 이익은 주관적이든 객관적이든 관계가 없고, 적극적이든 소극적이건 간에 아무런 상관이 없다. 따라서 단순히 어느 특정인에 한하는 감정이익이나 기호이익은 피보험이익으로 할 수 없으나 반드시 법률상의 관계 또는 권리인 것을 필요로 하지는 않는다. 그리하여 피보험이익이 경제적 이익을 요건으로 하는 것은 이것이 금전으로 산정할 수 없는 한 그 소극적인 반면인 손해의 산정은 사실상 불가능하고, 또 이러한 피보험이익을 인정한다면 피보험자는 보험을 악용하여 실손해(實損害) 이상의 손해배상을 받을 염려가 있기 때문이다.

(3) 확정적 이익

어느 경우나 피보험이익은 계약체결 당시에 그 존재 및 소속이 확정되어 있거나 또는 적어도 사고발생시까지에는 확정할 수 있는 것이어야 한다. 그 이유로는 이익이 확정되지 않으면 손해를 확정하지 못하므로 보험자는 보상을 할 수 없게 되기 때문이다. 그리하여 여기에 이익은 현존하는 확정이익에 한정되

82) 영미국가에서는 이것이 오히려 다수설이다.

지 않고, 미필적(未必的)인 이익이나 조건부이익 등도 보험계약의 목적으로 할 수 있고, 장래의 기업에서 생기는 이익 그밖에 전혀 장래에 속하는 이익이라도 관계가 없다고 본다. 그 실례로는 포괄보험(상법 제687조), 희망이익보험(상법 제689조 제2항, 제698조) 등이 있고, 소송진행 중과 같이, 그 이익의 귀속이 불확정한 경우라든가 선택적 관계에 있는 수 개의 이익에 대하여 그 주체가 미확정이라도 보험계약의 목적으로 할 수 있으나, 사고발생시까지는 산정(算定)할 수 있어야 하는 것은 당연하다.

3. 피보험이익개념의 효용성(效用性)

(1) 보험자의 책임범위를 결정기준

손해보험은 피보험이익에서 생긴 손해를 보상할 것을 목적으로 하므로 보험자의 급여책임의 최고한도액은 이 피보험이익의 가액을 기준으로 하여서 결정한다.

(2) 도박보험과 초과보험 등의 방지기준

물건보험은 피보험이익을 전제로 하고, 또한 이익획득의 수단이 아니므로 도박성을 배제하고, 초과보험, 중복보험 등의 인위적 위험을 방지하는 기준이 된다.

(3) 인위적 위험의 방지수단

보험사고가 발생하여도 피보험자는 피보험이익의 평가액을 한도로 하여 보상을 받게 되므로 인위적 도덕적 해이를 저지하게 된다.

(4) 보험계약의 동일성을 분별기준

동일인 또는 다수인은 동일한 보험의 목적에 관하여서도 수 개의 피보험이익을 가지게 되므로 그에 따른 각각의 독립한 보험계약을 체결할 수 있다.

4. 피보험이익의 평가(平價)

(1) 개괄

물건보험계약은 보험사고로 인한 피보험이익상의 손해를 보상하는 것을 목적으로 하므로 피보험이익의 평가를 정확하게 할 필요가 있다. 그리하여 피보험이익을 금전적으로 평가한 금액을 '보험가액(保險價額)' 이라 하는데, 우리 상법규정은 그 피보험이익의 평가에 대하여 아래와 같은 두 가지의 경우로 나누고 있다.

(2) 기평가보험(旣評價保險)의 경우

보험계약당사자 사이에 보험가액을 협정한 보험계약을 '기평가보험' 이라 하고, 이 경우에는 보험가액은 사고발생시의 가액으로 정한 것으로 추정(推定)하고 그 가액이 사고발생시의 가액을 현저하게 초과할 때에는 사고발생시의 가액을 보험가액으로 하도록 하고 있다(상법 제670조). 그러나 이러한 기평가보험이 인정되는 이유는 보험사고발생이 그 피보험이익의 평가를 둘러싸고 일어날 수 있는 분쟁을 방지하는 데 있기 때문에 보험가액의 협정이 사기나 고지의무위반 등에 의하지 아니하고 공정하게 이루어지는 한 확정적인 효력을 인정하는 것이 정당하다고 생각된다.

(3) 미평가보험(未評價保險)의 경우

보험계약당사자 사이에 정하지 아니한 미평가 보험의 경우에는 사고발생시의 가액을 보험가액으로 하도록 규정하고 있다(상법 제671조). 그러나 일반적으로 보험기간이 짧고 손해발생의 시간과 장소를 결정하기 어려운 보험, 예컨대 운송보험이나 해상보험의 경우에 있어서는 평가가 쉬운 시점의 가액을 기준으로 하여서 이를 전 보험기간을 통하는 보험가액으로 하는 것이 있다(상법 제689조, 제696조에서 제698조까지). 이것을 이른바 보험가액불변경주의(保險價額不變更主義)라 부른다.

(4) 신가보험

신가보험이란 보험사고의 발생으로 인한 실 손해(실제발생한손해)를 보상하는 것이 아니라 재조달가액(대체가격)을 보상하는 것을 내용으로 하는 보험이다. 예컨대 화재보험의 경우 보험사고가 발생하면 보험자는 이득금지의 원칙에 따라서 감가상각액을 공제한 시가로 보상하여야 한다. 그러나 피보험자가 종전의 건물을 새로 재건축하기 위해서는 시가에 의한 보험금의 지급으로는 부족하고 그 부족액을 피보험자가 부담하여야 한다. 이러한 경우 그 재조달가액을 보험가액으로 하는 것이 신가보험이다.

우리 상법은 제676조 제1항 단서에 신가보험을 명문으로 인정하고 있다. 신가보험은 보험사고 발생시의 가액을 보험가액으로 하지 않고, 물건의 재조달가액을 보험가액으로 정하는 것이므로 이득금지 원칙과 관련하여 그 위반여부가 문제된다. 그러나 신가보험은 보험에 의하여 피보험자에게 경제상의 이득을 얻게 하려는 것이 아니고, 보험의 목적의 일정한 상태를 유지하게 하여 계속적인 사용을 가능하게 하고자 하는 것이므로 이득금지원칙에 반하지 않는다. 그러나 피보험자가 보험의 목적에 대한 재축이나 수리를 하지 아니하고 재조달 가액을 요구할 수 있다. 이럴 경우 신가보험이 도박에 이용될 수도 있으므로, 이러한 잠재적인 도덕적 위험(Moral Hazard)을 배제하기 위하여 보험자는 여러 가지의 제한을 가하고 있다.

(5) 초신가보험

1) 의의

신가보험이 보험의 목적과 동일한 종류, 동일한 성능의 신품의 조달을 목적으로 하는 데 반해서, 초신가보험은 보다 「높은」 수준의 성능, 따라서 보다 값비싼 신품의 조달을 목적으로 하는 점에 있다. 이러한 종류의 보험의 필요성은 특히 컴퓨터 등 첨단기기에서 강조되고 있으며, 미국에서는 대부분 신형 고성능기기 조달가격보험으로서(Functional Replacement Cost Basis Policy) 대용량컴퓨터에 관해서 실시되고 있다.

이러한 컴퓨터는 통상의 기계와 달리 기술진보의 속도가 급격하여, 특정모델의 수명이 매우 짧으며, 구모델의 단종이 쉽게 이루어지므로, 사고발생시 대부분 생산이 중단된 구형과 동일한 종류의 컴퓨터를 재조달하는 것이 의미가 없을 뿐만 아니라 불가능하기 때문이다. 초신가보험의 적법성에 관해서는 이론상 논란의 소지가 없지 않다.

2) 필요성

다만 기업실무에서는 고가이면서 노후화속도가 빠른 대형컴퓨터는 이용자가 소유하는 방식이 아니라 대부분 리스(lease)방식에 의하고 있다. 리스회사도 신형 컴퓨터의 출현을 예측하여 장기적인 구입계획을 수립하여 그 매입비용에 합당한 리스료를 리스이용자로부터 받으며 충분하고 자금운용에도 무리가 없으므로, 별도로 고성능기기조달을 위해서 더 비싼 보험료를 내고 초신가보험의 보험금에 의존할 필요가 없다. 즉 리스업자로서는 리스목적물의 손해시, 수리 가능한 상태에서는 수리비, 수리불가능한 상태에서는 목적물의 시가를 기준으로 보험금을 취득하면 충분하다. 따라서 실제적으로도 초신가보험의 필요성은 크지 않을 것이다[83].

83) 김성태, 보험법강론, 422면

17 기본학습 보험금액과 보험가액의 관계

1. 서언

보험금액이란 보험사고가 발생하였을 때 보험자가 지급하기로 약정한 보상최고한도액을 말하며, 보험가액이란 피보험이익의 금전적 평가액으로서 법률상의 보상 최고한도액이다. 여기서 보험금액은 손해보험과 인보험에 있어서 공통적인 개념이나, 보험가액은 손해보험에 있어서의 특유한 개념이라고 보는 것이 통설이다. 그리하여 인보험에 있어서는 보험가액의 관념을 인정하지 않는다. 당사자사이에 보험가액에 대한 협정의 유무에 관계없이 보험가액과 보험금액은 반드시 일치하는 것은 아니다. 이 양자의 불일치는 초과보험, 중복보험, 일부보험 등의 문제를 생기게 한다. 보험금액과 보험가액이 불일치하는 경우 중 특히 초과보험이나 중복보험의 경우에는 피보험이익이 존재하지 않는 부분에 대하여 보험보호를 요청하는 것이고, 이에 대하여 보상을 받는다면 보험으로 부당한 이익을 얻게 된다. 이는 손해보험의 실손보상원칙에 반할 뿐만 아니라 도덕적 위험의 폐해가 생길 우려가 있다. 여기서 우리상법은 보험금액과 보험가액이 불일치 하는 경우에 대하여 특별한 규제를 가하고 있다.

2. 초과보험

(1) 의의

보험금액은 보험가액과 일치할 것이 기대되지만 보험금액은 당사자가 임의로 정할 수 있는 것이므로 객관적인보험가액을 초과하는 경우가 있다. 이와 같이 보험금액이 보험가액을 현저하게 초과하는 경우를 초과보험이라 한다. 초과보험은 계약체결 당시부터 당사자에 의하여 보험금액이 보험가액 이상으로 정하여진 경우(상법 제669조 제2항)와 보험계약체결 당시에는 보험금액과 보험가액이 일치하는 전부보험이거나 또는 일부보험이었는데 사후에 자연소모, 물가하락 등으로 보험가액이 보험금액 이하로 하락하여 생기는 경우도 있다(상법 제669조 제3항).

(2) 초과보험의 요건

1) 보험금액이 보험가액을 현저하게 초과할 것

초과보험이 되려면 보험금액이 보험가액을 현저하게 초과하여야 하는데 여기서 현저하게 초과하였느냐의 여부는 거래의 관념에 따라 결정하여야 할 사실문제이다.

2) 보험가액의 산정기준

보험가액의 산정기준은 보험계약 당시의 가액에 의한다(상법 제669조 제2항). 초과보험에 있어서는 그것이 사기적으로 악용될 가능성이 있으므로, 당사자가 계약당시에 보험가액을 초과하여 계약을 체결한 경우가 문제되는 것이다. 이처럼 사기적으로 악용될 가능성이 없는 일부보험의 경우에는 사고발생시의 가액을 기준으로 하는 점과 다르다. 그러나 물가의 하락으로 사후에 초과보험이 된 때에는 그때의 가액을 기준으로 하여야 한다(상법 제669조 제3항).

(3) 초과보험의 효과

1) 주관주의

우리상법은 초과보험의 경우 이를 의도적인 경우와 비의도적인 경우로 구별하여 그 효과를 다르게 규정하고 있다.

2) 보험계약자의 사기로 인한 경우

보험계약이 보험계약자의 사기로 인한 경우에 보험계약은 초과부분 뿐만 아니라 계약전체가 무효이며 보험자는 그 사실을 안 때까지의 보험료를 청구할 수 있다(상법 제669조). 이것은 악의의 보험계약자에 대한 제재적인 의미를 갖는다. 그러므로 이 규정은 사기에 의한 의사표시를 취소할 수 있게 한 민법의 일반원칙에 대한 예외가 된다(민법 제110조).

3) 당사자가 선의인 경우

당사자가 선의인 때에는 보험자 또는 보험계약자는 보험료와 보험금액의 감액을 청구할 수 있다. 그러나 보험료의 감액은 장래에 대하여만 그 효력이 있다(상법 제669조 제1항). 이러한 당사자의 감액청구권은 형성권이며 감액청구의 의사표시가 상대방에게 도달한 때에 보험금액과 보험료는 당연히 감액된다.

3. 중복보험

(1) 의의

중복보험은 초과보험의 특별한 경우로서 동일한 피보험자가 동일한 피보험이익에 대하여 보험사고와 보험기간을 공통으로 하는 수개의 보험계약을 수인의 보험자와 체결하여 그 보험금액의 총액이 보험가액을 초과하는 경우를 말한다.

수개의 보험계약이 동시에 체결된 경우를 동시중복보험, 순차로 체결된 경우를 이시중복보험이라 한다. 그러나 우리 상법은 동시중복보험의 경우와 이시중복보험의 경우를 구별하고 있지 않으므로 구별의 실익은 없다. 이러한 초과중복보험은 보험계약자가 이를 악용할 우려가 있으므로 상법은 특별한 규제를 가하고 있다.

동일한 보험의 목적에 대하여 피보험이익, 보험사고 및 보험기간이 공통되는 수개의 보험계약이 병존하더라도 그 보험금액의 총액이 보험가액에 미달하는 때에는 넓은 의미의 중복보험이라 할 수 있으나, 이 경우에는 일부보험의 병존에 불과하므로 일부보험에 관한 규정이 적용된다.

(2) 발생원인

중복보험은 보험의 목적이 고가물인 경우나 보험자의 지급능력이 의심스러운 경우와 같이 의도적으로 중복보험계약을 체결하는 경우도 있다. 또 매매의 목적물에 대하여 매도인과 매수인간의 연락이 안되어 중복으로 운송보험계약을 체결하는 경우도 있다. 여기서 문제가 되는 것은 사기의 의사로 중복보험계약을 체결하여 보험을 악용하려는 경우이다.

(3) 중복보험의 요건

중복보험이 되려면 ① 동일한 피보험이익에 대한 것일 것 ② 보험사고가 동일할 것 ③ 보험기간이 동일 또는 중복할 것 ④ 수개의 보험계약을 수인의 보험자와 체결할 것 ⑤ 보험금액의 총액이 보험가액을 초과할 것 등의 요건이 모두 갖추어져야 한다.

(4) 중복보험의 효과

1) 보험자의 책임

우리 상법은 중복보험의 경우에 동시와 이시를 구별하지 않고 초과보험과 같이 주관주의를 채택하여 보험계약자에게 사기의 의사가 있느냐 없느냐에 따라 효과를 다르게 하고 있다.

즉 사기의 경우에는 모든 보험계약을 무효로 하고, 사기의 의사가 없는 경우에는 비례보상주의에 연대책임주의를 가미하고 있다(절충주의).

① 보험계약자가 선의인 경우

보험자는 각자의 보험금액의 비율에 따라 보험금액의 한도에서 보상책임을 지고 각각의 보험자는 각자의 보험금액의 한도에서 연대책임을 진다(상법 제672조 제1항).

이것은 각각의 보험자는 손해액의 분담에 있어서는 각자의 인수한 보험금액의 비율에 따라 비례보상하도록 하여 손해보상의 원칙을 정하고 있는 것이다. 그러므로 피보험자는 보험가액을 초과하는 보험금액에 대하여 보험료를 부담하였지만, 각각의 보험자로부터 보상받을 수 있는 보험금의 총액은 보험가액을 넘지 못하게 된다.

또한 각각의 보험자는 각자의 인수한 보험금액의 한도에서 연대채무를 지도록 하여, 피보험자의 보험금청구권에 관하여는 담보력을 강화시켜 주고 있다.

② 보험계약자의 사기로 인한 중복보험

중복보험이 보험계약자의 사기로 인하여 생긴 때에는 그 계약의 전부를 무효로 하며 무효가 되더라도 보험자는 중복보험임을 안 때까지의 보험료를 청구할 수 있다. 이는 초과보험의 효과에서와 같이 제재적인 의미이다.

2) 통지의무

중복보험의 경우에 보험계약자는 각 보험자에 대하여 각 보험계약의 내용을 통지하여야 한다(상법 제672조 제2항). 이것은 각 보험자의 보상책임이 각자의 보험금액의 한도에서 연대책임을 지지만 또한 수인의 보험자사이에는 그 내부적인 부담부분이 각각의 보험금액에 비례하므로 둔 규정이다.

상법은 통지의무를 위반한 경우의 효과에 대하여는 규정하고 있지 않다. 그러나 보험계약자가 다른 보험계약을 숨기기 위하여 이 통지의무를 위반한 경우에는 사기로 인한 보험계약으로 보아 모든 보험계약이 무효라고 풀이하고, 정당한 사유 없이 이를 게을리 한 때에는 사기의 추정을 받는다고 할 것이다(상법 제672조 제3항, 제669조 제4항). 보험약관에서는 보험계약자가 이를 위반한 때에 보험자의 해지권을 인정하는 것이 보통이다.

3) 보험자 1인에 대한 권리의 포기

수인의 보험자중의 1인에 대한 권리의 포기는 다른 보험자의 권리 · 의무에 영향을 미치지 아니한다(상법 제673조). 이것은 중복보험에 있어서 각 보험자는 자기의 부담부분에 한하여만 지급의무를 부담하는데, 보험계약자가 특정보험자와 통모하여 다른 보험자의 이익을 해할 수 있기 때문에 둔 규정이다.

(5) 보험약관상의 타보험조항

각종의 보험약관에는 동일한 보험의 목적을 담보하는 유효한 보험계약이 2개 이상 존재하는 경우 다른 보험과는 손해액을 분담하는 방법에 관하여 규정하고 있는데 이를 타보험조항(other insurance clause)이라 한다. 중복보험에 관한 상법의 입법취지가 실손해를 보상하여 이득을 금지하고자 하는 것이므로, 같은 취지로 대부분의 손해보험약관에는 이 타보험조항을 두고 있다. 그 분담 방식으로는 상법의 비례주의를 원용한 비례조항도 있지만, 상법과는 달리 규정한 독립책임액비례조항, 초과액조항 등도 있다. 그리고 약관에는 다른 보험계약의 체결유무를 고지의무 및 통지의무사항으로 규정하고 있다. 타보험계약이 체결되어 있다는 사실이 보험사고의 발생율에 차이를 야기한다거나 위험율의 측정에 관계있다고 말할 수는 없다. 그러나 타보험계약이 존재한다는 사실은 이른바 도덕적 위험이 가능성이 높아 보험회사의 위험측정상 중요한 사실이라 할 수 있다. 약관은 이것을 계약인수여부를 판단하는 자료로서 중요한 사항, 즉 고지의무의 대상으로 명시한 것이다.

또 수개의 책임보험계약이 체결된 경우, 책임보험에는 보험가액이 존재하지 아니하므로, 협의의 중복보험이나 초과보험의 관념이 존재하지 않는다. 그렇지만 상법은 수개의 책임보험계약이 동시 또는 순차로 체결된 경우에 같은 취지에서 이득금지의 원칙상 협의의 중복보험에 관한 규정을 준용하고 있다(상법 제725조).

4. 일부보험

(1) 의의

일부보험은 보험금액과 보험가액이 일치하는 전부보험에 대한 개념으로 보험금액이 보험가액에 미달하는 경우를 말한다. 초과보험이나 중복보험의 경우와 달리 일부보험에 있어서는 도덕적 위험의 폐해는 거의 없다. 그리고 보험가액이 존재하지 않는 책임보험의 경우에는 일부보험이 문제되지 않는다.

(2) 발생원인

일부보험은 보험계약자가 보험료를 절약하기 위하여 또는 피보험자의 주의력이 이완되는 것을 방지하기 위하여 의식적으로 체결하는 경우와, 계약성립시에는 전부보험으로 체결하였으나 물가의 상승 등으로 자연적으로 일부보험이 되는 경우가 있다.

(3) 일부보험의 요건

보험금액이 보험가액에 미달하는 경우로, 그 판정시기는 보험사고 발생시를 기준으로 하여야 할 것이다. 사고발생의 장소에 따라서 그 평가액이 다를 때는 사고발생지의 보험가액을 기준으로 판단하여야 할 것이다(상법 제676조).

(4) 일부보험의 효과

1) 비례보상의 원칙

일부보험의 경우에 보험자는 보험금액의 보험가액에 대한 비율에 따라 보상할 책임을 진다(상법 제674조). 따라서 전손의 경우에는 보험금액 전액을, 분손의 경우에는 손해액에 보험금액을 분자로 하고 보험가액을 분모로 한 부보비율을 손해액에 곱해서 구한 금액이 보험자가 보상할 금액이 된다. 이때 그 잔액은 피보험자의 자가보험이 된다.

2) 실손보상특약

일부보험의 경우에 비례보상원칙에 의하지 않고 당사자간의 특약에 의하여 보험금액의 한도내에서 손해액의 전부를 보상할 것을 약정하는 경우가 있는데 이를 실손보상특약 또는 제1차위험보험이라 한다. 이것은 주로 화재보험에서 많이 쓰이고 있는데, 거래의 관행을 1991년 상법개정으로 성문화한 것이다.

3) 공동보험조항(co-insurance clause)

보험자가 보험가액의 일정 비율을 부보하도록 보험계약자에게 지정하고, 보험계약자가 그 부보비율을 만족시킨 경우에 보험금액을 한도로 실손보상을 하는 공동보험조항(co-insurance clause)이 많이 사용된다.

오늘날 건물이 내화성의 재료로 지어지고, 스프링클러 등의 방재설비가 발달하여 화재로 인한 전손의 위험이 매우 희박하다. 그런데 상법은 일부보험의 경우 비례보상을 원칙으로 하여 분손이 발생하더라도 전부보험을 체결하지 않는 한 피보험자는 항상 자기부담액이 생긴다. 따라서 보험소비자들로부터 보험료인하를 요구하는 목소리가 커지게 되었다. 또 실손보상특약의 경우에는 보험금액을 한도로 언제나 실손해를 보상하므로, 피보험자가 자기의 물건을 전액 부보하지 않게 되어 극단적인 일부보험이 생기게 된다. 이럴 경우 보험자로서는 보험경비가 상대적으로 비싸지게 된다. 그러나 부보비율조건부 실손보상특약 즉 공동보험조항을 삽입할 경우, 극단적인 일부보험을 방지할 수 있게 된다. 재산보험에 있어서 이 조항이 있는 경우 보험자가 보상할 손해액은 다음의 공식에 의하여 산출된다.

$$\text{보험자의 보상액} = \text{손해액} \times \frac{\text{실제부보금액}}{\text{요구부보금액}}$$

이때 요구부보금액은 부보재산의 가액에 공동보험조항이 지정하는 비율을 곱한 금액이다. 주의할 것은 재산손실에 대한 피보험자의 손해보상액은 실손해액을 초과할 수 없으며, 보험계약상의 약정보상한도인보험금액을 초과할 수 없다. 또한 공동보험조항의 손해액 산출공식에 의하여 결정된 액을 초과할 수 없음은 물론이다.

요약정리

17 보험금액과 보험가액과의 관계(關係)

1. 총설(總說)

(1) 의의

보험가액이라 함은 물건보험에서 피보험이익의 가액, 즉 피보험이익을 금전적으로 평가한 가액을 이르고, 보험금액은 보험계약의 당사자가 협정에 의하여서 약정한 보험자의 급여의무의 최고한도액을 이른다. 보험금액은 손해보험이나 인보험분야에서 통용되어지는 공통적인 개념이나, 보험가액은 물건보험에서만 존재하는 개념이다.

(2) 양자의 관계

손해보험은 일종의 손해보상계약으로서 보험사고로 인하여 적극적으로 피보험자에게 이득(利得)을 주려는 것이 아니므로 보험가액 이상으로 보험금액을 지급하는 것이 아니다. 그러므로 보험자가 보상할 손해액은 보험가액에 의하여 최고의 한도가 정하여지고, 보험자의 보상액은 보험금액에 의하여 그 범위가 제한된다. 다시 말하면 보험자의 보상책임은 법률상(法律上)의 최고한도와 계약상(契約上)의 최고한도가 있는데, 보험금액은 전자에 속하고, 보험금액은 후자에 속한다. 그리하여 보험금액과 보험가액은 일반적으로 양자가 일치하는 것이 이상적(理想的)으로 기대되지만, 양자의 개념이 다르듯이 더욱이 보험가액은 그 결정이 곤란하고, 언제나 유동적이기 때문에 계약체결의 신속성을 위하여 당사자사이에 임의로 정하는 보험금액과 일치하지 않는 경우가 대부분이어서 이른바 초과보험 · 중복보험 · 일부보험이라는 문제를 발생시키게 된다. 여기서 보험사고발생시의 보험자의 보상액과 손해액 및 보험금액과 보험가액의 관계를 정리할 필요가 있으며, 그것은 아래 표시과 같다[84].

1) 일반적으로…보상액 ≦ 실손해액 ≦ 보험가액 ≧ 보험금액 ≧ 보상액
2) 전부보험…보상액 = 실손해액 ≦ 보험금액 ≦ 보험가액 = 보험금액
3) 일부보험…보상액 < 실손해액 ≦ 보험가액 > 보험금액 ≧ 보상액

84) 양승규 · 박길준, 전게서, 505면.

한편 보험가액을 보험료나 손해보상액산정의 기준으로 하면 보험계약상 오히려 불편한 경우가 있으므로 이론적으로는 어쨌든 실제상에 있어서는 보험가액을 평가하지 않고, 보험금액으로 갈음하여 보험료와 손해보상액의 산정기준으로 하는 경우가 대부분이다. 또 법은 해상보험의 희망이익보험경우에 있어서는 다른 약정이 없다면 보험금액을 보험가액으로 한 것으로 추정하여 양자를 동일시하고 있음을 알 수 있다(상법 제698조).

2. 보험금액과 보험가액이 일치하지 않은 경우에 대한 검토

(1) 서언

양자가 일치하지 않은 경우로는 보험금액이 보험가액을 초과하는 경우와 보험금액이 보험가액에 미달하는 경우로 나누어 볼 수 있는데, 초과보험과 중복보험이 전자의 경우이고, 일부보험이 후자의 경우에 속한다.

(2) 초과보험

1) 의의

초과보험이란 당사자가 임의로 정한 보험금액이 피보험 이익의 평가액, 즉, 보험가액을 초과하는 보험을 말한다. 이것은 계약체결 당시부터 초과하는 경우 뿐 아니라 경제사정의 변동으로 피보험이익의 가치가 떨어진 경우에도 생긴다.

2) 초과보험의 요건

① 보험금액의 현저한 초과 : 초과보험이 되려면 보험금액이 보험가액을 현저하게 초과하여야 한다(상법 제669조 제1항). 여기서 '현저하게' 의 의미는 사회거래계의 통념에 따라 결정하여야할 사실문제이다.

② 보험가액의 산정기준 : 초과보험을 결정하는 보험가액의 산정기준은 계약 당시의 가액의 의한다(상법 제669조 제2항). 그러나 경제사정의 변동으로 보험가액이 보험기간중에 현저하게 감소된 때에는(상법 제669조 제3항) 그 때의 가액을 표준으로 하여야 할 것이다.

3) 초과보험의 효과

① 주관주의입장의 채택 : 우리상법에서는 초과부분을 당연무효로 하지 않고, 보험계약자의 선의(善意)와 악의(惡意)에 따라 그 효과를 달리하는 주관주의적(主觀主義的) 입장을 취하고 있다.

② 선의인 경우 : 당사자가 선의인 경우에는 계약당사자는 보험료와 보험금액의 감액을 청구할 수 있다. 이 경우에 보험료의 감액은 보험료 불가분의 원칙에 따라 장래에 대하여서만 그 효력이 있겠다(상법 제669조 제1항과 제3항).

③ 사기로 인한 경우 : 초과부분이 보험계약자의 사기로 인한 경우에는 보험계약은 초과부분뿐만 아

니라 전부 무효이며, 보험계약자는 보험자가 그 사실을 안 때까지의 보험료를 지급하여야 한다(상법 제669조 제4항). 이것은 보험계약의 선의성 · 윤리성에 기하여 악의의 보험계약자를 제제하려는 데 그 목적이 있다.

(3) 중복보험

1) 의의

중복보험이라 함은 보험계약자가 수인의 보험자와 동일한 피보험이익에 대하여 보험계약을 체결하고, 그 보험금액의 총액이 보험가액을 초과하는 보험을 말한다. 이것은 고가물(高價物)에 대한 보험, 그 밖에 1인의 보험자와 보험계약만으로는 보험자의 자력에서 판단하여 불안한 경우에 행해지는 것이며, 동시중복보험과 이시중복보험의 구별이 있다.

2) 중복보험의 요건 : 중복보험이 되려면

① 동일한 피보험이익에 대한 것일 것,

② 보험사고가 동일할 것,

③ 보험기간이 동일 또는 중복할 것,

④ 수개의 보험계약을 수인의 보험자와 체결하였을 것 등 요건이 있어야 한다.

⑤ 보험금액의 총액이 보험가액을 초과할 것

3) 중복보험의 효과

① 입법주의방식

중복보험의 효과에 대한 입법주의 방식으로서는 우선주의, 비례주의, 연대주의가 있다.

② 우리 상법의 규정

우리 상법은 각 보험자는 각자의 보험금액의 한도내에서 연대책임을 지도록 하고, 각 보험자는 각자의 보험금액의 비율에 따르도록 함으로써(상법 제672조 제1항), 연대비례주의방식을 채택하고 있다.

③ 보험계약자의 사기로 인한 중복보험

중복보험이 보험계약자의 사기로 인한 경우에는 그 계약은 모두 무효이고, 보험계약자는 각 보험자가 그 사실을 안 때까지의 보험료를 지급하도록 하고 있다(상법 제672조 제3항, 제669조 제4항).

④ 통지의무

보험계약자는 동일한 보험계약의 목적과 동일한 사고에 대하여 수개의 보험계약을 체결하는 경우에는 각 보험자에 대하여 각 보험계약의 내용을 통지하여야 한다(상법 제672조 제2항). 이 통지의무는 중복보험의 경우뿐만 아니라 병존보험의 경우에도 인정되는 것이므로 이를 게을리하면 악의의 추정(推定)을 받게 될 것이다.

⑤ 보험자1인에 대한 권리포기

중복보험의 경우에 보험자 1인에 대한 권리의 포기는 다른 보험자의 권리의무관계에 전혀 영향을 미치지 아니 한다(상법 제673조). 이것은 피보험자가 특정한 보험자와 공모하여 짜고서 다른 보험자를 해치는 것을 방지하기 위한 것으로 타당한 것이다.

(4) 보험약관상의 타보험조항

각종의 보험약관에는 동일한 보험의 목적을 담보하는 유효한 보험계약이 둘 이상 이상 존재하는 경우 다른 보험과는 손해액을 분담하는 방법에 관하여 규정하고 있는데 이를 타보험조항(other insurance clause)이라 한다. 중복보험에 관한 상법의 입법취지가 실손해를 보상하여 이득을 금지하고자 하는 것이므로, 같은 취지로 대부분의 손해보험약관에는 이 타보험조항을 두고 있다. 그 분담 방식으로는 상법의 비례주의를 원용한 비례조항도 있지만, 상법과는 달리 규정한 독립책임액비례조항, 초과액조항 등도 있다. 그리고 약관에는 다른 보험계약의 체결유무를 고지의무 및 통지의무사항으로 규정하고 있다. 타보험계약이 체결되어 있다는 사실이 보험사고의 발생율에 차이를 야기한다거나 위험율의 측정에 관계있다고 말할 수는 없다. 그러나 타보험계약이 존재한다는 사실은 이른바 도덕적 위험이 가능성이 높아 보험회사의 위험측정상 중요한 사실이라 할 수 있다. 약관은 이것을 계약인수여부를 판단하는 자료로서 중요한 사항, 즉 고지의무의 대상으로 명시한 것이다.

또 수개의 책임보험계약이 체결된 경우, 책임보험에는 보험가액이 존재하지 아니하므로, 중복보험이나 초과보험의 관념이 존재하지 않는다. 그렇지만 상법은 수개의 책임보험계약이 동시 또는 순차로 체결된 경우에 같은 취지에서 이득금지의 원칙상 협의의 중복보험에 관한 규정을 준용하고 있다(상법 제725조).

(5) 일부보험(一部保險)

1) 의의

일부보험이라 함은 보험금액이 보험가액에 미달한 경우의 보험을 의미하고, 보험금액과 보험가액이 일치하는 전부보험에 대한 상대적 개념이다. 이 일부보험은 계약체결당시부터 보험료를 아끼기 위하여 의도적으로 행하는 경우도 있고(의식적 일부보험), 또 보험계약성립 후에 경제적인 물가가 상승한 경우에 자연적으로 형성되는 경우(자연적 일부보험)도 있겠다.

2) 일부보험의 요건

보험가액의 일부분이 보험계약의 목적으로 된 것이다. 이 경우에 보험가액의 산정은 당사자사이에 이에 관한 협정이 있으면 그에 따르고(상법 제670조 본문), 협정이 없다면 일부보험인지? 아닌지? 여부를 판정하는 그때의 가액으로 결정한다고 해석한다[85].

3) 일부보험의 효과

① 비례부담의 원칙

85) 양승규 · 박길준, 전게서, 516면.

일부보험의 경우에는 보험자는 보험금액의 보험가액에 대한 비율에 따라서 보상할 책임이 있다(상법 제674조). 이것을 비례부담의 원칙이라고 하며, 그리하여 전손(全損)의 경우에는 보험금액의 전액을 지급하여야 하나, 분손(分損)의 경우에는 손해액의 일부분이 보험자의 보상액이 되어 지고, 그 나머지는 피보험자의 자가보험(自家保險)으로 되어버린다. 이를 수식화하면 아래와 같다.

$$\text{손해액(損害額)} \times \frac{\text{보험금액}}{\text{보험가액}} = \text{보상액(補償額)}$$

② 제1차 위험보험(실손해 보상보험)

비례부담의 원칙은 임의(任意)규정이므로 일부보험의 경우에 당사자사이의 특약으로 보험자는 보험금액의 범위내에서 보상액의 전액을 정할 수 있다. 이 경우에는 보험자는 보험금액의 한도내에서 그 손해를 보상할 책임을 진다(상법 제674조). 이를 제1차 위험보험 또는 실손해 보상보험이라 부른다.

③ 공동보험조항(co-insurance clause)

보험자가 보험가액의 일정 비율을 부보하도록 보험계약자에게 지정하고, 보험계약자가 그 부보비율을 만족시킨 경우에 보험금액을 한도로 실손보상을 하는 공동보험조항(co-insurance clause)이 많이 사용된다.

오늘날 건물이 내화성의 재료로 지어지고, 스프링클러 등의 방재설비가 발달하여 화재로 인한 전손의 위험이 매우 희박하다. 그런데 상법은 일부보험의 경우 비례보상을 원칙으로 하여 분손이 발생하더라도 전부보험을 체결하지 않는 한 피보험자는 항상 자기부담액이 생긴다. 따라서 보험소비자들로부터 보험료인하를 요구하는 목소리가 커지게 되었다. 또 실손보상특약의 경우에는 보험금액을 한도로 언제나 실손해를 보상하므로, 피보험자가 자기의 물건을 전액 부보하지 않게 되어 극단적인 일부보험이 생기게 된다. 이럴 경우 보험자로서는 보험경비가 상대적으로 비싸지게 된다. 그러나 부보비율조건부 실손보상특약 즉 공동보험조항을 삽입할 경우, 극단적인 일부보험을 방지할 수 있게 된다. 재산보험에 있어서 이 조항이 있는 경우 보험자가 보상할 손해액은 다음의 공식에 의하여 산출된다.

$$\text{보험자의 보상액} = \text{손해액} \times \frac{\text{실제부보금액}}{\text{요구부보금액}}$$

이때 요구부보금액은 부보재산의 가액에 공동보험조항이 지정하는 비율을 곱한 금액이다. 주의할 것은 재산손실에 대한 피보험자의 손해보상액은 실손해액을 초과할 수 없으며, 보험계약상의 약정보상한도인보험금액을 초과할 수 없다. 또한 공동보험조항의 손해액 산출공식에 의하여 결정된 액을 초과할 수 없음은 물론이다.

3. 결론

양자의 개념이 다르므로 양자가 일치하지 않는 경우에는 법률상의 여러 문제가 발생하게 된다. 따라서 양자의 개념과 그 효과를 명백하게 살펴보도록 한다.

기본학습

18 보험자대위

1. 총설

(1) 의의

보험자가 보험금액을 지급한 경우에 보험계약자 또는 피보험자가 보험의 목적이나 제3자에 대하여 갖는 권리는 보험자가 법률상 당연히 취득하는데 이를 보험자대위라 한다.

(2) 적용범위

보험자대위는 원칙적으로 손해보험의 경우에만 인정되고 인보험의 경우에는 보험자대위가 금지된다(상법 제729조). 그러나 개정상법은 손해보험 계약성이 있는 상해보험의 경우, 당사자간의 약정이 있는 때에는 피보험자의 권리를 해하지 않는 범위에서 대위를 인정하고 있다(상법 제729조).

(3) 인정의 근거

다수설은 보험사고로 인하여 피보험자가 이중이득을 얻는 것을 방지하여야 한다는 점에서 그 근거를 찾는다(이득방지설). 이에 대하여 피보험자 등에 의한 보험사고의 유발이나 도박 등의 부정행위에 이용될 위험을 방지하기 위한 정책적인 이류에서 그 근거를 찾는 설이 있다(정책설). 생각건데 이득금지의 원칙은 손해보험계약의 당연한 전제로서 인정하여야 한다. 이 점에 대하여는 양설이 모두 일치하여 차이가 없다.

현행 상법이 인보험의 경우 원칙적으로 대위를 금지하고 있으면서도, 상해보험의 경우 특약에 의한 대위를 허용하고 있는 점에서 미루어 볼 때, 피보험자의 이득을 방지한다는 취지는 물론, 나아가 보험정책적인 이유에서 그 근거를 찾는 것이 더 설득력이 있다고 본다.

(4) 법적 성질

보험자가 피보험자 등이 가진 보험의 목적이나 제3자에 대한 권리를 취득하는 것은 제3자와의 계약상의 권리가 아니다. 또한 대항요건을 요하지도 않으며 법률상 당연히 취득하는 것이다. 그 성질은 민법 제399조의 손해배상자의 대위와 같은 성질의 것이다.

2. 보험의 목적에 관한 권리의 취득(잔존물 대위)

(1) 의의

보험의 목적이 전부 멸실한 경우에 보험금액의 전부를 지급한 보험자는 그 목적에 대한 피보험자의 권리를 취득한다(상법 제681조). 이것이 잔존물 대위인데 이는 보험위부(상법 제710조)와 비슷하나 보험위부는 목적물에 대한 권리의 이전이 피보험자의 의사표시의 효과로서 생기는데(형성권), 잔존물 대위는 법률상 당연히 그 권리가 이전되는 점에서 다르다.

(2) 요건

1) 보험의 목적의 전부멸실

보험의 목적에 대하여 전손이 생겼어야 한다. 즉, 보험의 목적에 경제적 가치가 전부 상실될 것을 요한다. 분손이 생긴 경우에는 감가상각비와 수선비 등으로 손해액이 산정되므로 잔존물 대위가 인정될 여지가 없다. 또 당사자간의 특약으로 전손에 가까운 손해를 전손으로 본다는 약정을 하는 것은 무방하다.

2) 보험금액의 전부지급

보험자가 보험금액의 전부를 지급하여야 한다. 이때 보험자가 손해방지비용(상법 제680조)이나 기타의 비용(상법 제676조 제2항)을 부담하여야 하는 경우에는 보험금액 이외에 이러한 비용도 지급하여야 대위권을 취득한다.

(3) 효과

1) 보험의 목적에 대한 권리의 취득

보험자는 피보험자가 보험의 목적에 대하여 가졌던 권리를 취득한다(상법 제681조). 보험자의 권리취득은 법률상 당연한 효과로서 생기며 동산물권양도의 효력발생요건인 동산의 인도와 같은 절차를 요하지 않는다.

2) 취득하는 권리의 내용

그 목적에 관한 권리라 함은 잔존물에 대한 소유권이라고 본다.

3) 권리이전의 시기

보험자의 보험의 목적에 대한 권리의 취득시기는 보험금과 기타의 비용을 모두 지급한 때이다. 그러므로 피보험자가 보험금이 지급되기 전에 잔존물에 대한 권리를 처분한 경우에는 그 잔존물의 가액을 공제하고 보험금액을 지급하면 될 것이고 이미 보험금액을 받은 후에 처분한 경우에는 손해배상을 청구할 수 있다.

4) 일부보험의 경우

보험자가 취득할 권리는 보험금액의 보험가액에 대한 비율에 따라 결정되게 되며(상법 제681조), 이 경우 잔존물에 대하여는 피보험자와 공유관계에 있게 될 것이다.

5) 대위권의 포기

보험의 목적에 대한 보험자의 권리취득이 오히려 보험자에게 불이익으로 되는 경우도 있다. 예컨대 선박이 침몰한 경우 보험자는 침몰선과 잔존물을 제거하여야 하는 공법상의 의무를 지게 되어 오히려 불이익할 수 있다. 이 경우 보험자는 잔존물에 대한 권리를 포기하여 그 비용을 피보험자에게 전가시키는 것이 가능하다.

3. 제3자에 대한 권리의 취득(청구권 대위)

(1) 의의

손해가 제3자의 행위로 인하여 생긴 경우에 보험금액을 지급한 보험자는 그 지급한 금액의 한도에서 제3자에 대한 보험계약자 또는 피보험자의 권리를 취득하는 바 이를 제3자에 대한 보험자대위라 한다.

(2) 요건

1) 제3자의 행위로 인하여 손해가 발생하였을 것

여기서 제3자는 보험자, 보험계약자 또는 피보험자를 제외한 모든 자를 말한다. 이때 보험사고를 일으킨 제3자가 피보험자의 근친자 또는 가족인 경우 보험자의 대위를 인정한다면 피보험자는 사실상 손해의 보상을 받지 못하는 것과 같은 결과가 된다. 따라서 고의가 없는 한 보험자의 대위권을 인정하지 않는 것이 타당하다. 제3자의 행위는 불법행위뿐만 아니라 채무불이행 또는 선장의 공동해손처분과 같은 적법행위도 포함된다.

2) 보험금의 지급

청구권 대위의 경우에는 잔존물 대위와 달리 보험자가 보험금의 일부를 지급한 때에도 대위의 효력이 생긴다.

(3) 효과

1) 제3자에 대한 권리의 취득

보험자는 지급한 금액의 한도에서 제3자에 대한 보험계약자 또는 피보험자의 권리를 취득한다(상법 제682조).

보험계약자가 가지는 권리에 대하여서도 대위를 인정한 것은, 예컨대 타인의 물건을 보관하는 자가 그 타인을 위하여 보험계약을 체결하고 제3자가 그 물건을 멸실케 한 경우 보험계약자가 가해자인 제3자에 대하여 가지는 권리를 대위할 수 있도록 한 것이다. 제3자에 대한 권리의 취득은 법률상 당연한 효과로서 생기며 지명채권양도의 대항요건(민법 제450조)과 같은 통지나 승낙을 요하지 않는다.

2) 취득하는 권리의 내용

보험자가 취득하는 권리는 제3자에 대한 보험계약자 또는 피보험자의 불법행위 또는 채무불이행에 기한 손해배상청구권 또는 공동해손분담청구권을 말한다.

3) 권리이전의 시기

보험자의 제3자에 대한 권리의 취득시기는 보험금을 지급한 때이다. 그러므로 보험금이 지급되기 전에 피보험자 등이 제3자에 대한 권리를 처분했거나 포기한 경우에 보험자는 대위에 의하여 제3자로부터 취득할 수 있었던 금액을 보험금에서 공제하고 보상하게 될 것이다.

4) 대위의 제한

① 보험금의 일부를 지급한 경우

보험자가 피보험자에게 보상할 보험금의 일부를 지급한 때에는 피보험자의 권리를 해하지 않는 범위 내에서 그 권리를 행사할 수 있다(상법 제682조). 이것은 제3자의 자력이 불충분한 경우 보험자의 대위권 행사에 의하여, 피보험자의 배상청구권이 방해 받아서는 안되며, 피보험자의 권리를 우선적으로 보호하여야 한다는 것을 이유로 한다.

상법은 보험금의 일부를 지급한 때에만 이러한 제한규정을 두고 있으나 보험자가 보상액의 전부를 지급한 경우에도 보험계약자 또는 피보험자가 제3자에 대한 권리가 아직 남아있는 한 보험자는 대위권 행사로 그 권리를 방해하지 못한다고 해석된다.

② 일부보험의 경우

상법은 청구권 대위의 경우 일부보험에 관하여 아무런 규정도 두고 있지 않다. 그러므로 제3자의 자력이 부족한 때에는 첫째, 보험자의 대위권 행사가 만족된 경우에만 피보험자 등의 배상청구를 인정하는 절대설. 둘째, 보험금액의 보험가액에 대한 비율에 따라서 대위권을 행사할 것이라는 상대설(비례주의). 셋째, 피보험자에게 배정우선권을 인정하여 보험자는 피보험자 등의 권리를 해하지 않는 범위에서만 대위권을 행사할 수 있다고 하는 차액설 등이 있다. 생간건대 절대설은 피보험자 등에게 너무 가혹하여 부당하다. 상대설은 일부보험의 이론에 충실한 해석이라 할 수 있다. 그러나 보험자는 일정한 보험금액의 지급에 대한 대가로서 보험료를 받는 것이고 또한 보험사고로 보험금액을 지급하게 될 경우 보험자대위권의 취득여부는 고려함이 없이 보험금을 지급하여야 하는 것이므로 피보험자의 권리를 우선하는 차액설이 타당하다.

4. 재보험의 경우

재보험계약의 경우 보험금을 지급한 원보험자가 피보험자 등의 제3자에 대한 권리를 대위취득하고, 재보험자는 원보험자에게 재보험금을 지급한 한도 내에서 다시 원보험자의 권리를 대위 취득한다. 그러나 실제에 있어서는 재보험자는 직접 사무처리를 하는 것이 곤란하므로 원보험자가 자기명의로 권리를 행사하고 그로써 회수한 금액을 재보험자에게 교부하는 상관습이 있다.

5. 피보험자 등의 협조의무

보험자의 대위권 행사를 위하여는 피보험자 등의 협조가 필요하다. 따라서 각종 보험약관에는 청구권의 보전 · 행사에 필요한 절차를 밟을 것을 요구하고 있다. 우리나라 자동차종합보험 약관 제67조 제1항에 남으로부터 손해배상을 받을 권리가 있는 경우에는 그 권리의 보전과 행사에 필요한 조치를 취할 것을 사고발생시의 보험계약자나 피보험자의 의무로 규정하고 있고, 제2항에서는 그 의무불이행으로 말미암아 늘어난 손해액이나 회복할 수 있었던 금액을 공제하고 보상한다고 정하고 있다.

요약정리

18 보험자대위(Subrogation)

1. 총설(總說)

(1) 의의

보험자대위란 보험자가 보험사고로 인하여 입은 손실을 피보험자에게 우선 보상하여주고, 그 피보험자 또는 보험계약자가 보험의 목적이나 제3자에 대하여 갖게 되는 권리를 법률적으로 당연히 취득하는 것을 이른다(상법 제681조와 제682조). 이것은 보험의 목적에 대한 것과 제3자에 대한 것의 두 가지 제도로 나뉜다. 한편 인보험분야에서는 원칙적으로 보험자대위가 허용되지 아니하나, 다만 상해보험계약의 경우에는 보험자는 보험약관의 당사자간의 다른 약정에 따라 보험자대위권을 행사할 수 있도록 하고 있다(상법 제729조).

(2) 보험자대위제도의 근거

보험자대위의 원칙은 원래 형평(衡平)의 관념에서 출현한 것인데, 그 근거에 관해서는 아래와 같은 두 가지 견해를 볼 수 있다.

1) 손해보상계약성에서 근거를 찾는 견해

이것은 손해보험계약은 일종의 손해보상계약으로서 보험사고로 인하여 피보험자에게 어떤 이득을 주려는 것이 아니라 단순히 손해의 보상만을 목적으로 하고 있는 점, 즉 피보험자에게 이중의 이득을 주지 않으려는 데에 그 근거를 찾고 있다.

2) 법정책적인 입장에서 근거를 찾는 견해

이것은 피보험자에 의한 보험사고의 유발이나 도박 등의 부정행위에 이용될 위험을 방지하기 위한 수단으로서 보험자대위제도가 고안된 것이라고 보는 견해로써, 프랑스에서는 이 견해가 제일 유력하다. 오늘날 손해보험의 성격을 띤 인보험에 있어서도 상해보험의 경우 약관에 의하여 보험자대위를 인정(상법 제729조 단서)하는 관습이나 또는 질병보험과 같은 경우에 이를 허용하는 것 등으로 미루어보아 오히려 이 견해가 타당하다고 한다.

(3) 보험자대위제도의 성질(性質)

보험자대위의 내용인보험의 목적에 관한 권리 또는 제3자에 대한 권리의 이전은 보험자가 보험금액을 지급함으로써 법률상 당연히 발생하여 당사자 사이에 의사표시를 필요로 하지 않으므로 양도행위가 아니고, 이른바 민법상의 대위(민법 제399조)와 같은 성질의 것이다. 그러므로 잔존물에 관한 권리의 이전은 물권변동의 절차(민법 제186조와 제188조)를 밟지 않고도 당연히 제3자에게 그 권리를 주장할 수 있고, 또 제3자에 대한 권리의 이전의 경우에도 지명채권양도의 대항요건(민법 제450조)의 절차가 없어도 채무자 그 밖의 제3자에게 대항할 수 있다. 또 보험의 목적에 대한 대위는 해상보험에서 인정되는 보험위부(상법 제710조)와 비슷하나, 후자는 보험의 목적이 전부 멸실한 것과 동일시되는 일정한 경우에 피보험자의 특별한 의사표시에 의하여 이루어진다는 점에서 양자는 그 성질을 달리한다[86].

(4) 적용범위

보험자대위는 원칙적으로 손해보험의 경우에만 인정되고 인보험의 경우에는 보험자대위가 금지된다(상법 제729조). 그러나 상법은 손해보험 계약성이 있는 상해보험의 경우, 당사자 간의 약정이 있는 때에는 피보험자의 권리를 해하지 않는 범위에서 대위를 인정하고 있다(상법 제729조).

2. 보험의 목적에 관한 보험자대위제도

(1) 의의

보험의 목적의 전부가 멸실한 경우에 보험금액의 전부를 지급한 보험자는 그 목적에 대한 피보험자의 권리를 대위하여 취득한다(상법 제681조). 이것이 보험의 목적에 관한 보험자대위인데, 예컨대 화재보험에 있어서의 소적(燒跡)[87]의 잔해(殘骸), 건축물의 토대석(土臺石), 해상보험에 있어서의 침몰선(沈沒船)의 난파물(難破物) 등에 대한 권리를 보험자가 대위하여 취득하는 것이 바로 그것이다.

(2) 권리취득의 요건

1) 보험목적의 전부멸실

이 요건상 우선 보험의 목적의 전부가 멸실하여야 한다. 여기서 '멸실'이라 함은 보험계약체결 당시

86) 이범찬, 전게서, 522면.

87) 불사를 소, 자취의 적으로 구성된 불에 타고 남은 흔적을 말한다.

보험의 목적이 가진 형태의 멸실을 의미하고, 일부 잔존물이 있다하더라도 경제적 가치가 전부 멸실하였으면 전손으로 본다. 또 당사자 사이에 특약에 의해서 전손에 가까운 손해[88]를 전손으로 보아 보험자가 보험금액의 지급과 동시에 잔존물의 소유권을 취득하는 것도 유효하다.

2) 보험금의 전부지급

보험자가 보험금액의 전부를 피보험자에게 지급하였어야 한다. 따라서 아직 일부만을 지급한 때에는 그 지급부분에 대해서 권리가 이전하는 것은 아니다 라고 본다.

(3) 권리이전의 효과

보험자는 보험금액을 전부 지급한 때로부터 보험의 목적에 관한 피보험자의 권리를 취득하므로 그 후는 피보험자가 임의로 그것을 처분할 수 없음은 당연하다. 그러나 아래와 같은 점에 대해서는 주의를 필요로 한다.

1) 이전되는 권리의 범위

피보험자가 보험의 목적에 대하여 가진 권리라 함은 '피보험이익에 관하여 피보험자가 가지는 모든 권리' 로서 목적에 대한 소유권(所有權) 뿐만 아니라 저당보험(抵當保險)에서의 채권 등도 포함된다고 해석한다.

2) 일부보험의 경우

일부보험의 경우의 대위는 성질상 보험금액의 보험가액에 대한 비율에 따라 정하므로(상법 제681조 단서), 그 잔존물에 대하여 피보험자와 공존관계에 있게 된다.

3) 목적물에 대한 부담과 대위권의 포기(抛棄)

대위에 의한 권리의 취득은 공법상의 잔존물제거의무(예컨대, 항로를 방해하는 침몰선에 대한 제거의무나 기름띠 등)를 지는 일이 있어 보험자가 오히려 불이익을 받는 경우가 있으므로 약관으로 이것을 보험계약자에게 전가하는 일이 있다. 이러한 경우에는 보험자가 그 대위권을 포기하여야 할 것이다.

88) 예컨대, 5분(分)의 4 이상의 손해 정도.

3. 제 3 자에 대한 보험자대위제도

(1) 의의

손해가 제3자의 행위로 말미암아 생긴 경우에 보험금액을 지급한 보험자는 그 지급한 금액의 한도에서 그 제3자에 대한 보험계약자 또는 피보험자의 권리를 취득한다(상법 제682조). 이것이 이른바 제3자에 대한 보험자대위이며 청구권대위라고도 불리며 피보험자가 제3자의 행위로 인한 보험금청구권과 손해배상청구권을 동시에 행사함으로써 얻게 될 수 있는 것을 방지하려는 것이다.

(2) 권리취득의 요건

1) 제3자에 의한 보험사고의 발생

손해가 제3자의 행위로 인하여 발생하여야 한다. 여기서 '제3자의 행위' 라 함은 불법행위(不法行爲) 뿐 아니라 채무불이행(債務不履行)으로 인하여 손해배상(損害賠償)의무를 부담하는 경우까지를 포함하고, 나아가 그 밖의 적법행위(適法行爲)에 의한 경우도 포함한다고 해석한다. 그런데 여기서 '제3자' 라 함은 보험계약자와 피보험자 이외의 자로서 손해를 발생시킨 자와 채무를 부담하는 자가 반드시 동일인임을 요하지는 않는다. 그러나 이 제3자 범위에 보험계약자 또는 피보험자의 동거가족이 포함되느냐에 대한 의문이 있으나 성질상 인정하지 않는 것이 타당하다고 본다.

2) 보험금의 지급

보험자가 보험금액을 지급하여야 한다. 보험금액의 일부를 지급하여도 그 지급한 범위 내에서 대위권을 행사할 수 있는 것(상법 제682조 단서)이 보험의 목적에 관한 경우와 다르다.

(3) 권리이전의 효과

보험자가 보험금을 지급한 때로부터 제3자에 대한 피보험자의 권리가 보험자에게 이전하므로 보험금의 지급에 의하여 대위의 효과가 생긴 후는 보험자에게 이전한 권리에 관하여 피보험자 등이 자유로이 이를 행사 또는 처분할 수 없다. 또 피보험자는 보험자의 그 권리행사에 적극적으로 협조할 의무를 진다고 해석한다[89].

(4) 피보험자 등의 제3자에 대한 권리의 처분행위와 보험자의 권리

피보험자 등이 제3자에 대한 권리를 타인에게 양도 또는 포기한 때에는 그것이 보험금지급전이면 그 금액을 지급할 보상액으로부터 공제할 수 있고, 보험금을 지급한 후라면 보험자대위로써 얻을 수 있는 금액에 관하여 피보험자 등에게 손해배상을 청구할 수 있다.

89) 각종 약관에는 이러한 의미를 명백히 하고 있다.

(5) 대위권의 제한

1) 제한의 범위

보험자가 피보험자에게 보상할 보험금액의 일부를 지급한 때에는 피보험자의 권리를 해하지 않는 범위 안에서만 대위권을 행사할 수 있다(상법 제682조 단서). 이러한 보험자대위권의 제한에 관하여 상법은 보험금액의 전부 · 일부를 지급을 받아도 그 손해액의 전부가 보상되지 아니할 때에는 그 잔액에 대하여는 보험계약자 또는 피보험자는 제3자에 대한 권리를 행사하지 않으므로 그 한도 내에서는 보험금액을 전부 지급하여도 대위권을 제한을 받는다고 해석한다.

2) 일부보험의 경우

일부보험의 경우에 관하여는 상법 제681조 단서와 같은 규정이 없기 때문에, 이전하는 권리가 지급액 상당액이라는 견해(절대설)와 비례안분의 법칙에 따른다는 견해(상대설)과 피보험자의 손해액을 충당한 나머지의 손해배상액에 대해서만 대위할 수 있다는 견해(차액원칙설) 등의 대립이 있는데, 여기서는 차액원칙설을 취한다.

(6) 재보험자의 보험대위

재보험의 경우에 재보험자는 원보험자에게 재보험금을 지급한 한도 내에서 피보험자 등의 제3자에 대한 권리를 대위취득하나 상관습법적으로는 이 경우에 원보험자가 자기명의(自己名義)로써 재보험자의 수탁자로서의 지위에서 제3자에 대한 권리를 행사할 수 있다는 것을 인정하고 있다.

(7) 피보험자 등의 협조의무

보험자의 대위권 행사를 위하여는 피보험자 등의 협조가 필요하다. 따라서 각종 보험약관에는 청구권의 보전 · 행사에 필요한 절차를 밟을 것을 요구하고 있다. 우리나라 자동차종합보험약관 제67조 제1항에 남으로부터 손해배상을 받을 권리가 있는 경우에는 그 권리의 보전과 행사에 필요한 조치를 취할 것을 사고발생시의 보험계약자나 피보험자의 의무로 규정하고 있고, 제2항에서는 그 의무불이행으로 말미암아 늘어난 손해액이나 회복할 수 있었던 금액을 공제하고 보상한다고 정하고 있다.

4. 결 론

이 제도의 유용성과 보험위부제도와의 비교에 대하여 언급한다.

기본학습

19 손해방지경감의무

1. 총설

(1) 의의

손해보험에 있어서 보험계약자와 피보험자는 보험사고가 발생한 경우에 손해의 방지와 경감을 위하여 노력하여야 한다(상법 제680조). 이 의무를 손해방지경감의무라 한다.

우리 상법은 이 의무를 손해보험에 대하여서만 인정하고 있으나 손해보험계약성이 있는 상해보험에 대하여서도 유추적용하여야 한다고 본다.

(2) 손해방지 경감의무를 인정하는 근거

보험은 단체성, 사회성, 공공성, 윤리성 등에 비추어 볼 때 신의성실의 원칙이 강하게 요구된다. 손해보험에서 보험사고가 발생한 경우에 재화의 손실을 방지 내지 경감하는 것이 보험금을 지급하는 보험자나 보험단체 모두에게 이익이 되며, 국민 경제적으로도 유익하다. 그러므로 손해방지의무는 신의성실의 원칙상 나아가서는 공익보호 요청에 따라 법이 특히 인정한 의무이다.

(3) 법적 성질

이 의무는 보험계약의 당사자인보험계약자뿐만 아니라 피보험자에게도 부담시키고 있으므로 계약상의 의무는 아니다. 그러나 의무위반의 경우에 보험자는 손해배상을 청구할 수 있고, 손해보상액에서 공제할 수 있는 진정한 의무로서 법적 의무라고 이해하는 것이 타당하다고 본다. 그러나 간접의무로 이해하는 견해도 있다.

(4) 의무자

손해방지경감의무를 지는 자는 보험계약자는 물론 피보험자도 포함된다(상법 제680조). 또한 손해방지경감의 작업은 위의 의무자가 직접 하든 타인으로 하여금 이를 하게 하든 상관없다.

2. 손해방지 경감의무의 내용

(1) 손해방지경감의무의 발생시기

손해의 방지와 경감의무는 보험사고의 방지를 요구하는 것은 아니므로 보험사고 발생시에 생기는 것이라고 해석된다. 우리나라 화재보험약관에는 '보험사고가 생긴 때에는' 이라고 하고 있고, 자동차종합보험약관에는 '보험사고가 생긴 것을 안 때에는' 이라고 규정하고 있다.

(2) 보험사고의 범위

손해방지경감의무는 보험자가 담보하고 있는 보험사고가 발생한 경우에만 생기는 것으로, 법률 또는 약관상 면책사유에 의하여 보험자가 책임을 지지 않는 손해에 대하여는 손해방지경감의무는 지지 않는다고 본다.

(3) 방지행위의 종류

손해의 발생을 방지할 뿐 아니라, 발생한 손해의 확대를 방지하는 행위도 포함하는데 그것은 직접적이든 간접적이든, 작위에 의하건 부작위에 의하건 불문한다. 그러므로 의무자가 이 의무의 이행을 타인에게 의뢰하여도 무방하다. 또한 손해의 방지경감을 위하여 진력하였다면 그 성과와 관계없이 이 의무는 이행한 것이 된다.

(4) 방지행위의 정도

손해의 방지 및 경감을 위한 노력의 정도는 보험계약자나 피보험자가 처한 상황에 따라 기대되는 정도의 노력을 하여야 한다고 풀이된다. 따라서 그 정도는 그때그때의 구체적인 사정에 따라 신의성실의 원칙에 의하여 판단하여야 할 것이나, 보험에 부보되지 않은 자기물건에 대한 주의를 표준으로 정하는 것이 타당하다고 본다.

(5) 지시를 구할 의무

상법에 명문의 규정을 두고 있지는 않지만, 보험자가 보험사고발생의 통지를 받은 때에는 보험계약자에게 손해의 방지를 위한 지시를 할 수 있고, 보험계약자는 이에 따라야 한다는 것이 다수설이다.

3. 의무위반의 효과

보험계약자 또는 피보험자가 고의 또는 중과실로 손해방지경감의무를 해태한 경우에는 법정의무의 위반으로 보아 보험자는 그로 인한 손해의 배상을 청구할 수 있다. 또 상계에 의하여 지급할 손해보상액에서 이를 공제할 수 있다. 여기서 보험자의 손해는 의무자가 방지 또는 경감할 수 있었던 것으로 인정되는 손해액을 말한다. 의무자의 손해방지경감의무위반의 입증책임은 보험자에게 있다.

4. 비용의 부담

보험계약자와 피보험자가 손해의 방지와 경감을 위하여 지출한 필요비 또는 유익비는 손해액과의 합계액이 보험금액을 초과하는 경우라도 보험자가 이를 부담한다(상법 제680조). 손해방지경감비용은 보험자가 담보하는 보험사고에서 발생한 손해이며, 결국 이 의무의 이행은 보험자에게 이익이 되기 때문이다. 또 손해의 방지는 국민경제적으로도 유익하므로 손해방지를 권장하는 공익적 이유도 있기 때문이다. 일부보험의 경우에 그 비용은 보험금액의 보험가액에 대한 비율에 따라서 보험자가 부담하고 잔액은 피보험자가 부담한다.

보험자가 손해방지경감비용을 부담하지 않는다고 정한 특약은 공익의 보호규정(상법 제680조)과 보험계약자 등의 불이익변경금지의 원칙(상법 제663조)에 반하여 무효이다.

요약정리

19 손해방지의무(損害防止義務)

1. 총설(總說)

(1) 개념

이 손해방지의무는 사고가 발생한 경우에 지우는 특수한 의무로서 손해보험계약에서 보험사고가 발생하였을 때에 보험계약자와 피보험자가 손해의 방지와 경감을 위하여 노력하여야 할 의무를 이른다(상법 제680조). 상법은 이 손해방지의무를 손해보험에 대해서만 규정하고 있으나 인보험분야의 상해보험에서도 손해방지의무를 인정하여 가는 추세이다.

(2) 근거(根據)

손해방지의무의 근거로는 일반적으로 아래의 몇 가지를 볼 수 있다.

1) 보험사고의 우연성으로 보험계약자 또는 피보험지의 부작위에 의하여 확대된 손해는 우연한 사고에 의하여 일어난 사고로 볼 수 없고, 보험계약자 등이 최선을 다하여 손해의 방지 또는 경감을 위하여 노력하여도 일어난 손해만이 진실한 손해라고 볼 수 있기 때문이다.

2) 국민경제적 이유로써 보험에 의하여 보장되는 위험은 개인경제뿐 아니라 국민경제에도 지대한 영향을 끼치므로 가급적이면 재화의 손실을 최소화하여 사고의 발생의 확대를 억제해야 할 필요가 있다.

3) 보험제도자체의 윤리성으로 보험계약은 그 성격상 사행계약의 성질을 갖고 있기 때문에 실질적으로 보험이 도덕상의 위험을 일으키기 쉬운 폐해가 있으므로 보험자에 대한 신의성실의 원칙상의 요구와 공익보호의 필요성에 그 근거를 찾을 수 있겠다.

(3) 법적 성질과 의무자

손해방지의무는 계약당사자인보험계약자뿐만 아니라 제3자인 피보험자도 부담하게 되는 것이므로 계약에 의한 의무가 아니라 결국에는 보험계약의 성질에 따른 보험의 목적에 대한 관리자이며, 보험계약상의 이익을 누리게 될 보험계약자 또는 피보험자에게 형평의 관념에서 법이 부여하는 의무이다. 아울러 손해보험계약에서 보험계약상의 이익을 가지는 피보험자가 손해방지의무를 부담하는 것은 당연하고, 타인을 위한 보험계약의 경우 보험계약자가 그 의무를 지는 것에 대하여는 의문이 있을 수 있으나, 예컨대, 타인을 위한 운송보험과 같이 운송인인보험계약자가 그 물건을 점유하고 있는 한 그 의무를 부담하여야 할 것이다. 그리하여 보험계약법은 보험계약자와 피보험자에게 똑같이 그 의무를 지우고 있다(상법 제680조).

2. 손해방지의무의 구체적인 내용

(1) 시(時)의 문제

시간의 문제로써 손해방지의무는 보험사고가 발생하기 전(前)[90]에 그 사고의 발생까지도 방지하는 것을 포함하느냐의 문제가 존재하나, 보험사고가 발생한 때로부터 이 의무가 있게 된다고 해석한다.

(2) 보험사고의 종류(範圍)

손해방지의무는 보험자가 담보하고 있는 보험사고가 발생한 경우에만 생긴다. 손해방지는 박애주의에 따른 행위가 아니고 보험자가 분담하는 손해를 방지하거나 경감하기 위한 행위이다. 따라서 전손(全損)만을 담보하는 계약조건에서는 분손(分損)의 위험만이 발생하면 이 방지의무는 발생하지 않는다.

(3) 방지경감행위의 종류(種類)

손해의 발생을 방지하거나 경감시키려는 행위는 직접적인 것이든 간접적인 것이든[91] 관계가 없다. 또 손해의 방지와 경감은 행위(行爲)의 목적(目的)으로서 있으면 되고[92], 그 효과는 반드시 생겨야 하는 것은 아니다.

---

90) 예컨대, 사물의 이치에 따라서는 그러한 사고의 발생이 자연적으로 불가피하다고 인정되는 경우를 예정한다.
91) 예컨대, 보험자대위권을 용이하게 행사할 수 있는 행위이면 된다.
92) 반드시 보험자를 위한 것임을 의식할 필요는 없다한다.

(4) 방지경감행위의 정도

손해방지경감행위의 정도는 사고의 종류, 상태와 사고발생당시에 있어서의 보험계약자 등의 상태를 참작(參酌)하여 결정할 문제이나, 그것이 보험에 붙이지 않은 자기의 물건에 대한 주의라는 것을 기준으로 정하는 것이 옳다고 본다.

(5) 지시를 구할 의무

의무자는 사정이 허락하는 한 보험자의 지시(指示)나 지도(指導)를 구하여 가급적 그에 따를 것을 요구한다.

3. 방지경감행위비용의 負擔과 약관에 의한 제한의 효력

손해방지비용이란 보험계약자 또는 피보험자의 손해방지경감행위에 들어간 비용을 이른다. 그리하여 상법은 손해방지와 그 경감을 위하여 들어간 필요 또는 유익하였던 비용과 보상액이 보험금액을 초과한 경우라도 보험자가 부담하도록 하고 있다(상법 제680조 단서). 이것은 한편으로는 보험계약자와 피보험자에게 손해방지의무를 부과한 것에 대응하여 그것을 장려하는 공익적 이유와 다른 한편으로는 이 비용은 보험사고의 발생으로 인한 손해이면서 보험자의 이익을 위해서도 필요하였다는 이유에 그 근거를 두는 것이다. 또 일부보험의 경우에 보험자가 손해보상액의 비율에 따라 부담하고(상법 제674조) 나머지 부분은 피보험자가 부담한다. 그러나 상법은 전액을 보험자가 부담하도록 하고 있으나 실제 거래에서는 약관에 손해방지비용을 보험자가 전혀 부담하지 않는다는 뜻을 약정하는 경우가 많다. 이러한 약관의 효력에 대하여는 공익보호의 규정에 반하고 또 상법 제663조인보험계약자 등의 불이익변경금지의 원칙을 위반한 상법의 이념에 비추어 볼 때 무효라고 해석한다.

4. 방지경감행위의 해태

보험계약자 또는 피보험자가 손해방지의무를 게을리 한 경우에는 이것과 상당한 인과관계가 있는 손해에 대하여는 의무자의 부작위에 의한 불법행위로 보아서 보험자는 당연히 그 배상을 청구할 수 있고, 또 상계로 인하여 그 지급할 손해보상액으로부터 공제하여 지급할 수 있다.

기본학습

20 보험의 목적의 양도

1. 총설

(1) 의의

보험의 목적의 양도란 피보험자가 보험계약의 대상으로 되어있는 목적물을 그 의사표시에 의하여 타인에게 양도하는 것을 말한다. 그러나 상속이나 합병과 같이 손해보험 계약상의 권리 · 의무가 포괄적으로 승계되는 경우는 포함되지 않는다. 피보험자가 보험의 목적을 양도한 때에는 보험계약으로 인하여 생긴 권리와 의무를 동시에 승계한 것으로 추정된다(상법 제679조 제1항).

(2) 양도를 인정하는 취지

피보험자가 보험의 목적을 양도한 때에는 보험계약은 피보험이익의 소멸로 효력을 상실하게 될 것이다. 그렇게 되면 그때까지 양도인이 지급한 보험료는 무용한 것이 되고, 양수인이 새로이 보험계약을 체결할 때까지 그 피보험이익은 무보험상태가 되어 양도인이나 양수인 누구에게도 유익하지 못한 결과가 된다. 이에 상법은 보험의 목적을 양도한 때에는 보험계약상의 권리와 의무를 동시에 양도한 것으로 추정한다는 규정을 두게 된 것이다.

2. 권리양도 추정의 요건

(1) 유효한 보험계약이 존속할 것

보험의 목적이 양도되는 때에 양도인과 보험자 사이에 유효한 보험계약이 존재하고 있어야 한다. 그러나 보험계약이 유효한 이상 면책사유가 있어도 보험계약상의 권리, 의무는 양수인에게 이전되고, 보험자는 양수인에 대하여 면책사유를 주장할 수 있을 뿐이다.

(2) 보험의 목적이 물건일 것

보험의 목적은 물건이어야 한다. 그러므로 보험관계가 물건과는 관계가 없는 경우로써 의사, 변호사, 공증인 등과 같이 일정한 지위에 있는 자가 그 지위에서 생기는 책임에 관한 책임보험과 같은 경우에는 그 지위가 일신전속적인 것이므로 타인에게 양도될 수 없고, 보험계약도 이전되지 않는다. 또한 보험의 목적은 반드시 동산, 부동산 등의 물건이어야 하는 것은 아니며 무체재산권도 포함된다.

(3) 물권적 이전이 있을 것

보험의 목적의 양도는 보험의 목적에 대한 소유권이 물권변동에 의하여 특정승계의 방법으로 양수인에게 이전하는 것을 말한다. 그러므로 단지 양도의 채권계약만으로는 부족하다. 보험의 목적의 양도에 따르는 보험계약의 추정은 법률의 규정에 의하여 당연히 생기는 것이므로 보험자 또는 제3자에 대한 대항요건, 예컨대 선박양도의 경우 등기의 이전(상법 제734조), 채권양도의 경우 통지나 승낙(민법 제450조 이하) 등은 필요하지 않다.

3. 양도의 효과

(1) 보험계약상의 권리와 의무의 이전

1) 양수인의 지위

보험의 목적을 양도하면 양수인이 보험계약상의 권리와 의무를 승계하는 것으로 추정한다(상법 제679조 제1항). 이 경우 양수인은 피보험자의 지위뿐만 아니라 보험계약자로서의 지위도 승계한다.

2) 보험관계의 이전의 추정

보험의 목적을 양도하면 보험계약상의 권리와 의무가 양수인에게 이전하는 것으로 추정될 뿐이다. 따라서 당사자는 이와 반대의 의사가 있었음을 증명한 때에는 추정의 효과는 부인된다. 이 경우 보험계약은 실효하게 된다.

(2) 제3자에 대한 대항요건

보험의 목적의 양도에 따르는 보험계약관계의 이전의 추정은 법률의 규정에 의하여 당연히 생기는 것이므로 보험관계의 이전에 관한 보험자 기타 제3자에 대한 대항요건 예컨대 선박양도의 경우 등기의 이전(상법 제734조), 채권양도의 경우(예컨대 보험금 청구권만의 양도) 통지나 승낙(민법 제450조 이하) 등은 필요하지 않다(그러나 대항요건을 갖추어야 한다는 반대설이 있음). 실제에 있어서는 보험자에게 서면으로 그 뜻을 통지하고 보험증권에 승인배서를 얻도록 하는 약관의 조항을 두는 것이 보통이다.

4. 보험자에 대한 통지의무

(1) 의의

피보험자가 보험의 목적을 양도한 때에는 양도인 또는 양수인은 지체없이 보험자에 대하여 통지하여야 한다. 피보험자의 변경은 보험자에게 중요한 이해관계가 있기 때문이다.

(2) 통지의무자의 통지의 방법

통지는 양도인 또는 양수인중 1인이 하면 되고 통지의 방법에는 제한이 없다. 그러나 각종의 보험약관에서는 서면으로 통지하도록 정하고 있다.

(3) 통지의무의 해태

통지의무자가 이를 게을리 한 경우 어떠한 효과가 생기는가에 대하여 우리 상법은 아무런 규정이 없다. 입법의 불비이다. 학설로는 위험의 변경 · 증가시 통지의무 위반의 경우 보험자보호규정을 유추적용하여야 한다는 견해가 있다. 그러나 단순히 보험의 목적의 양도가 있다고 하여 위험이 변경 또는 증가된다고 보는 것은 무리라 할 것이고, 위험변경증가의 통지의무위반의 효과를 유추적용하는 것은 양수인에게 너무 가혹하다. 그렇다면 이 경우 통지의무를 해태한 때에는 불법행위의 일반원칙에 따라 해결한다고 하는 것이 타당할 것이다. 그러므로 보험자가 선의로 양도인에게 보험금을 지급하여도 이의를 제기하지 못하며, 그로 인하여 보험자가 손해를 입은 때에는 손해배상을 청구할 수 있다고 해석하는 것이 타당하다.

판례는 위험변경증가의 통지의무위반의 법리를 따르자는 입장인데, 보험계약자가 보험목적의 양도에 따른 통지의무를 위반하였으나 그로 인해 현저한 위험의 변경 또는 증가가 없는 경우에 해지할 수 없다고 한다. 즉 화재보험의 목적물이 양도되었으나 소유자만 바뀌고 보험요율의 결정요소는 동일한 경우, 그 통지의무 위반을 이유로 보험계약을 해지할 수는 없다고 하였다(대법원 1993. 7. 26. 선고 95다52505 판결).

요약정리

20 보험의 목적의 양도(讓渡)

1. 총설

(1) 의의

보험의 목적의 양도(讓渡)는 거래대상의 되는 물건보험계약에서 피보험자가 보험계약의 대상으로 되어 있는 목적물을 그 의사표시(意思表示)에 의하여 매매나 증여처럼 타인에게 양도하는 것을 이른다. 그리하여 상속이나 회의 합병 등과 같이 보험계약상의 권리의무관계가 포괄적으로 승계하는 경우는 여기에 포함되지 않는 것이다. 그 이유로는 후자(後者)는 단순한 채권양도이나 전자(前者)는 양도인이 보험계약상의 권리와 의무를 승계(承繼)하는 것이기 때문이다.

(2) 양도의 인정이유(認定理由)

본래 손해보험계약은 특정한 피보험이익(被保險利益)을 전제로 하고 있기 때문에, 피보험이익과 피보험자의 동일성(同一性)은 바로 그 보험계약의 동일성을 나타내며, 피보험자가 달라지면 보험계약의 효력도 달라지게 되는 것이다. 따라서 보험의 목적의 양도는 이론적인 측면에서는 양도인이 그 목적에 관하여 가진 원래의 피보험이익은 소멸(消滅)하고, 또 양수인은 보험자와 어떠한 관계를 가진 것이 아니므로 원칙적으로 그 보험관계를 종료(終了)시키게 된다. 그러나 실제 거래에서는 앞서의 이론에 따르는 양도인이 지급한 보험료가 무작위로 낭비되고, 또한 피보험이익이 일시적으로는 무보험상태(無保險狀態)에 처할 위험이 있으므로 이들의 불이익을 치유하기 위하여 보험관계를 소멸시키지 아니하고 양수인이 승계(承繼)하는 것을 인정하고 있으며, 이것이 당사자의 의사에 부응하는 점에서 적합하다. 이러한 거래계의 필요와 요청에 의하여 상법은 피보험자가 보험의 목적을 양도한 때에는 양수인은 보험계약상의 권리와 의무를 승계한 것으로 추정(推定)하고 있다(상법 제679조 제1항). 그러나 상호보험의 경우에는 보험의 목적을 양도하였을 때 양수인이 상호보험회사의 승인을 얻지 아니하면 양도인의 권리를 승계할 수 없다.

2. 권리양도(權利讓渡)의 추정의 요건(要件)

(1) 양도할 당시에 보험계약관계가 유지될 것

보험의 목적이 양도될 당시에 양도인과 보험자 사이에 유효한 보험계약이 있어야 하는 것은 당연한 것이며, 그리하여 특정한 보험계약이 존속하고 있다면 면책사유가 있더라도 보험계약은 양수인에게 이전하지만 보험자는 양수인에 대해서도 주장할 수 있다.

(2) 보험의 목적이 물건이어야 할 것

보험의 목적의 양도는 원래 물건에 관한 것이므로 의사, 공증인, 변호사, 임차인, 사업주 등과 같은 일정한 지위에 있는 자가 그 지위에서 생기는 책임에 대한 이른바 직업인 배상책임보험의 경우에는 그 지위가 양도되어도 보험계약의 이전문제는 생기지 않는다. 여기서 물건이라는 것의 의미는 그것이 동산이든, 부동산, 나아가 유가증권이든지 관계가 없으나 그것은 특정 또는 개별화되어 있어야 한다.

(3) 물권적 이전이 있을 것

보험의 목적의 양도는 이른바 물권적 양도이어야 한다. 따라서 보험의 목적의 이전에 관한 채권계약만이 있는 것으로는 부족하고 그 점유권이 양수인에게 이전한 때 비로소 보험관계가 이전하게 된다. 또 여기서 양도에는 영업의 양도의 경우는 포함되지만 상속이나 합병과 같은 경우는 보험의 목적의 이전과 함께 보험계약상의 권리의무도 법률상 당연히 이전하므로 상법 제679조의 적용은 없게 된다. 그러나 강제집행의 결과로 경락인에게 보험의 목적물이 귀속한 경우에는 상법 제679조는 준용된다.

3. 양도의 효과(效果)

(1) 보험계약상의 권리의무의 승계

피보험자가 보험의 목적을 양도한 경우에는 동시에 보험계약에 의하여 발생한 권리와 의무가 양수인에게 승계한 것으로 추정된다(상법 제679조 제1항). 그리하여 처음부터 타인을 위한 보험계약의 경우에는 그 계약의 성질은 아무런 변함이 없으나 '자기를 위한 보험계약' 은 그 목적의 양도로 양수인이 보험계약자로서의 지위도 아울러 승계하여 보험계약자는 보험관계에서 떠나게 된다. 그러나 보험의 목적의 양도할 당시에 아직 미지급된 보험료가 있을 때에는 양도인과 양수인이 연대하여 지급할 책임이 있다고 해석한다. 그리고 양수인은 보험계약자 또는 피보험자로서의 권리와 의무를 가지게 된다. 다만 선박보험의 경우에 선박의 양도에 대하여 보험자의 동의가 없으면 당해 보험계약은 종료되고(상법 제703

조의 2 제1호), 자동차보험에서도 자동차의 양도에 대하여 보험자의 승낙이 없으면 보험계약상의 권리와 의무는 양수인에게 승계되지 아니한다(상법 제726조의 4).

(2) 양도의 통지의무

보험의 목적을 양도한 경우에는 양도인 또는 양수인은 지체없이 보험자에게 그 사실을 통지하여야 한다(상법 제679조 제2항). 통지의 방법으로는 제한이 없으나, 거래 실무에서는 서면에 의한 통지와 보험자의 승인배서를 필요로 하고 있다. 양도인 또는 양수인이 보험의 목적의 양도에 관한 통지를 게을리 한 경우에는 당해 보험약관이 정하는 바에 의하여 그것을 양도한 날로부터 일정한 기간이 경과한 후에 발생한 사고에 대하여는 보험자는 보상책임을 면할 수 있다고 해석한다. 그러나 지시식보험증권의 경우나 법률상 당연한 지시증권으로 본다는 상관습이 있는 경우[93]에는 그 양도의 통지를 필요로 하지 아니하고 단지 배서만 있으면 된다고 본다.

(3) 양도의 추정과 보험계약관계

상법은 보험의 목적을 양도한 경우에는 양수인이 보험계약상의 권리와 의무를 승계한 것으로 추정(상법 제679조 제1항)할 뿐이므로 반대의 증명이 있을 때에는 그 효과가 발생하지 않는다. 그리하여 이러한 경우에 그 보험계약이 양도인에게 그대로 존속하느냐 점에 대한 의문이 남게 되는데, 양도인에게는 피보험이익이 이미 상실되었으므로 그 결과로 보험계약은 당연히 효력을 잃게 된다고 보는 것이 타당하다. 생각건대, 상법 제679조 제2항은 '단지 통지하여야 한다' 라고 규정하므로써 대항하지 못한다. 라고 규정하지 않고 따라서 이러한 불편을 제거하기 위하여 법률상 당연히 이전하는 것으로 하고, 목적물의 양수인에게 계약해지권을 주는 것이 보다 합리적이라는 입법론이 있으며, 외국의 실례를 찾아볼 수 있다.

(4) 보험자 그 밖의 제3자에 대한 관계

보험의 목적의 양도효과는 법의 규정에 의하여 반증이 없는 한 직접으로 생겨나므로 그 밖의 제3자에 대한 관계에 있어서 다른 대항요건을 구비하여야 하느냐에 대하여는 이론이 있다. 한편 상법 제679조는 보험의 목적이 양도된 경우, 양도인 또는 양수인은 지체없이 이 사실을 보험자에게 통지하여야 한다고 하여 통지의무에 대하여 규정하고 있으나, 그 위반의 효과에 대해서는 규정하고 있지 않다. 이러한 통지의무위반의 효과는 통지의 성질과 관련되는데 이에 대하여는 대항요건설과 비대항요건설의 견해가 나뉜다.

우선 대항요건설(對抗要件說)은 양도인 또는 양수인은 보험의 목적의 양도사실을 보험자에게 통지함으로써 피보험자의 교체사실을 보험자 및 제3자에게 대항할 수 있다는 견해인데, 이 견해는 양도인 또

93) 예컨대, 적하보험증권이나 운송보험증권의 경우.

는 양수인은 보험목적의 양도사실을 보험자에게 통지하지 않으면 양수인은 보험자에 대하여 보험금청구권을 행사할 수 없다고 본다. 반면에 비대항요건설(非對抗要件說)은 보험의 목적의 양도에 따른 권리와 의무의 이전은 당사자 사이에 그치는 것이 아니라 별도의 대항요건을 갖출 필요없이 보험자 및 그 밖의 제3자에게도 대항할 수 있다고 보는 것으로써, 이 견해는 양도인 또는 양수인이 보험목적의 양도사실을 입증하여 보험금청구권을 행사할 수 있다고 한다. 다만 이 경우에 보험자가 보험목적의 양도사실을 모르고 보험금을 양도인에게 지급하여도 양수인은 이의를 제기할 수 없으며, 이로 인하여 보험자가 손해를 입은 때에는 통지의무자는 이를 배상하여야 한다고 보고 있다[94].

즉, 후자는 '대항요건을 갖출 필요없이 당연히 보험자 그 밖의 제3자에게 대항할 수 있다' 고 하고, 또 다른 전자(前者)는 '민법소정(民法所定)의 대항요건(민법 제449조와 제450조)을 필요로 한다는 것' 이 바로 그것이다. 그러나 보험의 목적의 양도는 채권양도와는 성질이 전혀 다르므로 민법소정의 대항요건을 필요로 하는 것은 아니라고 보고, 다만 보험자에 대한 통지의무(상법 제679조 제2항)를 게을리 한 때에 그로 인한 불이익을 받을 수 있다고 해석한다. 따라서 상법 제679조 제1항의 권리의무승계의 추정의 효력은 제3자에게도 미치는 것이고, 상법 제679조 제2항의 통지의무는 민법 제450조 지명채권양도의 통지와는 다르므로 비대항요건설이 타당한 견해이다. 그리고 유가증권으로서의 성질을 갖는 보험증권이 발행된 경우에는 보험증권상의 권리이전의 효력요건으로서 보험증권의 배서 또는 인도를 하여야 한다[95].

(5) 목적의 양도에 따르는 위험의 현저한 변경이나 증가의 경우

보험의 목적의 양도행위로 사고발생의 위험이 현저하게 변경되거나 증가된 때에는 보험자는 그 사실을 안 날로부터 1월 이내에 보험료의 증액을 청구하거나 당해 보험계약을 해지할 수 있다고 해석한다(상법 제653조).

94) 정찬형, 상법판례평석, 홍문사, 2000, 513면.
95) 이범찬, 전게서, 529면.

기본학습

21 어음이나 수표에 의한 보험료지급의 효과

1. 서설

어음이나 수표는 대표적인 유가증권이다. 그러므로 만약 보험계약자가 어음이나 수표로 보험료를 지불한 경우 일응 액면금액의 지불을 받은 것으로 볼 여지가 있다. 그러나 어음이나 수표는 통화 그 자체가 아닌 것이므로, 지급이 거절되는 경우(부도)를 완전히 배제할 수는 없다. 이런 경우 보험료의 지급이 없는 것과 같으므로 문제가 되는 것이다. 다시 말하면 보험계약자가 어음이나 수표로 최초의 보험료를 지불하고 보험자가 승낙전에 사고가 발생한 경우에, 보험자가 특히 청약을 거절할 사유가 없었던 경우 또는 승낙후라도 부도가 난 경우 보험자는 책임을 지는가가 문제된다.

(1) 어음수표의 일반법리에 따르는 설

어음, 수표의 교부는 당사자간의 특약이 없으면 기존채무(보험료지급채무)의 지급방법으로서 수수한다고 해석하는 것이 통설이다. 물론 기존채무의 지급자체로서 어음이나 수표를 수수한다는 특약이 있는 경우에는 이를 부정할 이유는 없다(사적 자치의 원칙).

전자의 경우에는 기존채무의 이행은 아직 없는 것이 되므로 기존채무는 존속하지만, 후자의 경우에는 대물변제(이것도 변제이다)로 보므로 현실의 이행이 있는 것이 되어 기존채무는 소멸한다. 따라서 어음수표의 일반법리에 따르면, 특약이 없는 한 어음이나 수표의 교부로 보험자의 보험료지급청구권은 소멸하지 않고(왜냐하면 어음 등을 교부하였지만 아직 변제를 한 것은 아니므로), 보험료지급청구권과 어음상의 권리가 모두 병존하게 된다. 따라서 보험자는 어음상의 권리를 행사하여 만족을 받지 못할 경우(부도시) 기존의 보험료청구권을 행사할 수 있게 된다. 그러므로 어음수표의 일반법리에 따르면 전술한 예에서 후자의 경우처럼 당사자가 특약으로 '보험료의 지급자체(또는 지급에 갈음하여)'로 어음이나 수표가 교부하였다면 교부시점이 보험료의 지급시로 해석된다. 그러나 당사자의 특약이 없는 경우에는 전자의 경우처럼 '보험료의 지급방법으로(또는 지급을 위하여)' 교부한 것으로 해석하여야 하므로 어음수표금의 결제가 있는 때에 보험료가 지급된 것이라고 해석된다.

선일자수표(예컨대 3월1일에 수표를 교부하면서 도래하지 않은 3월10일을 발행일자로 하는 수표, 발행일자가 도래한 이후에 선의 취득한 자를 보호하여야 한다는 유통성의 원칙상 인정된다) 역시 교부일자가 아닌 수표금액의 결제일에 보험료를 지급한 것으로 보게 된다. 따라서 보험자의 책임개시는 어음수표금액의 결제일자라는 결론에 도달한다.

이와 같은 어음수표법리의 일반론을 보험관계에 그대로 적용할 경우, 보험자가 금액결제를 요구한 때가 보험료지급일자가 되게 되어, 보험자의 지급제시를 한 때가 언제이냐에 따라서 보험자의 책임발생시기가 좌우되므로 자칫 부당한 결과를 야기할 수 있다.

따라서 보험자가 지급제시하기 전에 보험사고가 나면 보험료를 부지급한 상태에서 보험사고가 발생한 것이 되어 보험계약자측은 보험보호를 받지 못하게 되어 부당하다. 이처럼 일반법리를 그대로 적용하는 것은 문제가 있어 보험법학자들은 보험관계에서 어음수표법리를 수정하여 적용하고자 한다.

(2) 해제조건부 대물변제설

여기서 조건이란 법류효과의 발생 또는 소멸을 제한하기 위하여 부가되는 약관을 말한다. 이때 해제조건이란 법률행위의 효력의 소멸을 의존케 하는 조건을 말한다. 그러므로 A를 해제조건으로 정하였을 때, A라는 조건이 성취되면 법률행위의 효력은 소멸한다. 반면에 조건이 불성취한 경우 효력은 지속된다. 대물변제란 채무자가 부담하고 있는 본래의 급부에 갈음하여 다른 급부를 현실적으로 함으로써 채권을 소멸시키는 채권자와 채무자 사이의 계약을 말하며, 변제와 같은 효력이 있다. 대물변제는 현실의 급부에 의하여 채권자가 만족을 얻게 되므로 채권은 그 목적을 달성하게 된다. 따라서 민법은 채권의 소멸사유로 규정하고 있다.

해제조건부 대물변제설은 어음, 수표의 교부는 부도를 해제조건으로 한 대물변제라고 본다. 따라서 현실의 지급을 한 것으로 이해하는 바, 일단 어음이나 수표의 교부가 있는 경우 어음, 수표금액의 결제를 기다리지 않고 그 교부일자에 보험료의 지급이 있는 것으로 된다. 물론 보험자의 책임도 교부일자에 개시된다. 이 설은 어음수표의 교부를 대불변제(지급에 갈음한 것)로 보고 있는 데, 전술한 것처럼 특약이 없는 한, 어음수표의 교부를 대물변제로 보지 않고, 지급을 위하여 한 것으로 해석하는 것이 보통이다. 따라서 어음, 수표의 일반법리를 무시하는 이론이라는 점에서 문제점이 있다.

(3) 지급유예설

어음, 수표의 교부는 지급을 위하여 한 것으로 보고(즉 일반법리에 따른다), 다만 보험료지급채무에 대한 지급 그 자체는 어음의 만기나 수표의 지급제시(결제시)까지 유예한다는 당사자의 특약이 있는 것으로 본다는 견해이다. 이 설은 어음수표의 일반법리를 존중하면서 보험법의 특성을 잘 조화시킨(즉 보험계약자의 보호) 견해로 비교적 무난하다고 본다.

(4) 선일자수표

최초의 보험료로 선일자수표를 교부한 경우, 선일자수표도 일반의 어음이나 수표와 달리 볼 이유가 없으므로 그 교부시에 보험료의 지급이 있는 것으로 보아야 한다는 견해도 있다. 그러나 선일자수표는 수표상에 기재된 발행일자 이전에는 지급제시를 하지 않는 것이 관행이므로, 선일자수표의 교부일에 액면금의 지급효과가 있다고 볼 수는 없다. 그러므로 선일자수표의 경우에는 액면금액이 결제된 때에 보험료의 지급이 있는 것으로 보아야 할 것이다. 대법원 판례도 같은 취지이다.

요약정리

21 보험료를 선일자수표로 지급

1. 총설

(1) 선일자수표의 보험료지급의 경우의 문제점

선일자수표로 보험료를 지급하였을 때, 선일자수표를 발행 · 교부한 날이 되는 지, 아니면 수표문면상에 기재된 발행일 이후 실제로 지급제시가 된 날이 지급한 일자가 되는 것인지가 문제이다.

1) 선일자수표의 의의

선일자수표(先日字手票)는 '발행일자를 현실의 발행일보다 후일의 일자로 기재한 수표'를 말한다. 즉, 그 발행자와 수취인간에 특별한 합의가 없었더라도 일반적으로 수취인이 그 수표상의 발행일 이전에는 자기나 양수인이 지급을 위한 제시(提示)를 하지 않을 것이라는 약속이 이루어져 발행된 유가증권이다. 따라서 대부분의 경우 당해 발행일자 이후의 제시기간내의 제시에 의해 결제되는 것이다. 예컨대, 2010년 12월 12일 날 수표를 발행하면서 수표의 발행일을 2011년 2월 12일로 기재하는 것이다. 물론 선일자수표도 본질적으로 일람불출급성을 잃은 것은 아니므로 발행일자 이전에 지급을 위한 제시가 있을 때에는 그날에 지급하여야 되게 되어 있음은 수표법 제28조 제2항에 의하여 분명하고, 이것은 동시에 발행자에게 위험부담을 강요하는 것과 같은 측면이 없지 아니하나 그렇다고 해서 선일자수표가 발행 · 교부된 날에 액면금의 지급효과가 발생된다고 볼 수 없다. 참고로 지급제시기간은 수표법상 10일내이다.

2) 선일자수표의 유효성

수표에 기재된 사항은 수표상의 의사표시의 내용이지 사실의 기록이 아니므로 비록 수표에 발행일로 기재된 일자와 실제 발행일이 다르더라도 수표발행의 효력에는 아무런 영향이 없다. 따라서 선일자수표는 유효하며, 수표법에서도 선일자수표의 유효성을 전제로 그 일람출급성(一覽出給性)[96]을 규정하고 있다. 또 지급제시의 특약을 위반하면 손해배상책임을 지게 된다.

(2) 보험료지급에 관한 내용

보험계약에 있어서 보험료로 지급한 어음이나 수표의 상법 제656조의 보험료지급시점에 대한 논의에 대하여 학설이 대립된다.

1) 어음수표의 일반법리에 따르자는 견해(정지조건설)

이 견해는 어음 · 수표에 있어서의 일반적인 법리에 따른 변제의 효과를 보험료 지급시에도 그대로 적용시키려는 입장이다. 따라서 이 견해에 따르는 한, 어음 · 수표의 지급이란 당사자간의 민법 제466조의 대물변제의 특약이 존재하지 않는 한 어디까지나 '지급을 위한' 효과밖에 인정할 수 없게 된다. 즉, '이행에 갈음한다.' 라는 효력은 나타나지 않게 되므로 상법 제656조의 해석상 어음 · 수표의 교부를 통한 보험료의 지급이 있는 경우에는 원칙적으로 추후에 현실적인 어음 · 수표금의 지급이 있게 되는 시점에 비로소 보험자의 책임이 개시된다고 볼 수 있다. 따라서 그 결제 전에 일어난 보험사고에 대해서는 보험자는 책임이 없다. 다만 보험자가 어음 · 수표를 받고 보험증권을 교부한 경우에는 어음을 보험료지급에 갈음한다는 묵시적 합의가 있는 것으로 추정하여 책임을 인정한다. 그러나 이 견해를 고집하면, 계속적인 채무관계로서의 보험계약에 있어서는 보험자의 책임개시의 시기가 부당하게 늦추어져서 보험계약자 및 피보험자의 보호에 충실하지 못할 수 있다는 비판이 있다.

2) 해제조건부 대물변제설[97]

이 견해는 어음 · 수표의 지급이 이루어지지 아니하는 것을 해제조건으로 보험자가 어음 · 수표를 교부받은 날짜를 보험료의 지급일로 하여 보험자의 책임개시의 시점(始點)으로 정하고자 하는 학설이다[98]. 그러나 이 견해는 해제조건부이기는 하나, 일반적인 어음 · 수표를 통한 대금지급 시 단순한 '이행을 위한' 효과만이 인정되는 의사해석의 기본원칙과는 거리가 먼 보험계약자의 자의적인 입장이 된다.

96) 수표법은 수표의 일람출급성을 관철하기 위하여 제28조 제2항에서 '기재된 발행일자 이전에 지급제시를 한 때에도 그 제시일에 지급하여야 한다' 따라서 선일자수표의 발행일자전에 지급제시를 한 경우 지급인이 발행인의 자금이 없어 지급을 거절한 때에도 그 소지인은 발행인에 대하여 소구(遡求)할 수 있다(수표법 제39조). 참조.

97) 일본의 학설과 판례의 입장이라 한다. 채이식, 495면.

98) 최준선, 상법사례연습(하), 202면.

3) 지급유예설(猶豫說)

이 견해는 어음·수표를 보험자가 보험료지급을 위하여 수령한 경우, 일반원칙에 따라 어디까지나 이행을 위한 효과밖에 없는 것으로서 변제의 효과가 도래한다고 볼 수는 없겠으나 보험자가 어음·수표를 수령하는 행위 속에는 묵시적으로 최소한 거래의 관행상 어음·수표의 지급(보험료의 납입)이 이루어지는 시점까지 보험자가 보험계약자의 보험료지급의무를 유예시켜준 것으로 해석하는 학설이다[99]. 따라서 만약에 보험자가 보험증권을 어음·수표의 실질적인 지급이 이루어지기 이전의 시점에 이미 발행·교부하여 주었다면 별단의 사정이 없는 한, 이러한 유예의 의사표시로 해석된다고 한다[100]. 그러나 이 견해를 취한다하더라도 예컨대, 보험자가 보험증권 등에 명시적으로 보험료가 언제까지 지급되어야 한다는 시점을 지정하고 있으면, 묵시적인 유예의 효과가 도래할 수는 없을 것이므로 일의적으로 유예가 되었다고 단정할 수는 없다. 즉, 보험자와 보험계약자간의 의사표시해석의 문제가 될 것이고, 보험자가 보험료의 지급이 이루어지지 않았다는 이유로 자신의 면책을 주장하는 것은 개개의 사례에 있어서는 신의칙위반(信義則違反)이나 권리남용(權利濫用)의 경우가 되기도 할 것이다.

4) 구분설

어음은 신용증권이므로 지급기일까지 보험료의 지급을 유예한 것(선일자수표를 어음과 같이 취급함)으로 본다. 그리하여 결제시에 비로소 지급이 있고, 그 이전의 사고에 대하여는 책임을 지지 않는다. 반면 수표를 교부한 경우에는 지급거절을 해제조건으로 한 대물변제로 설명하므로 일단 보험자가 수표를 수령하면, 그 때부터 책임을 지게 된다. 다만 보험사고가 났으나 수표가 지급거절 되면 보험료를 납입하지 않은 것이 되므로 보험자는 책임을 지지 않게 된다[101].

2. 학설의 검토와 판례입장

앞서의 견해들을 비교하여 검토한 결과로는 현재 다수설은 세 번째 견해인 유예설로서, 그 이론적 구성에 있어서 가장 문제점이 적은 것으로 판단되므로 원칙적으로 이를 택하고, 개개의 보험계약관계에서 구체적인 의사해석의 문제에 맡겨야 할 것이다. 우리의 보험계약법에서는 영미의 보험계약법상의 'cover note'나 독일 보험계약법상의 'vorläufige Deckungszusage' 같은 개념에 대해서는 논의가 거의 이루어지지 못하고 있는 실정이어서 보험자의 책임개시의 시기를 합리적으로 설정함에 있어서 더욱 난점이 제기된다고 본다. 보험계약관계의 종국적인 성립을 위해서는 보험자의 사무 처리상 정당한 시일이 요구되는 경우, 그 정식의 보험가입의 시점까지 우선적인보험보호를 제공하는 상기의 제도들은 흔히 보험자의 책임개시의 시점을 정하는 문제와 결부되어 보험계약당사자간의 의사해석의 대상이 된다.

99) Edgar Hofmann, Privatversicherungsvertragsrecht, 2. Aufl., S. 90, Rdnr, 227.: 최기원, 220면 : 장경환, 법정고시, 97년 11월호, 77면 ; 손주찬 '상사법의 제문제', 275-285면.

100) Hofmann, a. a. O., S. 90.; 재인용.

101) 현실적으로 보험사고후에 수표를 부도낼 보험계약자는 없을 것이므로 보험자가 부도를 이유로 면책되는 경우는 지극히 적을 것이다.

우리 대법원판결은 선일자수표로 보험료를 납부한 경우에 있어서 해제조건부에 입각하여 수표발행일에 이르기까지에는 지급제시가 이루어지지 않는다는 점만을 강조한 나머지 보험계약관계의 관행에 적합하지 못한 결정을 하여 보험자의 책임개시의 시점을 부당히 늦춘 감이 있다. 그러나 정지조건부에 입각한 견해로는 당사자간에 별도의 특약이 없으면 보험자는 선일자수표를 교부받은 것만으로는 보험료를 수령하였다고 볼 수 없고, 따라서 이때에 보험기간이 개시되는 것으로 볼 수 없으므로 그 수표의 결제 전에 발생한 보험사고에 대하여 보험금지급책임이 없다고 본 대법판결[102)]은 타당하다고 한다.

3. 결론

보험료의 지급과 보험자의 책임개시시기에 대하여 상법 제656조에 규정하고 있다. 이때에 보험계약자가 보험료로 어음 · 수표를 낸 경우에, 보험자의 책임발생시기인 언제가 되는지의 문제이다. 이에 대하여 학설은 대체적으로 '보험자는 어음 · 수표의 결제전의 보험사고에 대하여 보험금지급채무를 부담한다' 고 보고 있다.

한편 상법 제638조의 2 제3항과 제656조와의 관계가 문제가 된다. 따라서 전자는 보험계약이 성립하기 전에 보험자가 책임을 지는 경우이고, 후자는 보험계약이 성립한 후에 보험자가 책임을 지는 경우이다. 보험자가 보험계약상 책임을 지는 기간을 보험기간이라 하는데, 이러한 보험기간은 원칙적으로 보험계약이 성립한 후에 개시된다. 이러한 보험기간은 당사자간에 다른 약정이 없으면 원칙적으로는 보험자가 최초의 보험료를 지급받은 때부터 개시되는데, 당사자간의 다른 약정 등에 의하여 보험계약의 성립전의 어느 시기를 보험기간이 발생하는 시점으로 할 수도 있다(소급보험). 그리고 상법 제638조의 2 제3항과 같이 계약이 성립하기도 전에 책임도 지는 바, 이는 당사자간에 이에 관한 약정이 없는 경우에도 적격피보험체를 보호하기 위하여 정책적으로 인정된 규정이라고 할 수 있다.

102) 대판 1989. 11. 28. 선고, 88다카 33367 판결.

기본학습

22 화재보험

1. 화재보험의 의의

화재보험이라 함은 화재로 인하여 보험의 목적에 생긴 손해를 보상하기 위한 손해보험이다(상법 제683조). 여기서 화재라 함은 보통의 용법에 의하지 아니하고, 독립한 연소력을 가진 연소작용으로 인한 재해라고 해석하는 것이 통설이다. 화재의 독립성에 대한 인정여부는 일반의 사회통념에 따라서 결정하여야 할 것이다. 그러므로 화재로 번지지 아니한 열의 작용으로 인한 물건의 손상이나 불에 접촉하여 생긴 물건의 손상은 화재로 인한 손해가 아니다.

2. 화재보험의 목적

화재보험의 목적은 유체물에 한한다. 우리 상법 제685조는 건물과 동산을 예정하고 있으나 그 밖의 교량, 입목이나 삼림 등도 대상이 될 수 있다. 건물에 대한 화재보험은 건축중인 건물도 보험의 목적으로 할 수 있다. 또한 동산의 경우 개별적인 물건을 보험의 목적으로 할 수 있음은 물론이고, 나아가서 일정한 곳에 존치한 의류나 가전제품 일체라고 하는 것처럼 집합한 물건을 보험의 목적으로 할 수 있다.

3. 화재보험증권

화재보험증권에는 제666조에 게기한 사항 외에 ① 건물을 보험의 목적으로 한 때에는 그 소재지, 구조와 용도 ② 동산을 보험의 목적으로 한 때에는 그 존치한 장소의 상태와 용도 ③ 보험가액을 정한 때에는 그 가액을 기재하여야 한다(상법 제685조). 화재보험약관은 대문, 담, 곳간, 간판, 네온싸인, 안테나, 선전탑 및 이와 비슷한 건물의 부착물과 통화, 유가증권, 인지, 우표, 귀금속, 보석, 서화, 골동품 등은 보험증권에 기재하여야만 보험의 목적이 된다고 정하고 있다(화보약관3). 이것은 보험의 목적에 포함되는지 여부를 놓고 당사자간에 분쟁이 생기는 것을 막고 나아가서 도덕적 위험을 방지하기 위한 것이다.

4. 보험자의 손해보상 책임

(1) 위험보편의 원칙

화재보험자는 화재의 원인여하를 불문하고 화재로 인하여 발생한 손해를 보상할 책임이 있다. 이것을 위험보편의 원칙이라고 한다. 그러나 이 원칙은 다른 약정이 없는 경우에 적용되는 일반원칙이고, 면책사유가 있는 경우에는 보상책임을 지지 아니한다. 면책사유로는 ① 보험계약자 또는 피보험자나 보험수익자의 고의 또는 중대한 과실로 인한 손해 ② 전쟁 기타의 변란으로 인한 손해 ③ 보험의 목적의 성질, 하자 또는 자연소모로 인한 손해(상법 제678조) 등이 있다.

(2) 상당인과관계 있는 손해

보험자가 보상하여야 할 손해는 화재와 상당인과관계 있는 손해이어야 한다. 따라서 일단 대피시켜 놓은 물건을 도난당하였을 경우 보험자는 그에 대한 보상책임을 지지 않는다. 상법은 화재의 소방 또는 손해의 감소에 필요한 조치로 인하여 생긴 손해에 대하여도 보험자는 보상할 책임이 있다고 규정하고 있다(상법 제684조). 이는 상당인과관계설을 취하는 한 당연한 것이지만 직접 화재로 인하여 생긴 손해가 아니므로 의문을 피하기 위하여 특히 규정한 것이다.

5. 집합보험

상법은 집합된 물건을 일괄하여 보험의 목적으로 하는 집합보험의 경우에 피보험자의 가족과 사용인의 소유에 속한 물건도 보험의 목적에 포함된 것으로 하며, 이 경우에는 그 보험은 그 가족 또는 사용인을 위하여서도 체결한 것으로 본다고 규정하고 있다(상법 제686조). 특히 집합보험에 있어서 객체의 전부 또는 일부가 특정되어 있지 아니하고, 다만 그 특정의 방법 및 표준이 정해져서 보험계약이 유지되는 것을 총괄보험이라고 한다. 상법은 총괄보험의 경우 보험사고의 발생시에 현존한 물건은 보험의 목적에 포함된 것으로 한다(상법 제687조).

요약정리

22 화재보험

1. 개관

(1) 의의

화재보험계약(contract of fire insurance)는 화재로 인하여 발생하는 손해를 보상할 것을 목적으로 하는 손해보험계약이며, 화재로 인하여 생긴 손해는 그 원인여하를 따지지 아니하고 보상하지만 화재이외의 재해로 인하여 생긴 손해는 보상하지 않는다[103]. 여기서 화재는 성질과 규모를 지닌 화력의 연소작용을 말한다.

2. 화재보험계약의 특성

(1) 보험사고

화재보험에 있어서 보험사고인 '화재'는 그 의의에 대하여는 상법에는 규정이 없다. 여기서 화재는 보험자의 책임유무의 기준으로 되어 중요한 것이므로 화재의 정의에 대하여 많은 논란이 있었으나, 아직 완전한 것으로 승인된 것은 없다.

종래의 통설은 「통상의 용법에 의하지 않은 불로서, 독립한 연소력을 가진 연소작용」이라 한다[104]. 따라서 불을 통상의 용법에 따라 이용한다는 것은 불을 적절한 기구 · 설비 · 장소를 선택하여 이용한다는 것이다. 예컨대 난방구의 복사열에 의하여 보험의 목적물이 불에 탄 손해는 통상의 용법에 의한 손해로서 화재가 아니나, 난방구가 넘어져 가구가 불에 탄 손해는 통상의 용법에 의하지 않은 손해로서 화재로 된다.

103) 화재보험은 보통 보험기간을 1년으로 하고 보험료를 년액으로 정하여 선급하는 것이 보통이나, 보험료를 12회 분할하여 월납하게 하고 만기에 지급보험료의 3분의 1에 상당하는 금액을 만기환급금으로 보험계약자에게 환급하는 「월부화재보험」이 있다. 이는 보험사고가 발생치 않고 보험기간이 만료된 경우 보험계약자가 그 지급보험료가 무위로 되었다고 생각할 우려가 있어 이를 배려한 것이다.

104) 김성태, 전게서, 512면, 양승규, 전게서, 269면.

이와 같이 통설에 의하면 아주 미묘한 문제가 생기므로, 최근의 유력설은 화재를 「사회통념상 연소의 불이라고 인정되는 성질과 규모를 가진 화력의 연소작용」이라 한다. 예컨데 화재의 의의를 규명하려는 것은 보험자의 책임의 유무를 명확히 하려는 것이므로, 오히려 그보다 면책조항을 정비하여 보험자의 책임을 명확히 하는 것이 타당하겠다.

(2) 위험보편의 원칙

화재로 인하여 보험의 목적물에 손해가 생긴 때에는, 그 화재가 어떤 원인에 의하여 발생하였는가를 불문하고 보험자는 보험금지급의무가 있다(상법 제683조). 이것을 「위험보편의 원칙」이라 한다[105].

그러나 상법이나 보험약관에서 보험자의 면책조항을 두고 있는 경우 즉 상법상 ① 보험계약자나 피보험자의 고의 또는 중대한 과실로 인하여 사고가 생긴 경우(상법 제659조), ② 전쟁 기타 변란으로 사고가 생긴 경우(상법 제660조), ③ 목적물의 성질 · 하자 또는 자연소모로 인하여 손해가 생긴 경우(상법 제670조)에는 보험자가 보험금지급의무를 지지 않고, 또 보험약관상 ① 피보험자로 하여금 보험금을 받도 록 하기 위하여 그 피보험자와 세대를 같이 하는 친족 · 고용인이 고의로 손해를 일으킨 경우, ② 화재가 났을 때에 도난이나 분실로 손해가 생긴 경우, ③ 화재로 생긴 것이든 아니든 파열 또는 폭발로 손해가 생긴 경우, ④ 발전기 · 여자기, 변류기, 변압기, 전압조정기, 축전기, 개폐기, 차단기, 피뢰기, 배전반 기타 전기기기나 장치의 전지적 사고로 인하여 손해가 생긴 경우, ⑤ 원인의 직접 · 간접을 불문하고 지진, 분화, 전쟁 혁명, 내란, 사변, 폭동, 소요 기타 이들과 유사한 사태로 인하여 화재 · 연소 기타 손해가 생긴 경우 등에는 보험자는 보험금지급의무를 지지 않는다. 따라서 위험보편의 원칙은 법률이나 보험약관에 보험자의 면책조항이 없는 경우에 적용되는 일반원칙인 것이다[106].

(3) 화재사고의 발생시점

보험법에서 화재는 일정한 시간적 범위와 일정한 공간적 범위에서 연소하는 것이다. 따라서 여기에서는 어느 시점을 보험사고의 발생시로 볼 것인가가 문제되며, 특히 약관에서 「보험기간은 그 초일의 오후 4시에 개시하여 말일의 오후 4시에 종료 한다」고 규정하고 있으므로, 그 직전 또는 직후에 보험사고가 발생한 때에 문제된다. 또한 보험의 목적이 현실로 불이 붙어 타기 시작한 때에 보험사고가 발생한 것으로 보아야 할 것이며 이와 같이 보면 기상 등의 주위의 사정으로 보아 보험의 목적에 불이 번지는 것이 분명하다고 판단되더라도 현실로 불이 붙지 않은 때에는 화재 즉 보험사고가 발생하지 않은 것으로 된다.

105) 대판 1993. 4. 13, 92다 45261 · 45278;화재보험에서 폭발에 의해 손해는 보험자가 보상책임이 없다.
106) 강위두 · 임재호, 전게서, 661면.

3. 화재보험의 목적과 피보험이익

(1) 범위

화재보험의 목적 즉 화재보험사고 발생의 객체는 성질상 유체물에 한하며, 동산이든 부동산이든 불문한다. 상법은 하재보험증권의 기재사항에서 건물을 보험에 붙이는 경우와 건물 내의 동산을 보험에 붙이는 경우로 구분하여 규정하고 있으나(상법 제685조), 보험의 목적이 이에 한한다는 취지는 아니고 건물외의 교량이나 입목 또는 건물 내에 있지 않은 동산도 보험의 목적으로 할 수 있다.

실무상 건물의 부속물인 대문, 담, 간판, 선전탑, 네온사인, 안테나, 가재 등을 보험의 목적으로 하는 경우에나 통화, 유가증권, 귀금속, 귀중품, 보석, 그림, 골동품, 조각물, 장부 등을 보험의 목적으로 하는 경우에는 이를 보험증권에 기재한다.

(2) 집합보험

집합보험은 보험계약에 있어서 보험의 목적이 경제적으로 독립된 다수의 물건의 집합체로 되어 있는 보험이다. 집합보험은 화재보험에 특별한 것은 아니나, 유체물을 보험의 목적으로 하는 화재보험에 특히 많이 이용되고 있어, 상법은 화재보험의 절에 집합보험의 규정(상법 제686조)을 두고 있다.

집합보험에서는 피보험자의 가족과 사용인의 물건도 보험의 목적에 포함되고(상법 제686조 1문), 이 경우 그 보험은 가족 또는 사용인을 위하여 체결한 것으로 본다(상법 제686조).

(3) 총괄보험

총괄보험은 1개의 보험계약에 있어서 보험의 목적이 복수의 물건 또는 사람이고 보험기간 중에 수시로 그 교체가 인정되는 보험이다. 총괄보험은 보험의 목적이 복수의 물건 또는 사람인 점에서 집합보험과 유사하나, 보험기간 중에 수시로 보험의 목적이 교체될 수 있고 교체되어도 보험계약 자체는 아무 변동이 없는 점에서 집합보험과 다르다. 따라서 총괄보험에 있어서는 보험의 목적에 속하는 물건이 교체되어도 보험사고 발생 시에 현존하는 물건이 보험의 목적으로 된다.

(4) 피보험이익

1) 소유자의 이익

화재보험계약에 있어서 피보험이익의 대표적인 것은 피보험자가 보험의 목적에 대하여 가지는 소유자의 이익이다. 물보험(物保險)에 있어서는 특별한 사정이 없으면, 물건의 소유자의 이익을 보험에 붙인 것으로 보는 것이 당사자의 의사에 합치한다. 여기에서 소유자는 법적 의미의 소유권자뿐만 아니라 예컨대 소유권유보매매계약의 매수인과 같이 사실상 보험의 목적의 멸실 · 훼손 등으로 인하여 소유권자와 같은 손해를 입는 관계에 있는 자(경제적 의미의 소유자)도 포함한다.

2) 담보권자의 이익

담보권의 목적물이 화재로 인하여 소실된 때에는 피담보채권의 변제를 받을 가능성은 감소되나, 그렇다고 하여 피담보채권을 상실하는 것은 아니므로, 채권자(담보권자)는 채무자로부터 그 채권의 변제를 받을 수 있다. 그러므로 담보권자의 이익을 피보험이익으로 하는 화재보험에 있어서는 보험사고가 발생하였다고 하여 당연히 보험금을 지급하는 것이 아니다.

3) 타인의 물건의 보관자의 이익

타인의 물건의 보관자는 그 보관 중의 물건이 화재로 인하여 소실된 때에는 면책사유가 없는 한 소유자(위탁자)에 대하여 손해배상책임을 부담하게 되며 이와 같이 보관자가 손해배상책임을 부담함으로써 입은 손해를 보상하는 보험으로서 상법은 보관자의 책임보험(상법 제725조)이라는 특별규정을 두고 있다.

4) 비용이익 · 영업중단이익

보험의 목적이 화재로 인하여 소실된 때에 그 후 그 처리를 위하여 불가피하게 지출하는 비용의 손해 즉 비용이익이 생길 수 있고 점포로 사용하고 있는 건물이 소실되어 휴업하게 되었거나 임대가옥이 소실되어 임대수입을 받지 못하게 되어 얻을 수 있는 이익을 상실하는 손해, 즉 영업중단이익이 생길 수 있다. 이러한 비용이익이나 영업중단이익을 보험에 붙인 경우도 화재가 원인이므로, 이는 광의의 화재보험이라 할 수 있다.

4. 화재보험계약의 효과

(1) 손해보상책임

화재보험에 있어서도 보험사고로 인하여 손해가 생긴 때에는 보험자는 피보험자에게 그 손해를 보상할 책임이 잇다. 화재보험에 있어서 법정 · 약정의 면책사유는 후술하기로 한다.

화재보험증권에는 제666조에 게기한 사항 외에 ① 건물을 보험의 목적으로 한 때에는 그 소재지, 구조와 용도 ② 동산을 보험의 목적으로 한 때에는 그 존치한 장소의 상태와 용도 ③ 보험가액을 정한 때에는 그 가액을 기재하여야 한다(상법 제685조). 화재보험약관은 대문, 담, 곳간, 간판, 네온사인, 안테나, 선전탑 및 이와 비슷한 건물의 부착물과 통화, 유가증권, 인지, 우표, 귀금속, 보석, 서화, 골동품 등은 보험증권에 기재하여야만 보험의 목적이 된다고 정하고 있다(화보약관 제3조). 이것은 보험의 목적에 포함되는지 여부를 놓고 당사자간에 분쟁이 생기는 것을 막고 나아가서 도덕적 위험을 방지하기 위한 것이다.

기본학습

23 운송보험

1. 의의

운송보험의 육상운송에 관한 사고로 인하여 운송물에 생긴 손해를 보상할 것을 목적으로 하는 손해보험이다(상법 제688조). 넓은 의미의 운송보험에는 육상운송보험과 해상운송보험의 양자를 모두 포함하는 것이지만 좁은 의미에서는 육상운동 즉 육상 또는 호천, 항만에서의 물건운동에 관한 보험을 말하며 해상운송보험을 포함하지 않는다. 또 약관에는 항만에서의 운송물의 위험은 담보에서 제외하여 육상 또는 하천호소에서의 손해만을 보상하도록 정하는 것이 보통이다.

운송보험은 보험계약자인 화주가 일정한 화물을 일정한 지점에서 일정한 목적지까지 제3자의 운송인을 통하여 운송하는 과정에서 발생될 수 있는 운송위험을 담보하는 보험이다. 화물의 소유자인 화주가 운송 중 화물 손상시 손상의 책임이 있는 운송인으로부터 신속하고 충분한 보상을 받기 어렵기 때문에 별도의 운송보험에 가입함으로써 화주의 화물에 대한 이익을 보호하려는 데 그 목적이 있다. 화물의 운송과 관련된 이해관계자는 화물에 대한 소유권을 가지고 있는 화주, 그리고 화물운송 책임이 있는 운송인이며 이러한 소유이익을 가지고 있는 화주가 가입하는 보험이 운송보험이다.

2. 운송보험의 목적물

운송보험에서의 목적물은 운송물이다. 따라서 운송용구가 기차나 자동차 등은 운송보험의 목적이 아니고 차량보험에서 담보한다. 또한 여객은 운송보험의 목적이 아니고 인보험에서 담보한다.

3. 보험사고

운송보험의 보험사고는 운송중에 운송물에 발생할 수 있는 모든 사고이다(상법 제688조). 보험사고를 열차의 전복으로 인한 멸실이나 훼손과 같이 특유한 사고에 한하지 않고 일체의 원인을 포괄적으로 담보하는 것이다. 운송중의 화물은 완전히 피보험자의 관리를 떠나 피보험자로서는 감독의 방법이 없고 특히 손해가 발생한 경우 그 원인을 입증하기가 곤란하기 때문에 포괄책임주의를 채택하고 있는 것이다. 그러나 운송보험약관에서는 보험사고를 어느 정도 제한하고 있는 것이 보통이다.

4. 손해보상의무

(1) 면책사유

운송보험자는 운송중 운송물에 발생한 모든 사고를 보상하여야 하는 것이 원칙이다(상법 제688조). 그러나 운송보험자는 ① 보험계약자 또는 피보험자나 보험수익자의 고의 또는 중대한 과실로 인한 손해 ② 전쟁 기타의 변란으로 인한 손해 ③ 보험의 목적의 성질, 하자 또는 자연소모로 인한 손해(상법 제678조)를 보상할 책임이 없음은 당연하다. 그밖에도 운송보험에 특유한 면책사유로 상법은 보험사고가 송하인 또는 수하인의 고의 또는 중대한 과실로 인하여 발생한 때에는 보험자는 이로 인하여 생긴 손해를 보상할 책임이 없다고 규정하고 있다(상법 제692조).

(2) 보험기간

운송보험의 보험기간과 관련하여 다른 약정이 없으면 운송인이 운송물을 수령한때로부터 수하인에게 인도할 때까지 생기는 손해를 보상할 책임이 있다(상법 제688조).

(3) 보험가액 불변경주의

손해액의 산정은 보험가액을 기준으로 하게 된다. 보험가액은 당사자 사이에 협정이 없으면, 발송한 때와 곳의 가액과 도착지까지의 운임 기타의 비용 예컨대 포장비 세금 등을 보험가액으로 한다(상법 제689조 제1항). 또한 운송물의 도착으로 인하여 얻을 이익 즉 희망이익은 약정이 있는 때에 한하여 보험가액중에 산입한다(상법 제689조 제2항).

5. 운송보험증권

운송보험증권에는 제666조에 게기한 사항외에 ① 운송의 노순과 방법 ② 운송인의 주소와 성명 또는 상호 ③ 운송물의 수령과 인도의 장소 ④ 운송기간을 정한 때에는 그 기간 ⑤ 보험가액을 정한 때에는 그 가액을 기재하여야 한다(상법 제690조).

6. 운송의 중지나 변경과 계약효력

보험계약은 다른 약정이 없으면 운송의 필요에 의하여 일시운송을 중지하거나 운송의 노순 또는 방법을 변경한 경우에도 그 효력을 잃지 아니한다(상법 제691조).

요약정리

23 운송보험

1. 총설

(1) 의의

운송보험계약(Transport kersicherungsvertrag, contract of transport insurance)에는 광의의 운송보험계약과 협의의 운송보험계약이 있다. 광의의 운송보험계약은 육상운송보험계약과 해상운송보험계약을 포함하고, 협의의 운송보험계약은 육상운송보험계약 즉 육상(地面 · 地中 포함) 또는 호천(호수 · 하천), 항만(평수구역내)에서 운송물에 관한 사고로 인하여 발생할 손해를 보상할 것을 목적으로 하는 손해보험계약에 포함되며 상법은 운송보험(제4편 제2장 제3절)에서 육상(협의의)운송보험계약(이하 「운송보험계약」이라 칭한다)에 관하여서만 규정하고, 반면에 해상운송보험계약(이하 「해상보험계약」이라 함)에 관하여서는 해상보험(제4편 제2장 제4절)에서 따로 규정하고 있으나, 반면에 항공보험에 대하여는 아무런 규정을 두지 않고 있다.

원래 운송보험은 해상보험에서 비롯한 것으로서 해상보험을 응용한 것이므로 양자간에 본질적 차이가 있는 것이 아니지만 운송보험에는 해상보험의 규정을 준용한다는 규정이 없어도 당연히 해상보험의 규정이 유추 적용된다.

그러나 오늘날에는 컨테이너의 발달로 육상 · 해상에 걸친「통운송」(복합운송)이 널리 일괄적으로 행하여지고 있고 피보험자로서는 통운송에서도 운송위험으로부터 보호받을 필요가 있으므로, 운송보험과 해상보험은 사실상으로나 법률상으로나 밀접하게 관련되어 있다.

2. 운송보험계약의 요소

(1) 보험의 목적

운송보험은 '운송물'에 관한 보험으로서, 운송물에 관한 보험만 인정되고 운송용구나 여객이나 운송수단자체에 관한 보험은 인정되지 않는다. 이 점에서 운송보험은 적하보험 외에 선박보험이 인정되는 해상보험과 다르다.

(2) 보험사고

운송보험은 운송인이 운송물을 수령한 때부터 이를 수하인에게 인도할 때까지 운송물에 관하여 생기는 모든 사고를 보험사고로 한다. 따라서 운송보험사고는 운송물에 관하여 생기는 사고인 한, 운송으로 생기는 사고뿐만 아니라 화재 · 수재 · 도난 · 파손 등으로 생기는 사고도 포함된다. 이것은 운송물이 하주(荷主)의 지배에서 떠나 있어 운송물에 손해가 생겨도 하주는 그 손해의 원인을 증명할 수 없는 것이 보통이기 때문이지만 그러나 당사자는 운송보험계약에서 특정의 사고를 약관을 통하여 보험사고에서 제외할 수 있다.

(3) 보험기간

운송보험의 보험기간은 당사자간의 다른 약정이 없으면, 운송인 또는 운송주선인이 운송물을 수령한 때부터 이를 수하인에게 인도할 때까지이다(상법 제688조).

당사자간의 다른 약정은 보험약관에 운송인 또는 운송주선인이 운송물을 수령한 때부터 시작하여 도착지의 터미널에 도착한 후 일정한 시간이 경과할 때까지로 정하는 것이 보통이다.

운송인 또는 운송주선인에게 운송물을 인도한 후에 운송보험계약이 성립한 경우에 있어서 보험기간은 원칙적으로 보험계약이 성립한 때부터 시작하나, 특약으로 운송물을 인도한 때에 소급하여 보험자의 보상책임이 생기는 것으로 정할 수 있다(통설).

운송인이 수하인의 불명이나 수령거부 또는 수령불능으로 운송물을 수하인에게 인도할 수 없어서 운송물을 공탁 또는 경매(상법 제142조, 제143조)하는 때에는 인도를 한 경우에 준하여 보험기간이 종료된 것으로 보아야 할 것이다.

(4) 보험가액

1) 기평가보험의 경우

보험가액은 당사자 간에 이에 관한 합의가 있는 경우 그 합의가 상당한 때에는 그 협정가액에 의한다(상법 제670조).

2) 미평가보험의 경우

보험가액에 관한 협정가액이 없는 경우에 손해보험법의 통칙(제4편 제2장 제1절)에 의하면「사고발생시」의 가액이 보험가액으로 결정되나(상법 제671조), 사고발생시의 운송물의 실제가액을 정확하게 산정하기가 곤란하므로 운송물을「발송한 때와 곳의 가액과 도착지까지의 운임 기타의 비용을 전 보험기간의 보험가액으로 한다.」(보험가액불변경주의)(상법 제689조 제1항).

여기에서 기타의 비용은 세금, 공과금, 포장비, 하역비 등 하주가 부담할 비용이다. 이러한 비용은 보험사고가 발생하면 하주의 손실로 되므로 보험가액에 산입한 것이다[107].

3) 피보험이익(被保險利益)

운송보험에서는 통상 송하인이 운송물의 소유자로서 가지는 이익을 피보험이익으로 하나, 여러 가지이며, 당사자간의 특약에 의하여 장래 운송물의 도착으로 인하여 얻을 이익 즉, 희망이익을 보험가액 중에 산입할 수 있다(상법 제689조 제2항). 이러한 희망이익을 피보험이익으로 하는 보험을「희망이익보험」이라 한다[108].

희망이익보험은 주로 해상보험에서 이용되며, 운송보험에서는 당사자간에 약정이 있는 때에 한하여 희망이익을 보험가액에 산입한다(상법 제689조 제2항).

3. 운송보험계약의 효력

(1) 손해배상책임

운송보험자는 다른 약정이 없으면 운송인이 운송물을 수령한 때부터 수하인에게 인도할 때까지 생긴 손해를 보상할 책임이 있다(상법 제688조).

손해액의 산정은 보험가액을 기준으로 하고, 운송보험의 보험가액은 전술한 바와 같이 보험가액불변

107) 강위두 · 임재호, 전게서, 630면.
108) 강위두 · 임재호, 전게서, 631면.

경주의를 취하여 운송물을 발송한 때와 곳의 가액과 도착지의 운임 기타의 비용을 보험가액으로 하며(상법 제689조 제1항) 당사자간의 약정이 있는 때에는 희망이익을 보험가액에 산입한다(상법 제689조 제2항).

(2) 면책사유

1) 법정면책사유

운송보험에서는 상법 제4편(보험)의 통칙(제1장)의 면책사유(상법 제659조, 제660조)와 손해보험 규정(제4편 제2장)상의 면책사유(상법 제678조)외에, 운송보험의 특유한 면책사유로서 「운송보조자의 보험사고의 유발로 인한 손해에 대한 면책」(상법 제692조)을 정하고 있다.

보험사고가 송하인 또는 수하인의 고의 또는 중대한 과실로 인하여 발생한 때에는, 보험자는 이로 인하여 생긴 손해를 보상할 책임이 없다(상법 제692조). 송하인과 수하인은 보험계약자도 피보험자도 아니나 운송에 있어서 일정한 권리의무를 가지므로(상법 제139조 내지 제141조), 송하인 · 수하인의 고의 · 중과실로 인한 보험사고를 보험계약자 · 피보험자의 고의 · 중과실로 인한 보험사고(상법 제659조)와 같이 취급하여 보험자의 면책사유로 규정한 것이다[109].

2) 약정면책사유

운송보험약관상으로는 ① 포장의 불완전, ② 운송지연, ③ 핵연료물질 또는 핵연료물질에 의하여 오염된 물질, 방사성 그 밖의 유해한 특성 또는 이들의 특성에 의한 사고, ④ 방사선의 조사(照射) 또는 방사능의 오염, ⑤ 이사화물 중독 또는 항아리, 병 등의 파손, ⑥ 동맹파업, 태업, 작업장 폐쇄, 쟁의행위, 폭동, 소요 또는 이와 비슷한 사건, ⑦ 억류, 압류 또는 이와 비슷한 행위, ⑧ 지진, 분화 또는 이와 비슷한 사고, ⑨ 보험의 목적이 야적되거나 덮개 없는 차 또는 완전히 덮여지지 않은 운송용구에 적재, ⑩ 냉동냉장고 · 냉동냉장기계장치의 파손이나 공장 등의 사유로 생긴 손해는 보험자가 보상책임을 지지 않는다고 규정하고 있다.

(3) 보험증권 교부의무

운송보험계약이 성립한 때에도 보험자는 다른 보험의 경우와 같이 지체없이 운송보험증권을 작성하여 보험계약자에게 교부하여야 한다(상법 640조 제1항). 운송보험증권에는 손해보험증권에 공통적인 기재사항(상법 제666조) 외에, ① 운송의 노순(路順) · 방법, ② 운송인의 성명(또는 상호) · 주소, ③ 운송물의 수령 · 인도의 장소, ④ 운송기간을 정한 경우에는 그 시간, ⑤ 보험가액을 정한 경우에는 그 가액 등을 기재하여야 한다(상법 제690조).

109) 양승규, 전게서, 285면.

4. 운송의 중지와 변경(變更)

(1) 운송의 중지 변경과 보험계약의 효력

해상운송에 있어서 항로의 변경은 위험발생의 가능성에 크게 영향을 미치나, 육상운송에 있어서는 노순을 변경하더라도 위험발생에 본질적 영향을 미치지 않고 또 실제에 있어서도 운송의 일시중지나 노순변경이 자주 일어나고 있으므로 이러한 사실의 발생으로 곧 운송보험계약이 그 효력을 상실한다고 하는 것은 피보험자의 통상의 의사에 반한다. 그러므로 운송보험에 있어서는 당사자 간에 다른 약정이 없으면, 운송의 필요에 의하여 일시 운송을 중지하거나 운송의 노순 또는 방법을 변경하여 운송보험계약은 그 효력을 상실하지 않는다(상법 제691조).

(2) 운송의 중지 변경과 상법 제653조의 관계

운송의 필요에 의하여 일시 운송을 중지하거나 변경함으로써 사고 발생의 위험이 현저하게 변경 또는 증가한 때에 상법 제653조에 이하여 보험자가 보험료증액청구나 보험계약해지를 할 수 있는지 문제가 되며 이에 관하여는 긍정설[110]과 부정설이 나뉜다. 운송의 중지 · 변경의 경우에 보험계약이 효력을 잃지 않는 것은 운송의 중지 · 변경이 위험발생에 본질적 영향을 미치지 않기 때문이므로, 운송의 중지 · 변경으로 사고발생의 위험이 현저하게 변경 · 증가될 정도인 때에는 보험자는 보험료증액청구나 보험계약해지를 할 수 있다고 보는 긍정설이 타당하다[111].

110) 양승규, 전게서, 286면, 채이식, 전게서, 565면, 정찬형, 전게서, 619면 .
111) 강위두 · 임재호, 전게서, 633면.

기본학습

24 책임보험

1. 총설

(1) 책임보험계약의 의의

책임보험계약이란 피보험자가 보험기간 중에 생긴 사고로 제3자에 대하여 손해배상책임을 짐으로써 입은 손해를 보험자가 보상할 것을 목적으로 하는 손해보험계약을 말한다(상법 제719조).

책임보험은 직접적으로 피보험자에게 생긴 손해를 보상하는 것이 아니고, 보험사고의 발생으로 인하여 제3자에게 발생한 손해를 피보험자가 배상하므로써 피보험자가 입게 되는 간접손해를 보상할 것을 목적으로 하는 보험이라는 점에서 일반 손해보험과는 다르다.

책임보험의 대상으로 되는 책임은 원칙적으로 민사책임을 말한다. 민사책임이라면 반드시 불법행위나 채무불이행책임에 한하지 않고, 계약에 의한 책임도 포함한다(예컨대 신원보증보험). 그러나 형사책임은 벌금이나 과료 등 재산형의 경우에 있어서도, 그것은 형사책임을 지는 자의 일신에 전속하는 책임이기 때문에 책임보험의 대상으로 할 수 없는 것이다.

책임보험은 ① 보험자가 보상책임을 지는 객체에 따라 신체장애배상책임보험과 재산손해배상책임보험으로 ② 피보험자의 대상에 따라 영업책임보험, 직업인책임보험 및 개인책임보험으로 ③ 그리고 보험의 가입에 대한 강제성 여부에 따라 강제책임보험과 임의책임보험으로 나눌 수 있다.

(2) 책임보험의 역할

1) 민사책임과 책임보험

산업혁명을 거쳐 현대사회에 이르기까지 인류는 눈부신 과학문명의 발달을 이룩하였고 필연적으로 다양한 위험을 출연시키고 있다. 산업재해나 교통사고 등이 빈발하게 되었고, 이에 응하여 불법행위법이나 각종의 특별법은 보상책임설이니 위험책임설 등에 입각하여 사고를 야기한 기업에게 엄격한 배상책임을 부과하고 있다. 그리하여 불법행위제도는 과실이 없으면 책임지지 않는다는 과실책임주의에서 점차로 과실이 없음에도 책임을 인정하는 무과실책임주의로 나아가고 있다. 입증책임도 피해자로부터 가해자에게 전환되어 기업의 책임이 점점 더 엄격하여 지고 있는 추세이다. 뿐만 아니라 오늘날 국민의 일반적인 권리의식이 높아지고 있으며, 특히 법원은 막대한 고액의 배상판결을 선고하고 있어서 기업 활동은 더욱 위축되고 있다. 이러한 배상책임의 이행을 확보하는 제도로서 책임보험이 활용되게 되었다. 아무리 불법행위제도를 엄격하게 하여 피해자를 보호한다고 하더라도, 배상책임을 부담하는 자에게 배상자력이 부족하다면 피해자의 구제는 한낱 구호에 불과하게 된다.

오늘날 불법행위제도는 책임보험과 결합하여 가해자인 기업에게는 위축된 경제활동의 활로를 열어주고, 피해자에게는 배상의 보장이라는 역할을 담당하고 있는 것이다. 일반적으로 불법행위책임이 엄격해지면 엄격해 질수록 책임보험의 필요성은 더욱 더 커질 것이다.

2) 가해자 보호와 피해자 보호

책임보험은 법적 책임을 부담하는 가해자와 그 상대방인 피해자 쌍방을 보호하는 기능을 갖는다. 가해자로 될 우려가 있는 자는 비교적 소액의 보험료부담으로 책임보험에 가입함으로써 배상책임을 부담하는 경우 입게 되는 경제적인 손해를 경감시킬 수 있다.

한편 피해자는 가해자가 책임보험에 가입되어 있는 결과, 배상자력이 확보되기 때문에 확실하게 손해의 배상을 받을 수 있게 된다. 왜냐하면 불법행위법이 가해자의 책임을 아무리 엄격히 하여도, 가해자가 현실적으로 배상자력이 없다면 피해자가 배상을 받을 수 없기 때문이다. 따라서 어떠한 경우에도 법률이 가해자로 하여금 책임보험에 가입할 것을 강제하여 피해자의 구제를 확보하고 있다(자동차손해배상책임보장법에 의한 자동차손해배상책임보험).

3) 책임보험의 한계

책임보험은 피보험자가 배상책임을 부담함으로써 입은 손해를 보상하는 계약이기 때문에, 보험급부의 전제로서 피보험자가 배상책임을 부담할 것을 요한다. 그러므로 피해자는 피보험자에게 배상책임이 존재한다는 것을 입증하지 않으면 안된다. 그리고 그 입증이 반드시 쉽지만은 않고, 비용과 시간이 들게 된다. 이러한 이유로 피해자는 신속한 구제를 받는 것이 곤란할 수 있다. 나아가서 피해자가 가해자의 배상책임을 입증할 수 없는 경우에는 보상을 받을 수 없게 된다. 이는 책임보험의 성질상 당연한 것이지만, 이러한 책임보험의 한계는 결국 책임보험의 가해자의 배상책임 의존성에 있다. 이러한 제약을 탈피하는 제도로서 외국에서는 No-fault보험이 시행되고 있다.

(3) 책임보험계약의 성질

1) 손해보험성

책임보험은 보험자가 피보험자의 제3자에 대하여 부담하는 손해배상책임을 보상하는 보험으로 손해보험에 속한다.

2) 재산보험성

책임보험은 특정한 물건에 생긴 손해를 보상하는 것이 아니고, 피보험자의 전재산에 대하여 생기는 손해를 보상하는 보험이므로 재산보험에 속한다.

3) 소극보험성

책임보험은 피보험자가 제3자에 대하여 배상책임을 짐으로써 생긴 간접손해를 보상하는 것이므로 소극보험에 속한다.

2. 책임보험계약의 요소

(1) 보험의 목적

일반의 손해보험계약에 있어서 보험의 목적은 건물이나 선박 등과 같이 특정한 물건이지만 책임보험에 있어서는 피보험자의 전재산이 보험의 목적이 된다. 따라서 피보험자가 제3자의 청구를 방어하기 위하여 지출한 재판상 또는 재판외의 필요비용은 피보험자가 배상책임을 지지 않는 경우에도 보험의 목적에 포함된 것으로 하고 있으며, 나아가서 피보험자는 보험자에 대하여 그 비용의 선급을 청구할 수도 있다(상법 제720조 제1항). 또한 영업책임보험의 경우에는 피보험자의 대리인 또는 사업 감독자의 제3자에 대한 책임도 보험의 목적에 포함된 것으로 하고 있다(상법 제721조).

(2) 피보험이익

책임보험에 있어서도 피보험이익의 관념을 인정하는 것이 통설이다. 그리고 책임보험에 있어서의 피보험이익은 피보험자가 자신의 전재산에 대하여 재산의 감소를 가져오는 사고가 발생하지 않음으로써 갖는 경제적 이해관계라 정의할 수 있다. 그러나 책임보험에 있어서는 피보험이익의 가액 즉 보험가액은 원칙적으로 존재하지 않는다. 왜냐하면 피보험자의 전재산은 유동적이고, 피보험이익에 발생하게 될 손해의 최고액도 예상할 수 없기 때문이다. 그러므로 책임보험의 경우에는 보험금액과 보험가액이 불일치하는 문제 즉, 초과보험, 중복보험, 일부보험의 문제는 발생하지 않는다. 다만 예외로서 타인의 물건을 보관하는 자나 재보험에 있어서의 원보험자의 경우는 그 책임의 최고 한도액이 분명하므로 초과보험이나 일부보험의 문제가 발생할 수 있다.

(3) 보험사고

화재보험과 같은 물건보험의 경우에는 화재의 발생이라는 명백한 사실이 보험사고가 되기 때문에 문제가 없다. 그러나 책임보험의 경우에는 물건보험의 경우와 달리 보험사고를 간명하게 결정하기가 곤란하다. 왜냐하면 책임보험에서는 피해자라는 제3자가 있어서 그에게 손해가 발생하는 사실이 있었다고 하여도 그것이 곧바로 피보험자의 손해로 직결되지 않는다는 특수성이 있기 때문이다. 즉 책임보험에 있어서는 보험사고로 볼 수 있는 수개의 사실이 시간적으로도 또한 논리적으로도 접속하여 발생하기 때문이다. 예컨대 자동차보험에 가입한 자동차의 차주의 경우, 피보험자인 차주가 자동차의 운행으로 타인에게 손해를 주었다는 사실(손해사고), 피해자가 피보험자에 대하여 손해배상을 청구하였다는 사실(청구사실), 합의 · 절충이나 소송으로 피보험자의 배상의무가 확정되었다는 사실(책임확정사고), 나아가서 피보험자가 피해자에게 배상의무를 이행하였다는 사실(이행사고) 등이 시간의 경과에 따라서 발생한다.

이와 같은 여러 가지의 사실 중에서 어떠한 사실을 보험사고로 해석함이 타당하다고 할 것인가가 문제된다. 우리나라에서는 다음의 3가지 학설이 유력하다.

1) 손해사고설

제3자에게 손해를 발생시킨 사실 그 자체를 보험사고로 해석하는 입장이다. 이 설의 장점은 보험사고의 발생시점을 객관적으로 확정하는 것이 가능하다는 점이다. 그러나 이 설에 대하여는, 피해자의 손해는 보험자가 보상하여야 할 손해와는 다르고, 실제상으로 피해자에게 손해가 발생하여도 피보험자에게 책임이 발생하지 않는 경우가 있다는 비판이 가하여 진다.

2) 손해배상청구설

피보험자가 제3자로부터 재판상 또는 재판외의 청구를 받은 사실을 보험사고라고 보는 입장이다. 이 설은 보험사고의 발생시점을 피해자의 배상청구라는 객관적 사실에 의하여 명확하게 파악한다는 장점이 있다. 그러나 이 설에 의할 경우 보험사고의 성립여부 및 발생시점이 피해자의 청구의사에 좌우되기 때문에 보험기간내의 사고인가 아닌가 여부를 판단함에 있어서 객관성을 결한다는 문제가 있다.

3) 책임부담설

피보험자가 법적 책임을 부담한다는 사실을 보험사고라고 보는 입장이다. 이 설의 특색은 피보험이익과 보험사고가 대응한다는 점에 있다. 책임보험은 배상책임을 담보하는 보험이므로, 피보험자가 법적 책임을 부담함으로써 생긴 손해가 보상하여야 할 손해라는 점에서 볼 때 책임보험에 충실한 해석이라고 할 수 있다. 그러나 이 설에 의하면 피보험자가 손해배상의 청구를 받은 경우에도, 피보험자의 책임의 유무가 확정되기 전에는, 보험사고는 발생하지 않은 것이 되어 보험자가 방어비용을 지급하는 이유를 설명하기 곤란하다는 난점이 있다.

4) 검토

종합하면 배상청구설은 보험사고의 발생시점이 피해자인 제3자의 청구의사에 따라 좌우되게 된다. 그 결과 손해사실이 보험기간 중에 발생하였다고 하더라도 보험기간이 경과한 후에 제3자가 배상청구를 하는 경우, 보험사고가 아니라고 해야 하는 난점이 있다. 그리고 책임부담설은 피보험자에게 법률상 책임이 발생하지 않아도 방어비용을 보상하는 상법 제720조에 반한다. 따라서 약간의 문제점은 있지만 손해사고설이 타당하다고 생각한다.

손해사고설에 의할 경우 보험기간 중에 발생한 손해에 대하여 보험자가 책임을 진다는 손해보험의 일반원칙에 적합하다. 또한 오늘날 책임보험의 기능이 궁극적으로는 피해자의 보호에 있다고도 할 수 있다. 그러므로 제3자가 피보험자에게 배상청구를 할 수 있는 원인이 된 손해사고를 보험사고라고 하는 것이 타당할 것이다[112].

(4) 손해전보의 방법

1) 선이행형

이것은 피보험자가 피해자에 대하여 부담하는 손해배상의무를 현실적으로 이행한 경우에 그 지급한 금액을 한도로 보험자가 피보험자에 대하여 보험금을 지급하는 방법이다.

이 방법에 의할 경우 피보험자가 배상자력이 불충분하다면 자금을 차입하지 않는 한 배상채무를 이행할 수 없게 된다. 이것은 책임보험의 효용을 감소시키게 되어 피보험자의 기대에 반한다. 또한 책임보험에 의한 구제를 가장 필요로 하는 피해자의 입장에서도 피보험자가 무자력 기타 행방불명 등의 사유가 있는 경우 신속하게 배상을 받지 못한다는 문제점이 있다.

2) 책임부담형

이것은 피보험자의 책임이 확정되는 단계에 그 이행여부를 불문하고 보험자가 피보험자에 대하여 보험금을 지급하는 방법이다. 이 방법은 피보험자의 선이행을 보험금지급의 요건으로 하지 않는다는 점에서 선이행형의 결점을 보완한 것이다. 그러나 이 방법에 의할 경우에도 보험금은 피보험자의 법적 책임이 재판상 또는 재판외의 확정이 이루어진 경우에 한하여 지급되게 된다. 그러므로 피보험자가 행방불명 등으로 인하여 피보험자의 법적 책임이 확정되지 못하거나 비록 피보험자의 법적 책임이 확정되어 보험금이 지급된 경우라도 피보험자가 보험금을 다른 목적으로 유용할 경우 피해자는 배상금을 지급받을 수 없게 된다는 문제점이 있게 된다.

3) 책임면탈형

이것은 피보험자가 보험자에게 보험금액의 한도에서 피보험자가 피해자에게 부담하는 손해배상액 또는 그에 상당하는 보험금을 피해자에게 지급하여 피보험자의 배상책임을 면탈시켜줄 것을 보험자에게 청구하는 방법이다. 이 방법은 피보험자의 책임이 면탈되는 동시에 피해자는 신속하고 확실하게 구제를 받을 수 있어 가장 합리적인 방법이라 할 것이다.

112) 김학선, 전게서, 면.

3. 책임보험 계약의 효과

(1) 보험자의 손해보상책임

책임보험자는 피보험자가 보험기간중의 사고로 인하여 제3자에게 배상책임을 진 경우에 이를 보상할 책임이 있다(상법 제719조).

1) 손해보상의 범위

보험자는 피보험자의 제3자에 대한 변제, 승인, 화해 또는 재판으로 인하여 확정된 채무(상법 제723조 제1항) 외에 피보험자가 제3자의 청구를 방어하기 위하여 지출한 재판상 또는 재판외의 필요비용(상법 제720조 제1항)과 재판의 집행을 면하기 위한 담보의 제공 또는 공탁의 비용(상법 제720조 제2항)은 보험금액의 한도내에서 보상할 책임이 있다.

이때 피보험자의 방어행위와 담보제공, 공탁행위가 보험자의 지시에 의한 것인 때에는 그 금액에 손해액을 가산한 금액이 보험금액을 초과하여도 이를 보상하여야 한다(상법 제720조 제3항).

이러한 방어비용은 일반의 손해보험계약에 있어서 손해방지경감의무와 같다. 또 영업책임보험에 있어서 보험자는 피보험자의 대리인 또는 그 사업감독자의 제3자에 대한 책임으로 인한 손해도 보상하여야 한다.

2) 손해보상기간

보험자는 특약이 없는 한 피보험자로부터 변제 등의 채무확정의 통지를 받은 날로부터 10일 내에 보험금액을 지급하여야 한다(상법 제723조). 그러나 보험자는 피보험자가 제3자에게 배상을 하기 전에는 보험금액의 전부 또는 일부를 피보험자에게 지급하지 못한다. 이는 피해자 보호를 위한 정책적 규정이다.

(2) 피보험자의 의무

1) 통지의무

피보험자가 제3자로부터 배상의 청구를 받은 때(상법 제722조)와 그 채무가 확정된 때(상법 제723조 제1항)에는 지체없이 보험자에게 그 통지를 발송하여야 한다. 이는 보험자로 하여금 적당한 조치를 취할 수 있게 하여 보험금의 지급준비를 시키고자 함이다.

2) 보험자에 대한 협의의무

피보험자는 제3자에 대한 변제, 승인, 화해 등에 의하여 채무를 확정하고자 하는 경우 보험자와 협의하여야 한다고 본다. 왜냐하면 피보험자에 의한 채무의 확정은 보험자에게 직접적인 이해관계를 미치기 때문이다. 만약 보험약관에 이 의무위반의 경우 면책된다고 정하였다 하더라도 그 채무확정행위가 현저하게 부당한 것이 아니면 보험자는 보상책임을 면하지 못한다(상법 제723조 제3항).

(3) 제3자의 지위

1) 제3자의 직접청구권

책임보험계약의 경우에 있어서도 보험금청구권은 당연히 피보험자에게 있다. 그러나 보험자는 피보험자가 책임을 질 사고로 인하여 생긴 손해에 대하여 제3자가 그 배상을 받기 전에는 보험금액의 전부 또는 일부를 피보험자에게 지급하지 못한다(상법 제724조 제1항). 피보험자가 보험금의 지급을 받아서 다른 목적으로 유용하거나, 또는 피보험자의 채권자에게 이를 양수하는 등의 일이 있는 경우 피해자는 배상을 받을 수 없게 된다. 따라서 우리 상법은 피해자의 보호를 위하여 이같은 규정을 두고 있다. 그러나 개정상법은 더 나아가서 피해자의 구제에 있어서 가장 효과적인 직접청구권을 인정하였다. 즉 제3자는 피보험자가 책임을 질 사고로 입은 손해에 대하여 보험금액의 한도 내에서 직접보상을 청구할 수 있도록 함으로써 피해자의 보호를 도모하고 있다(상법 제724조 제2항). 계약법의 일반법리에 의하면 제3자와 보험자의 사이에는 아무런 직접적인 법률관계가 없다. 따라서 제3자는 보험자에 대하여 보험금의 지급을 직접 청구할 수 없는 것이 원칙이다. 그러나 이와 같은 계약법의 일반 원칙만을 고집한다면 피해자의 보호가 소홀할 수 있기 때문이다. 책임보험의 보험금은 피해자의 손해를 전보하는 데에만 사용되어야 할 것이므로 보험금이 피해자 이외의 자에게 귀속되는 것을 방지할 필요가 있는 것이다.

2) 보험자의 통지의무

보험자가 제3자로부터 직접청구를 받은 때에는 지체없이 피보험자에게 이를 통지하여야 한다(상법 제724조 제3항). 피해자의 청구가 있는 때에 보험자에게 통지를 의무화한 것은 피보험자의 이익을 보호하고 또한 피보험자의 협조를 얻어 보험금의 지급문제를 처리하려는 취지이다. 예컨대 피보험자가 이미 피해자에게 배상을 하였거나 또는 상계를 할 수 있는 반대채권을 가지고 있는 경우에 피보험자를 보호할 필요가 있기 때문이다.

보험자가 이 의무를 위반하였을 경우 명문의 규정은 없으나 손해배상의무를 면할 수 없다고 본다. 그러므로 보험자가 통지의무를 위반하여 피보험자가 손해를 입은 경우, 예컨대 피보험자가 이미 제3자에게 손해배상을 하였는데, 보험자가 통지 없이 제3자에게 보험금을 지급한 경우, 보험자는 제3자에 대한 보험금지급을 이유로 피보험자의 손해보상청구를 거절하지 못한다.

3) 피보험자의 협조의무

제3자의 직접청구가 있는 경우에 피보험자 및 보험계약자는 보험자의 요청에 따라 필요한 서류, 증거의 제출, 증언 또는 증인의 출석에 협조하여야 한다(상법 제724조 제4항).

4) 보험자의 항변권

제3자가 보험자에 대하여 직접청구권을 행사하는 경우에, 보험자는 피보험자에 대하여 주장할 수 있는 각종의 항변사유로써 당연히 제3자에게도 대항할 수 있다.

제3자의 직접청구권이 아무리 법률의 규정에 의하여 인정된 것이라고 하더라도, 이는 보험자와 피보험자 사이에 책임보험계약이 존재한다는 것을 전제로 하는 것이므로, 보험자에게 항변권을 인정하는 것은 당연하다. 그러나 보험자는 보험사고의 발생 전후에 생긴 피보험자에 대한 모든 항변사유로써 제3자에게 대항할 수 있는 것은 아니다. 보험자는 제3자에 대하여 보험사고 발생전에 가지고 있던 항변(예컨대 고지의무위반으로 인한 해지, 통지의무 기타의 의무위반으로 인한 해지)과 보험사고발생에 관한 항변(예컨대 면책사유의 존재)으로만 대항할 수 있고, 보험사고발생 후에 생긴 항변사유로는 제3자에게 대항할 수 없다.

5) 직접청구권의 소멸시효

피해자의 보험금직접청구권의 법적 성질이 무엇이냐에 관하여는 학설의 대립이 있다. 즉 손해배상청구권설과 보험금청구권설로 나뉜다.

손해배상청구권설은 보험자는 피보험자의 피해자에 대한 채무를 인수하여 그 손해배상책임을 담보하는 것이므로 보험자에 대한 피해자의 손해배상청구권이라는 입장이고 보험금청구권설은 법률의 규정에 의하여 피해자에게 인정된 보험금청구권이라는 입장이다. 그리하여 손해배상청구권설은 소멸시효를 가해자를 안 때로부터 3년이라 해석하게 된다. 반면 보험금청구권설은 보험사고 발생시로부터 2년이라고 해석하게 된다. 판례는 손해배상청구설을 취하고 있다.

책임보험계약에서 보험자는 보험계약자로부터 소정의 보험료를 받고 피보험자가 제3자에게 배상책임을 질 사고로 입은 손해를 보상할 것을 약정한 것이지 그 제3자에 대한 채무를 인수한 것은 아니다. 또한 보험자가 피해자에 대하여 채무인수인으로서 책임을 지게 된다고 보면 가령 피보험자의 고의로 그 사고가 생겨 보험자가 보험금지급책임을 면하는 경우(상법 제659조)에도 피해자에 대한 관계에서는 보험금지급을 거절할 수 없게 되어 이는 불합리한 결과를 가져오게 된다. 그리하여 보험자에 대한 피해자의 보험금직접청구권은 법률의 규정에 따른 보험금청구권이지 손해배상청구권은 아니라고 보는 것이 마땅하다고 생각한다. 다시 말하면 책임보험계약에서 피해자는 법의 규정에 따라 피보험자가 책임을 질 사고로 입은 손해의 보상을 청구하는 것이므로 보험자에 대한 피해자의 보험금청구권은 손해보상청구권이지 손해배상청구권은 아니라 할 것이다.

4. 보관자의 책임보험

보관자의 책임보험이라 함은 임차인 기타 타인의 물건을 보관하는 자가 그 물건의 멸실 · 훼손 등으로 인하여 부담하게 될 손해배상책임을 위하여 그 보관중의 물건을 보험에 붙인 것으로서 책임보험의 일종이다. 이 보관자의 책임보험은 물건의 보관자가 자기를 위하여 자기명의로 보험계약을 체결하는 것으로 물건의 소유자를 피보험자로 하는 타인을 위한 보험은 아니다. 그러나 상법은 물건의 보관자가 무자력 기타의 사유로 물건의 소유자가 손해배상을 받지 못하는 경우를 고려하여, 물건의 소유자 보험자에게 직접 손해의 보상을 청구할 수 있도록 직접청구권을 인정하고 있다(상법 제725조) 따라서 소유자의 직접청구권이 보관자의 보험금청구권과 경합하는 경우, 소유자의 직접청구권이 우선한다고 해석하는 것이 다수설이다. 그러므로 물건의 보관자는 소유자에게 손해를 배상한 후가 아니면 보험금을 지급받을 수 없다.

5. 수 개의 책임보험

수개의 책임보험이라 함은 피보험자가 동일한 사고로 제3자에게 배상책임을 짐으로써 입은 손해를 보상하는 수개의 책임보험계약이 동시 또는 순차로 체결된 경우를 말한다.

배상책임보험의 경우 보험가액의 관념이 존재하지 않는다. 그러나 수개의 책임보험계약이 중첩적으로 체결되어 보험금액의 총액이 피보험자의 제3자에 대한 손해배상액을 초과하는 때에는 재물보험에 있어서의 중복보험과 같이 보험사고로 피보험자가 부당한 이득을 얻을 수 있다. 이러한 이유로 상법은 수개의 책임보험에 대하여 중복보험의 규정을 준용하고 있다(상법 제725조 제2항).

요약정리

24 책임보험계약의 특질(特質)

1. 서설(序說)

(1) 책임보험계약의 의의

책임보험계약이라 함은 피보험자가 보험기간중의 사고로 인하여 제3자에게 배상할 책임을 지는 경우에 보험자가 이를 보상할 것을 목적으로 하는 손해보험계약을 이른다(상법 제719조). 이는 직접 피보험자에게 발생한 손해를 배상하는 것이 아니고, 피보험자의 책임으로 돌아갈 사고로 인하여 제3자에게 발생한 손해를 배상하는 이른바 간접손해를 보상하는 것을 목적으로 한다는 점에서 일반적인 손해보험과 차이가 있다. 특히 책임보험에서의 책임은 민사책임만을 의미한다[113]. 민사적 책임인 이상 법률사의 책

113) 최준선, 보험법 - 해상법(제3판), 삼영사, 253면.

임, 불법행위, 채무불이행으로 인한 손해배상책임, 보증인의 책임 등 어느 것이나 책임보험의 대상이 된다. 다만 일정한 한도 내에서 벌금 등 형사적 책임으로 인한 손해도 보상하는 경우도 있다.

(2) 책임보험제도의 발전과정

18세기 이후 현대의 과학기술이 발전함에 따라서 많은 산업재해와 교통사고가 많이 발생함으로써 '과실이 없으면 책임이 없다' 는 사법상의 과실책임주의의 법원리로써는 사회의 정의(正義)와 안전(安全)을 기대할 수 없으므로 기업주의 엄격한 책임을 인정하여 피해자(被害者)의 보호를 꾀하지 않을 수 없게 되었다. 다시 말하여서 현대의 기업생활에 있어서는 공장주, 운송인, 자동차운전자 등 타인에게 손해를 가하여 무과실책임을 져야 할 가능성에 처하는 자가 많으며, 이들은 그 기업상의 책임을 타인에게 전가(轉嫁)하므로써 기업의 원활한 운영을 도모할 필요가 있다. 여기서 책임보험제도의 효용이 있으며, 이것은 배상책임자를 보호하여 기업의 유지발전에 이바지할 수 있는 자위수단이 되는 동시에 피해자인 제3자에게는 위험부담을 보험자에게 전가함으로써 손해배상액의 확보로서 경제생활의 안정을 꾀할 수 있도록 하는 사회적 기능을 다하게 되어 현대보험제도의 총아(Wunderkind)가 되고 있다[114]. 이러한 책임보험제도는 사회의 발전과 더불어 그 형태도 나날이 변화하게 될 것이다. 우리나라에 있어서도 일반배상책임보험이 영위되는 이외에 자동차배상책임보험, 산업재해보상보험, 신체손해배상 특약부 화재보험, 원자력손해배상책임보험 등이 법률에 의하여 강제되고 있으며, 앞으로의 그 발전이 많이 기대된다. 또한 이 제도를 이용하여 가해자의 무자력으로 인한 피해자의 보호도 꾀하여 피해자의 손해배상청구권을 강화하는 수단이 된다.

(3) 책임보험계약의 성질[115]

1) 손해보험성(損害保險性)

책임보험은 보험자가 피보험자의 제3자에 대한 배상책임으로 인한 손해를 배상하는 보험이므로 당연히 손해보험으로 분류된다.

2) 재산보험성(財産保險性)

책임보험은 특정한 물건에 대하여 발생한 손해가 아니고 피보험자의 전 재산(全財産)에서 생기는 손해를 보상하는 것이므로 재산보험에 속한다.

3) 소극보험성(消極保險性)

책임보험은 피보험자가 제3자에 대하여 지게 되는 배상책임으로 인한 손해를 보상하는 것이므로 소극보험(Passivenversicherung)으로 규정한다.

---

114) 양승규 · 박길준, 전게서, 538면.
115) 양승규 · 박길준, 상게서, 538면.

2. 책임보험계약의 특이성(特異性)

(1) 서언

책임보험은 손해보험의 일종이므로 손해보험의 일반적인 규정이 적용되는 것은 당연하나, 그 계약의 성질에서 몇 가지 특이성을 찾아볼 수 있겠다.

(2) 보험의 목적

책임보험은 일반손해보험과 마찬가지로 특정물건에 대한 손해를 보상하려는 것이 아니고, 보험사고로 인한 피보험자의 재산상의 손해의 보상이 주된 목적이므로 보험의 목적은 특정한 개개의 재화가 아니고, 피보험자가 지게 되는 배상책임이며, 그 배상책임의 담보가 되는 것은 바로 피보험자의 전 재산이 된다. 그리하여 피보험자가 제3자의 청구를 막기 위하여 들어간 필요적 비용은 피보험자가 배상책임을 지지 않는 경우에도 보험의 목적에 포함된 것으로 하고(상법 제720조 제1항), 영업책임보험의 경우에는 피보험자의 대리인 또는 사업감독자의 제3자에 대한 배상책임도 보험의 목적에 포함되는 것으로 한다(상법 제721조).

(3) 피보험이익(被保險利益)

책임보험은 재산보험에 속하므로 그 피보험이익은 피보험자가 제3자에 대한 재산적 급여를 하는 책임을 지는 사실이 발생하지 아니하는 것에 대하여 가지는 경제적 이익이다.

(4) 보험가액(保險價額)

책임보험은 역시 재산보험이므로 일반 손해보험에 있어서와 같은 보험가액은 원칙적으로 존재하지 않고, 초과보험이나 중복보험 그리고 일부보험의 문제가 생기지 않는다. 그리하여 손해배상액은 단순히 보험금액과 손해액의 범위 내에서 결정된다. 다만 예외적으로 물건의 보관자의 책임보험의 경우와 같이 목적물이나 책임의 최고한도액이 제한된 경우에는 보험가액을 측정할 수 있으며, 이런 경우에만 초과, 중복, 그리고 일부보험이 인정된다. 그리고 수개의 책임보험계약이 있을 때에는 중복보험에 준하여 이를 다루어야 할 것이다(상법 제725조의 2).

(5) 보험사고

책임보험의 보험사고에 대하여는 그 성질상 여러 견해의 대립이 있다.

1) 손해사고설로써 제3자가 손해를 입은 사고가 발생한 보험사고라는 견해이다.

2) 배상청구설로써 피보험자가 제3자로부터 그 책임에 관하여 배상청구를 받은 것을 보험사고로 보는 견해이다.

3) 책임부담설로써 피보험자가 법률상의 배상책임을 지게 된 것을 보험사고라는 견해이다.

4) 이외에도 피보험자가 제3자에 대하여 부담할 채무가 확정된 것을 보험사고로 보는 채무확정설(상법 제723조 제1항) 또는 피보험자가 제3자에 대한 손해배상채무를 이행한 것을 보험사고로 보는 배상의무이행설(상법 제724조 제1항)이 있으나, 우리나라에서는 이러한 설들은 전혀 받아들여지지 않는다.

5) 결론적으로 보험사고에 대한 불필요한 대립은 책임보험의 성격과 법의 규정이 일률적이 아니라는 데에서 구할 수 있으나, 그 중에서도 손해사고설이 가장 타당하다고 생각된다. 그 이유로는 오는 날 책임보험이 기능적으로는 피해자를 위한 보험으로 변화하여 피해자인 제3자에게 직접적으로 보험금청구권(상법 제724조 제2항, 자배법 등)을 인정하고 있는 점에서도 굳이 손해사고와 보험사고를 구별할 실익이 없기 때문이다.

(6) 손해배상책임

책임보험은 피보험자가 피해자인 제3자에게 손해배상책임을 부담함으로써 입은 손해를 보험자가 보상하기 위한 것이므로 그 배상책임이 중심을 이루고 있다. 여기서 보험자의 배상책임은 피보험자의 피해자에 대한 불법행위책임을 전제로 한 것이다. 그리하여 책임보험에 있어서는 보험관계와 불법행위책임관계는 밀접한 관계를 맺고 있다.

(7) 수 개의 책임보험

책임보험계약에서는 보험가액의 관념이 없으므로 수개의 책임보험계약이 체결되어 있어도 이를 중복보험으로 다룰 수는 없기 때문에 상법은 피보험자가 동일한 사고로 제3자에게 배상책임을 부담함으로써 입은 손해를 보상하는 수개의 책임보험계약이 동시 또는 순차적으로 체결된 경우에 그 보험금액의 총액이 피보험자의 제3자에 대한 손해배상액을 초과하는 때에는 이를 중복보험에 준하여 보험자는 각자의 보험금액의 한도 내에서 연대하여 그 보험금액의 비율에 따라 보상책임을 지도록 하고 있다(상법 제725조 제2항).

3. 책임보험의 효과(效果)

(1) 서설

책임보험계약의 효과는 보험자와 피보험자(또는 보험계약자)간의 관계 즉 내부관계와 보험자와 제3자(피해자) 간의 관계 즉 외부관계로 나누어 고찰할 수 있다[116].

116) 강위두 · 임재호, 상법강의(하), 형설출판사, 658면.

(2) 내부관계

1) 보험자의 보상의무

① 의의

책임보험의 보험자는 피보험자가 보험기간 중 손해사고로 인하여 제3자에게 손해배상책임을 진 경우에 이를 보상할 책임이 있다(상법 제719조).

② 보상범위

ⅰ. 피보험자의 제3자에 대한 채무

책임보험계약도 손해보험계약이기 때문에 책임보험에 있어서 보험자는 보험금액의 한도 내에서 피보험자가 제3자에 대한 손해배상책임을 부담함으로써 입은 손해를 보상할 책임이 있다. 또한 영업책임보험에 있어서 보험자는 피보험자의 대리인 또는 그 사업감독자가 제3자게 대한 손해배상책임을 부담함으로써 입은 손해를 보상할 책임이 있다.(상법 제721조) 그리고 피보험자의 제3자에 대한 변제 · 승인 · 화해 또는 재판으로 인하여 채무가 확정된 (상법 제723조 제1항) 경우에는 보험자는 이를 보상할 책임이 있고, 또한 피보험자가 보험자의 동의없이 제3자에게 변제 · 승인도는 화해를 한 경우에는 보험자가 책임을 지지 않는다는 합의가 있더라도 그 행위가 현저하게 부당한 것이 아니니 한 보험자는 보상책임을 면하지 못한다(상법 제723조 제3항)

ⅱ. 방어비용[117)]

피보험자가 제3자의 청구를 방어하기 위하여 지출한 재판상 또는 재판 외의 필요비용은 보험자가 부담하여야 하고(상법 제720조 제1항 1문), 피보험자는 보험자에 대하여 그 비용의 선급을 청구할 수 있다(상법 제720조 제1항 2문).

피보험자의 방어비용의 성질은 상법 제680조 단서 손해방지비용이고[118)] 보험자의 방어비용부담에 관한 상법 제720조는 주의적 규정이다. 피보험자가 제3자의 청구를 방어하기 위하여 지출한 비용은 당연히 보험자가 부담하여야 하는 것은 아니나, 이를 피보험자로 하여금 부담하게 하는 것은 피보험자에게 너무 가혹하므로 상법은 정책적으로 특별히 보험자가 이를 부담하도록 할 것이다.

ⅲ. 담보의 제공 · 공탁

피보험자가 담보의 제공 또는 공탁에 의하여 재판의 집행을 면할 수 있는 경우에는, 보험자에 대하여 보험금액의 한도 내에서 그 담보의 제공 또는 공탁을 청구할 수 있다(상법 제720조 제2항).

ⅳ. 보험자의 지시에 의한 방어비용 · 담보비용 공탁

피보험자의 방어비용의 지급이나 담보의 제공 또는 공탁이 보험자의 지시에 의한 것인 경우에는, 그

117) 대판 1995. 12. 8, 94 다 27076; 피해자가 반드시 재판상 청구한 경우에 한하여 방어비용이 인정되는 것은 아니다. 또한 2002. 6. 28, 2002 다 22106; 변호사비용에서 미리 보험자의 동의를 받지 아니하면 보험자가 보상할 책임이 없다는 취지의 약관조항은 무효이다.

118) 양승규, 전게서, 323면.

금액에 손해액을 가산한 금액이 보험금액을 초과하여도 보험자가 이를 부담하여야 한다(상법 제720조 제3항).

③ 보상시기

보험자는 특별한 약정이 없으면 피보험자로부터 채무확정의 통지를 받은 날부터 10일 내에 보험금을 지급하여야 하지만(상법 제723조 제2항) 피보험자가 책임을 질 사고로 인하여 생긴 손해에 대하여 제3자가 그 배상을 받기 전에는 보험자는 피보험자에게 보험금의 전부 또는 일부를 지급하지 못한다(상법 제724조 제1항). 이것은 피보험자가 보험금을 받고 피해자에게 지급하지 않거나 늦게 지급하는 것을 방지함으로써 피해자를 보호하지 위한 것이다.

2) 피보험자의 의무

① 보험자에 대한 통지의무

ⅰ. 사고발생의 통지의무

일반손해보험에서와 같이, 피보험자가 제3자에 대하여 손해배상책임을 지게 될 사고(손해사고)가 발생한 것을 안 때에는 지체없이 보험자에게 그 통지를 발송하여야 한다(상법 제657조 제1항).

ⅱ. 배상청구의 통지의무

피보험자가 제3자로부터 손해배상청구를 받은 때에는 지체없이 보험자에게 그 통지를 발송하여야 한다(상법 제722조). 여기에서 손해배상청구는 정당한 청구이든 부당한 청구이든, 재판상의 청구이든 재판 외의 청구이든 불문하고, 또 통지는 구두에 의하든 서면에 의하든 묻지 않는다[119]. 이 배상청구통지의무는 보험자로 하여금 보험금지급의 준비를 할 수 있도록 하기 위한 것이다. 따라서 보험자가 제3자의 손해배상청구가 있은 사실을 알고 있는 경우에는, 피보험자는 그 통지를 할 필요가 없다.

ⅲ. 채무확정의 통지의무

피보험자의 제3자에 대한 변제 · 승인 · 화해로 인하거나 재판으로 인하여 채무가 확정된 때에는 피보험자는 지체없이 보험자에게 그 통지를 발송하여야 한다(상법 제723조 제1항). 이 통지의무의 성질과 그 사실을 안 때의 통지의 불요는 위의 피보험자의 손해배상청구를 받은 사실의 통지의무의 경우(상법 제722조)에서와 같다.

② 보험자에 대한 협의의무

피보험자가 제3자의 손해를 보상하면 이는 보험자의 부담으로 되고 또 손해배상청구권의 유무나 그 행사내용이 반드시 정당한 것이라 단정할 수는 없으므로, 피보험자가 제3자에 대하여 변제 · 승인 또는 화해를 하여 채무를 확정하는 때에는 미리 보험자와 협의하여야 한다[120]. 그러나 피보험자가 보험자의

119) 양승규, 전게서, 368면.
120) 양승규, 전게서, 370면.

동의없이 제3자에 대하여 변제 · 승인 또는 화해를 한 경우에는 보험자가 보상책임을 지지 않는다는 합의가 있는 때에도, 그 행위가 현저하게 부당한 것이 아닌 한 보험자는 그 보상책임을 면하지 못한다(상법 제723조 제3항). 이것은 피보험자의 제3자에 대한 채무의 확정에 반드시 보험자와의 협의를 요하도록 하면 제3자에 대한 손해배상의 원활성을 해할 염려가 있으므로, 보험자와의 협의가 없어도 그 채무의 확정이 현저하게 부당하지 않으면 보험자가 그 책임을 면하지 못하는 것으로 한 것이다. 피보험자가 보험자의 동의없이 현저하게 부당한 변제 · 승인 또는 화해를 한 때에는, 보험자는 그 부당한 부분에 대한 보상을 거절할 수 있다[121].

(3) 외부관계

1) 서 설

보험자와 피보험자간의 관계는 보험관계이고 피보험자와 제3자간의 관계는 손해배상책임관계로서 양자는 별개이면서, 독립적인 관계이므로 보험자는 제3자에 대하여 책임과 의무가 없는 것이다. 그러나 상법은 피해자인 제3자를 보호하려고 제3자의 보험자에 대한 직접청구권을 인정하고(상법 제724조 제2항 본문), 이 경우 보험자의 제3자에 대한 항변권(상법 제724조 제2항 단서), 보험자의 피보험자에 대한 통지의무(상법 제724조 제3항). 피보험자의 협조의무(상법 제724조 제4항) 등을 규정하고 있다.

2) 제3자의 직접청구권

① 의 의

제3자는 피보험자가 책임질 사고로 입은 손해에 대하여 보험금액의 한도 내에서 보험자에게 직접 보상을 청구할 수 있다(상법 제724조 제2항 본문). 이러한 제3자의 직접청구권은 모든 책임보험계약에 인정되는 것이다. 그러나 이외에 보관자의 책임보험에 있어서 물건의 소유자는 보험자에 대하여 손해의 보상을 청구할 수 있고(상법 제725조), 자동차손해배상책임보험에 있어서 의료기관은 보험사업자 등에게 자동차보험진료수가를 청구할 수 있고(자동차손해배상보장법 제11조), 신체손해배상특약부화재보험에 있어서 피해자는 손해보험회사에 대하여 보험금의 지급을 청구할 수 있고(재해보상보험가입법 제9조), 또 원자력손해배상책임보험에 있어서 피해자는 보험금에 대하여 다른 채권자에 우선하여 변제 받을 권리를 가져(원자력손해배상법 제8조), 상법과 특별법에서 특별히 제3자의 직접청구권을 인정하고 있다[122].

② 법적 성질

제3자의 직접청구권의 법적 성질에 관하여, 손해배상청구권설과 보험금청구권설이 대립해 있다. 손해배상청구권설은 책임보험은 보험자가 피보험자의 제3자에 대한 손해배상채무를 인수하는 것이므로 제3자의 직접청구권은 제3자의 보험자에 대한 손해배상청구권이라 하고[123], 보험금청구권설은 책임보험은 보험자가 피보험자의 제3자에 대한 손해배상책임의 부담으로 인하여 손해를 보상하는 것이므로 제3자

121) 강위두 · 임재호, 상법강의(하), 형설출판사, 659면.
122) 강위두 · 임재호, 전게서, 659면.
123) 김성태, 전게서, 623면.

의 직접청구권은 제3자의 보험자에 대한 보험금청구권이라 한다[124].

판례에 따르면 제3자의 직접청구권의 법적 성질은 손해배상청구권설[125]을 취한 것도 있고, 「자동차종합보험약관에 피보험자가 피해자에게 지는 손해배상액이 판결에 의하여 확정되는 등의 일정한 경우에는 피해자가 보험회사에 대하여 직접보험금의 지급을 청구할 수 있도록 규정되어 있더라고, 약관에 의하여 피해자에게 부여된 보험금액청구권은 상법 제662조 보험금액청구권과 다르지 않으므로 이를 2년간 행사하지 않으면 소멸시효가 완성된다.」 고 판시하여 보험금청구권설[126]을 취한 것도 있다.

3) 보험자의 항변권

제3자가 보험자에 대하여 직접청구를 한 경우에, 보험자는 피보험자가 그 사고에 관하여 제3자에 대하여 가지는 항변으로써 그 제3자에 대항할 수 있다(상법 제724조 제2항 단서). 이것은 제3자에게 보험자에 대한 직접청구권을 인정함과 동시에 보험자에게 제3자에 대한 항변권을 인정함으로서 제3자와 보험자간에 형평을 기한 것이다.

4) 보험자의 통지의무

보험자가 제3자로부터 직접청구를 받은 경우에는 지체없이 피보험자에게 이를 통지하여야 한다(상법 제724조 제3항). 이것은 제3자가 직접청구를 한 경우에, 보험자로서는 제3자의 청구가 정당한 것인가를 확인할 필요가 있으며 피보험자로서는 제3자에 대하여 방어할 수 있는 기회를 가져야 하기 때문이다[127].

5) 피보험자의 협조의무

제3자가 직접청구권을 행사 한 경우 피보험자는 보험자의 요구가 있는 때에는 필요한 서류 · 증거의 제출, 증언 또는 증인출석에 협조하여야 한다(상법 제724조 제4항). 여기에서 피보험자의 서류 · 증거의 제출, 증언, 증인출석 등의 협조의무는 예시적인 것이다[128].

4. 보관자의 책임보험

(1) 의의

창고업자, 임차인, 질권자 등 보관자의 책임보험은 임차인 기타 타인의 물건을 보관하는 자가 그 지급할 손해배상을 위하여 그 물건을 보험에 붙인 경우이다(상법 제725조). 이는 물건의 소유자를 피보험자로 하는 타인을 위한 보험계약이 아니라 보관자 자신을 피보험자로 하는 자기를 위한 책임보험계약의 일종이다.

124) 양승규, 전게서, 375면.
125) 대판 1999. 2. 12 [98 다 44956.
126) 대판 1993. 4. 13 93 다 3622.
127) 강위두 · 임재호, 상법강의(하), 660면.
128) 손주찬, 전게서, 644면.

(2) 요건 및 효과

이 요건으로는 타인의 물건보관자가 보험계약자로서 보험계약을 체결하여야 한다. 그리하여 자기소유의 물건을 보관하는 경우에는 보관자의 책임보험계약이 있을 수 없다. 둘째, 보관자가 자기를 위하여 보험계약을 체결하여야 한다. 그 효과로는 보관자의 책임보험계약에 있어서 물건의 소유자는 보험자에 대하여 직접 그 손해의 보상을 청구할 수 있다(상법 제725조). 이러한 보관자의 책임보험계약은 보관자의 자기를 위한 보험계약이므로 보험사고 발생시에는 보관자가 피보험자로서 보험금청구권을 행사하여야 하는 것이나, 보관자가 보험자로부터 보험금을 받고도 피해자에게 배상을 하지 않거나 파산에 의하여 배상하지 못할 염려가 있으므로, 본조는 소유자를 보호하기 위하여 소유자의 보험자에 대한 직접청구권을 인정한 것이다. 즉 보관자의 보험금청구권이 보험자의 책임보험계약의 효력발생과 동시에 법률상 당연히 소유자에게 이전하는 것이다. 그러나 이로 인하여 피보험이익 자체가 변경되는 것이 아니므로, 이것이 타인을 위한 보험계약으로 되는 것이 아니다. 이는 경제적으로는 타인인 소유자가 보호를 받으므로 타인을 위한 보험의 기능을 하고 있다.

(3) 보관자의 권리와 소유자의 권리의 관계

보관자와 소유자는 보험자에 대하여 손해보상청구권을 가지나 보관자가 소유자에게 손해배상을 하지 않는 한 소유자는 보관자에 우선하여 보상을 받을 수 있다고 보아야 할 것이다. 이에 대하여는 청구권병존설과 소유자청구권우선설의 대립이 있으나, 자기를 위하여 보험금지급청구를 할 수 없다고 보는 것이 타당하다. 이외에 보관자의 권리와 소유자의 권리와의 관계에 관하여는 책임보험부분에서 가해자에 대한 손해배상청구권과 보험회사에 대한 직접청구권과의 관계를 유추적용하면 될 것이다[129].

(4) 책임보험과 소유자 자신의 보험과의 관계

소유자가 별도로 자신의 소유권을 피보험이익으로 하여 보험계약을 체결한 경우, 피보험이익이 다르므로 양 보험계약은 병존하게 된다. 만약 소유자가 소유권에 관한 보험계약에 기하여 보험금을 청구한 경우에는 이중이득금지의 원칙상에 의하면 보관자의 책임보험 청구권은 보상받은 범위내에서 소멸한다. 다만 보상을 해준 보험자는 보관자의 책임보험자에 대하여 보험자대위권을 행사할 수 있다(상법 제682조).

129) 최준선, 전게서, 277면.

기본학습

25 자동차보험

1. 자동차보험의 의의

자동차보험은 피보험자가 자동차를 소유, 사용 또는 관리하는 동안에 발생한 사고로 인하여 생긴 손해를 보험자가 보상하기로 약정한 손해보험이다(상법 제726조의 2).

2. 자동차보험의 필요성

자동차라는 교통승용구는 육상의 여객운송은 물론 물류수송 등을 통하여 우리의 생활을 윤택하게 만들어 주고 있다. 전국적인 도로망은 이제 사회간접자본 중에서도 가장 중요한 국가의 인프라이다. 그러나 자동차의 발전은 더불어서 바람직스럽지 못한 교통사고의 피해자를 다수 출현시켰다. 일컬어서 자동차를 달리는 흉기라고도 한다. 그렇지만 현대를 살아가면서 자동차의 사용을 포기할 수도 없다.

결국 사고의 피해자에 대한 가해자의 손해배상제도의 완비가 시급하다. 나아가서 가해자들에게 배상의 자력이 없다면 피해자의 구제는 사실상 곤란하다. 그러므로 자동차사고의 피해자구제와 가해자의 보호라는 문제가 중요한 사회적 과제로 되는 것이며 이러한 필요를 충족시키는 보험이 자동차보험이다.

3. 자동차보험증권

자동차보험증권에는 제666조에 게기한 사항외에 ① 자동차소유자와 그 밖의 보유자의 성명과 생년월일 또는 상호, ② 피보험자동차의 등록번호, 차대번호, 차형년식과 기계장치, ③ 차량가액을 정한 때에는 그 가액을 기재하여야 한다(상법 제726조 제3항).

4. 자동차보험의 종류

(1) 자동차손해배상책임보험(대인배상 I)

자동차손해배상보장법에 의하여 자동차 소유자가 의무적으로 가입하여야 하는 강제보험이다. 이 보험은 피해자구제를 보장하기 위한 사회적보험적 성격을 가지는바 면책사유가 제한되어, 보험계약자 또는 피보험자에게 고의가 있었던 경우에만 면책된다. 그러나 피해자가 보험자에게 직접청구권을 행사한 때에는 비록 보험계약자 또는 피보험자에게 고의가 있었던 경우에도 보험자는 보험금을 지급하고 그 금액을 피보험자에게 청구하여야 한다. 결국 피해자에 대한 관계에서는 무면책 보험이다. 보험금액은 2005년 2월 현재 사망 1억원, 부상 2,000만원, 후유장애 1억원을 한도로 실손해액을 보상한다. 단 사망의 경우 2,000만원을 최저보험금으로 한다.

(2) 자동차종합보험(임의보험, 대인배상 II)

자동차종합보험은 그 가입이 자유로와 임의보험이라고도 하며 네 가지의 기본적인 담보인 대인배상 II , 대물배상, 자기차량사고, 자기신체사고를 하나의 증권으로 인수하는 Package의 보험이다. 최근에는 무보험차상해담보와 타차운전담보가 추가되었다. 이하 자동차보험의 담보종목을 살펴보면 다음과 같다.

1) 대인배상 II

피보험자가 피보험자동차를 소유, 사용, 관리하는 동안에 생긴 피보험자동차의 사고로 인하여 남을 죽게 하거나 다치게 하여 법률상 손해배상책임을 짐으로써 입은 손해 중 대인배상 I 로 지급되는 금액을 넘는 손해를 보상한다. 자동차보험의 여러 가지 담보종목중에서 가장 중요한 지위를 차지한다.

2) 대물배상

피보험자가 피보험자동차를 소유, 사용, 관리하는 동안에 생긴 피보험자동차의 사고로 남의 재물을 멸실, 파손 또는 오손하여(대물사고) 법률상 손해배상책임을 짐으로써 입은 손해를 보상한다. 2005년부터 자동차손해배상보장법에 의하여 가입이 강제된다.

3) 자기신체사고

피보험자가 피보험자동차를 소유, 사용, 관리하는 동안에 생긴 피보험자동차의 사고로 인하여 피보험자 자신이 사상한 때에 그 손해를 보상한다.

4) 자기차량손해

피보험자가 피보험자동차를 소유, 사용, 관리하는 동안에 피보험자동차가 파손, 도난 당한 경우 수리비 및 차량가격을 보상한다.

5) 무보험자동차에 의한 상해

기명피보험자 자신이나 그 가족이 무보험자동차에 의하여 사상한 경우, 그로 인한 손해를 1인당 2억원을 한도로 보상한다.

5. 자동차의 양도

자동차의 양도란 피보험자가 보험기간 중에 보험계약의 대상으로 되어 있는 피보험자동차를 그 개별적인 의사표시(매매, 증여, 교환 등)에 의하여 타인에게 양도하는 것을 말한다.

물건보험의 경우 피보험자가 보험의 목적을 양도한 때에는 보험계약으로 인하여 생긴 권리와 의무를 동시에 양도한 것으로 추정하고 있다(상법 제679조). 그러나 자동차를 양도한 경우 상법은 양수인이 보험자의 승낙을 얻은 경우에 한하여 보험계약으로 인하여 생긴 권리와 의무를 승계한다고 규정하고 있다(상법 제726조의 4). 이는 자동차보험이 차량중심 요율체계에 운전자중심 요율체계를 가미하고 있는 사정을 고려하여 보험자의 이익을 보호하기 위한 것이다. 양수인은 양도사실을 보험자에게 통지할 의무가 있는 것은 물건보험과 같다. 보험자가 양수인으로부터 양수사실을 통지받은 때에는 지체없이 낙부를 통지하여야하고 통지 받은 날부터 10일내에 낙부의 통지가 없을 때에는 승낙한 것으로 본다.

요약정리

25 자동차보험

1. 자동차보험의 의의

자동차보험은 피보험자가 자동차를 소유, 사용 또는 관리하는 동안에 발생한 사고로 인하여 생긴 손해를 보험자가 보상하기로 약정한 손해보험이다(상법 제726조의 2).

2. 자동차보험의 필요성

자동차라는 교통승용구는 육상의 여객운송은 물론 물류수송 등을 통하여 우리의 생활을 윤택하게 만들어 주고 있고 전국적인 도로망은 이제 사회간접자본 중에서도 가장 중요한 국가의 인프라이다. 그러나 자동차의 발전은 더불어서 바람직스럽지 못한 교통사고의 피해자를 다수 출현시켰다. 일컬어서 자동차를 달리는 흉기라고도 한다. 그렇지만 현대를 살아가면서 자동차의 사용을 포기할 수도 없다. 결국 사고의 피해자에 대한 가해자의 손해배상제도의 완비가 시급하다. 나아가서 가해자들에게 배상의 자력이 없다면 피해자의 구제는 사실상 곤란하다. 그러므로 자동차사고의 피해자구제와 가해자의 보호라는 문제가 중요한 사회적 과제로 되는 것이며 이러한 필요를 충족시키는 보험이 자동차보험제도이다.

3. 자동차보험증권

자동차보험증권에는 제666조에 게기한 사항 외에 ① 자동차소유자와 그 밖의 보유자의 성명과 생년월일 또는 상호, ② 피보험자동차의 등록번호, 차대번호, 차형년식과 기계장치, ③ 차량가액을 정한 때에는 그 가액을 기재하여야 한다(상법 제726조 제3항).

4. 자동차보험의 종류

(1) 자동차손해배상책임보험(대인배상 I)

자동차손해배상보장법에 의하여 자동차 소유자가 의무적으로 가입하여야 하는 강제보험이다. 이 보험은 피해자구제를 보장하기 위한 사회적 보험적 성격을 가지는바 면책사유가 제한되어, 보험계약자 또는 피보험자에게 고의가 있었던 경우에만 면책된다. 그러나 피해자가 보험자에게 직접청구권을 행사한 때에는 비록 보험계약자 또는 피보험자에게 고의가 있었던 경우에도 보험자는 보험금을 지급하고 그 금액을 피보험자에게 청구하여야 한다. 결국 피해자에 대한 관계에서는 무면책 보험이다. 보험금액은 2005년 2월 현재 사망 1억원, 부상 2,000만원, 후유장애 1억원을 한도로 실제발생한 손해액을 보상한다. 단 사망의 경우 2,000만원을 최저보험금으로 한다.

(2) 자동차종합보험(임의보험, 대인배상 II)

자동차종합보험은 그 가입이 자유로워 임의보험이라고도 하며 네 가지의 기본적인 담보인 대인배상 II, 대물배상, 자기차량사고, 자기신체사고를 하나의 증권으로 인수하는 Package의 보험이다. 최근에는 무보험차 상해담보와 타차운전담보가 추가되었다. 이하 자동차보험의 담보종목을 살펴보면 다음과 같다.

1) 대인배상 II

피보험자가 피보험자동차를 소유, 사용, 관리하는 동안에 생긴 피보험자동차의 사고로 인하여 남을 죽게 하거나 다치게 하여 법률상 손해배상책임을 짐으로써 입은 손해 중 대인배상 I 로 지급되는 금액을 넘는 손해를 보상한다. 자동차보험의 여러 가지 담보종목 중에서 가장 중요한 지위를 차지한다.

2) 대물배상

피보험자가 피보험자동차를 소유, 사용, 관리하는 동안에 생긴 피보험자동차의 사고로 남의 재물을 멸실, 파손 또는 오손하여(대물사고) 법률상 손해배상책임을 짐으로써 입은 손해를 보상한다. 2005년부터 자동차손해배상보장법에 의하여 가입이 강제된다.

3) 자기신체사고

피보험자가 피보험자동차를 소유, 사용, 관리하는 동안에 생긴 피보험자동차의 사고로 인하여 피보험자 자신이 사상한 때에 그 손해를 보상한다.

4) 자기차량손해

피보험자가 피보험자동차를 소유, 사용, 관리하는 동안에 피보험자동차가 파손, 도난당한 경우 수리비 및 차량가격을 보상한다.

5) 무보험자동차에 의한 상해

기명피보험자 자신이나 그 가족이 무보험자동차에 의하여 사상한 경우, 그로 인한 손해를 1인당 2억원을 한도로 보상한다.

5. 자동차의 양도

자동차의 양도란 피보험자가 보험기간 중에 보험계약의 대상으로 되어 있는 피보험자동차를 그 개별적인 의사표시(매매, 증여, 교환 등)에 의하여 타인에게 양도하는 것을 말한다.

물건보험의 경우 피보험자가 보험의 목적을 양도한 때에는 보험계약으로 인하여 생긴 권리와 의무를 동시에 양도한 것으로 추정하고 있다(상법 제679조). 그러나 자동차를 양도한 경우 상법은 양수인이 보험자의 승낙을 얻은 경우에 한하여 보험계약으로 인하여 생긴 권리와 의무를 승계한다고 규정하고 있다(상법 제726조 제4항). 이는 자동차보험이 요율체계에 운전자중심 요율체계를 가미하고 있는 사정을 고려하여 보험자의 이익을 보호하기 위한 것이다.

양수인은 양도사실을 보험자에게 통지할 의무가 있는 것은 물건보험과 같다. 보험자가 양수인으로부터 양수사실을 통지받은 때에는 지체없이 낙부를 통지하여야하고 통지 받은 날부터 10일내에 낙부의 통지가 없을 때에는 승낙한 것으로 본다.

기본학습

26 해상보험

1. 의의

해상보험이라 함은 해상사업에 관한 사고로 인하여 생기는 손해의 보상을 목적으로 하는 손해보험이다(상법 제693조). 해상보험에서의 보험사고는 해상사업에 관련하여 생기는 모든 사고이다. 1991년 개정상법은 '항해에 관한 사고'를 '해상사업에 관한 사고'로 개정하였다. 그 취지는 해상보험자의 책임범위를 해상사업에서 부수하게 되는 육상위험까지도 담보하도록 확장하고자 함이다. 보험사고는 침몰(Sinking), 좌초(Stranding), 충돌(Collision) 등 항해의 고유한 사고에 한하지 않고, 화재, 폭발, 도난, 포획, 선원의 악행 등도 포함된다. 그러나 약관에서는 해상위험 이외의 위험을 확장하여 담보하는 경우도 있고, 반대로 면책사유로 제한하는 경우도 있다 해상보험에서는 보험가액을 협정하여 두는 경우가 많지만, 그러한 협정이 없는 경우에는 보험가액불변경주의에 의한 특칙이 있다. 즉 선박보험에 있어서는 보험자의 책임이 개시될 때의 선박가액(상법 제696조), 적하보험에 있어서는 선적한 때와 곳의 적하의 가액과 선적 및 보험에 관한 비용을 합산한 가액을 보험가액으로 한다고 한다(상법 제697조). 또 희망이익보험(적하의 도착으로 인하여 얻을 이익 또는 보수의 보험)에 있어서는 보험금액을 보험가액으로 한 것으로 추정한다고 규정하고 있다(상법 제698조).

해상보험의 경우 오랜 기간 동안에 걸쳐 해상보험업계의 중심이 되어 온 영국의 법률과 관습에 따라 당사자간의 거래관계를 명확하게 하려는 영국법준거약관을 사용하는 경우가 있다. 이에 대하여 우리 대법원은 우리나라의 공익규정 또는 공서양속에 반하는 것이라거나 보험계약자의 이익을 부당하게 침해하는 것이라고 볼 수 없어 유효하다고 한다. 그러므로 영국법준거약관이 적용되는 선박보험계약에 있어서 고지의무 위반을 이유로 한 보험계약의 해지에 관하여는 영국 해상보험법 제18조, 제17조가 적용되고 같은 법소정의 고지의무 위반을 이유로 한 보험계약의 해지는 우리 상법 제651조 소정의 그것과는 그 요건과 효과를 달리하고 있는데 이에 대하여 상법 제655조의 인과관계에 관한 규정은 적용될 여지가 없다. 또한 영국법상의 해지권 제척기간인 상당한 기간을 일률적으로 우리 상법 제651조 소정의 제척기간에 상응하는 1개월 내라고 단정할 수는 없다고 하였다.

2. 해상보험의 종류

(1) 피보험이익에 따른 분류

해상보험은 피보험이익에 따라 크게 선박보험, 적하보험, 운임보험, 희망이익보험 등이 있다.

1) 선박보험

보험의 목적물인 선박의 소유자로의 피보험이익에 관한 보험을 말한다. 선박 자체는 물론 선박의 속구, 연료, 양식 기타 항해에 필요한 모든 물건은 보험의 목적에 포함된 것으로 한다(상법 제696조).

2) 적하보험

보험의 목적인 적하의 소유자로서의 피보험이익에 관한 보험이다. 실제로는 적하의 가액중에 희망이익도 포함시켜서 평가하여, 적하보험에 붙이는 일이 많다.

3) 운임보험

선박소유자, 운송인, 운송주선인 등이 하물 또는 선객을 무사히 운송한 경우에 얻을 운임에 관하여 가지는 피보험이익에 관한 보험이다. 즉 선박이 해상사고로 항해를 중단하거나 포기하는 경우 그 사고가 발생하지 않았다면 취득하였을 운임의 손실을 보상해 주는 보험이다.

4) 희망이익보험

보험의 목적인 적하의 도착에 의하여 얻을 이익 또는 보수에 관하여 가지는 피보험이익에 대한 보험이다. 여기서 보수라 함은 중개인이나 위탁매매인 등이 적하의 도착으로 취득하게 될 보수를 말한다. 적하에 관한 이익의 경우 보험가액을 정하는 것이 곤란하기 때문에, 보통은 적하에 대한 일정비율(통상10%)의 희망이익을 가산하여 적하보험으로 부보한다.

(2) 보험기간에 따른 분류

1) 기간보험(Time Policy)

보험기간을 시간상의 일정기간으로 정한 보험이다. 주로 선박보험에 사용되는데 특별한 경우를 제외하고 대부분 12월(1년)을 보험기간으로 한다.

2) 항해보험(Voyage Policy)

항해보험은 주로 적하보험에 사용되는데 보험기간을 어느 장소로부터(from) 다른 장소까지(to) 즉 특정한 항해로 표시된 보험이다.

3) 혼합보험(Mixed Policy)

혼합보험(Mixed Policy)은 동일한 하나의 보험증권에 항해와 기간에 대한 계약을 포함한 보험증권이다. 즉 'LA로부터 부산까지 6개월 동안' 보험에 가입한 경우이다.

3. 해상보험의 요소

(1) 보험의 목적

해상보험의 목적은 선박 또는 적하이다. 유상운송보험과는 달리 운송물뿐만 아니라 운송용구인 선박도 보험의 목적이 된다(상법 제696조). 선박이기만 하면 영리선뿐만 아니라 국공유의 선박이나 건조중인 선박도 보험의 목적이 될 수 있다. 적하란 해상운송의 객체가 되는 물건을 말하며, 희망이익이나 운임도 보험의 목적이 될 수 있다. 그러나 항해와 관련하여 생긴 인적 손해는 상해보험에서 담보하므로 여객은 해상보험의 목적이 될 수 없다.

(2) 보험사고

해상보험의 보험사고는 해상사업에 관한 사고이다. 해상사업에 관한 사고란 선박의 항해와 관련하여 생기는 모든 위험 예컨대 선박의 침몰, 좌초, 충돌 등 해상의 위험뿐만 아니라, 화재, 해적, 도난, 포획, 선원의 불법행위 등을 포함한다. 나아가서 보험계약자의 편의를 위하여 창고약관, 운송약관에 의하여 적하의 해상운송을 전후하여 이루어지는 육상위험까지를 담보하기도 한다.

(3) 보험기간

보험기간은 보험자가 위험을 담보하는 기간으로써 당사자가 정하는 것이 보통이나 상법은 특별한 규정을 두고 있다.

1) 선박보험

항해단위로 선박을 보험에 붙인 선박보험의 경우 보험자의 책임은 하물 또는 저하의 선적에 착수한 때에 개시한다(상법 제699조 제1항). 또한 하물 또는 저하의 선적에 착수한 후에 보험계약이 체결된 경우 보험자의 책임은 그 계약이 성립한 때에 개시한다(상법 제699조 제3항). 그리고 이 경우 보험자의 책임은 도착항에서 하물 또는 저하를 양륙한 때에 끝난다. 다만 양륙이 불가항력으로 인하지 아니하고 지연될 때에는 그 양륙이 보통 종료될 때에 끝난다(상법 제700조).

2) 적하보험 · 희망이익보험

적하를 보험에 붙인 경우 보험자의 책임은 하물의 선적에 착수한 때에 개시한다. 그러나 출하지를 정한 경우에는 그 곳에서 운송에 착수한 때에 개시한다(상법 제699조 제2항). 또 이미 하물 또는 저하의 선적에 착수한 후에 보험계약이 체결된 경우에는 계약이 성립한 때에 개시하고, 양륙항 또는 도착지에서 하물을 인도한 때에 끝난다(상법 제700조). 다만 양륙이 불가항력으로 인하지 아니하고 지연된 때에는 그 양륙이 보통 종료될 때에 끝난다(상법 제700조). 희망이익보험의 경우 적하의 도착으로 얻을 이익이나 보수만을 분리해서 부보하는 것이 아니고 적하보험과 함께 취급되므로 보험기간은 적하보험과 동일하다.

(4) 보험가액 불변경주의

해상보험계약에서 보험가액은 당사자 사이에 협정이 있는 기평가보험의 경우에는 그에 따르나, 합의가 없는 미평가보험의 경우에는 보험가액불변경주의에 따르고 있다. 즉 선박보험에 있어서는 보험자의 책임이 개시될 때의 선박가액(상법 제696조 제1항), 적하보험에 있어서는 선적한 때와 곳의 적하의 가액 그리고 선적 및 보험에 관한 비용(상법 제697조), 희망이익보험에 보험가액의 협정이 없으면 보험금액(상법 제698조)을 보험가액으로 한다.

4. 해상보험증권

해상보험증권에는 제666조에 게기한 사항 외에 ① 선박보험의 경우에는 그 선박의 명칭, 국정과 종류 및 항해의 범위 ② 적하보험과 희망이익보험의 경우에는 선박의 명칭, 국적과 종류, 선적항, 양륙항 및 출하지와 도착지를 정한 때에는 그 지명 ③ 보험가액을 정한 때에는 그 가액을 기재하여야 한다(상법 제695조).

5. 보험자의 손해보상책임

(1) 보상하는 손해

해상보험자는 보험기간 중 해상사업에 관한 사고로 인하여 생긴 손해를 보상할 책임이 있다(상법 제693조). 그러나 창고약관이나 운송약관 등 다른 약정이 있는 때에는 육상의 위험으로 생긴 손해도 담보한다. 이때 그 손해는 보험사고와 상당인과관계에 있는 손해이어야 하는 것은 당연하다.

1) 공동해손

공동해손이라 함은 선장이 선박과 적하에 공동의 위험이 발생했을 경우 그러한 위험을 제거하거나 경감하기 위하여 선체와 그 장비 및 화물의 일부를 처분하거나 혹은 필요한 경비를 지출하였을 때 이러한 손해와 경비를 말하며, 공평의 관념에서 항해단체의 이해관계자들이 공동으로 분담하는 것이 타당하므로 공동해손분담제도가 인정된다. 이 공동분담액은 결국 해상사업에 관한 사고이므로 보험자는 피보험자가 지급할 공동해손의 분담액을 보상할 책임이 있다. 그러나 일부보험의 경우 보험자가 보상할 분담액은 보험금액의 보험가액에 대한 비율에 따라 이를 정한다. 다만 보험의 목적의 공동해손분담가액이 보험가액을 초과할 때에는 그 초과액에 대한 분담액은 보상하지 아니한다(상법 제694조).

2) 구조료

보험의 목적인 선박이나 적하가 해난에 부딪쳐 구조를 받았을 경우 피보험자는 해난구조자에게 그 구조료를 지급하여야 한다(상법 제849조). 따라서 피보험자가 해난구조를 받은 경우에는 보험사고로 인한 손해를 방지한 결과가 되므로 보험자는 피보험자가 지급한 구조료를 보상할 책임이 있다. 그러나 보험의 목적물의 구조료분담가액이 보험가액을 초과할 때에는 그 초과액에 대한 분담액은 보상하지 아니한다(상법 제694조의 제2항).

3) 특별비용

보험자는 보험의 목적의 안전이나 보존을 위하여 지급할 특별비용도 보험사고와 인과관계 있는 비용이므로 보험금액의 한도내에서 보상할 책임이 있다(상법 제694조 제3항).

4) 선박의 충돌로 인한 손해

선박의 충돌로 인한 피보험자의 직접손해는 보험자가 이를 부담하여야 할 것이다. 문제는 이러한 선박충돌로 인한 손해배상의무에 대하여도 보험자의 책임을 인정할 것인지의 여부이다.

이에 대하여 상법은 특별한 규정이 없으므로 특약이 없는 한 보험자의 책임은 부정하여야 할 것이다. 그러나 약관에서는 이러한 손해를 보험자가 보상한다고 정하고 있는 것이 보통이다. 이 약관을 충돌약관이라고 하는데 그 성질은 책임보험에 속하는 것이다.

(2) 보상책임의 범위

보험자의 손해보상액은 전손의 경우에는 보험가액의 전액이 손해액이고 따라서 보험금액의 한도에서 그 손해액 전부를 보상하여야 한다. 그러나 분손의 경우에는 보상액의 산정이 문제가 된다. 상법은 선박과 적하의 일부손해의 경우에 관하여 다음과 같은 특별한 규정을 두고 있다.

1) 선박의 일부손해의 보상(상법 제707조의 제2항)

① 선박의 일부가 훼손되어 그 훼손된 부분의 전부를 수선한 경우에는 보험자는 수선에 따른 비용을

1회의 사고에 대하여 보험금액을 한도로 보상할 책임이 있다. ② 선박의 일부가 훼손되어 그 훼손된 부분의 일부를 수선한 경우에는 보험자는 수선에 따른 비용과 수선을 하지 아니함으로써 생긴 감가액을 보상할 책임이 있다. ③ 선박의 일부가 훼손되었으나 이를 수선하지 아니한 경우에는 보험자는 그로 인한 감가액을 보상할 책임이 있다.

2) 적하의 일부손해의 보상(상법 제708조)

적하가 훼손되어 양륙항에 도착한 때에는 보험자는 그 훼손된 상태의 가액과 훼손되지 아니한 상태의 가액과의 비율에 따라 보험가액의 일부에 대한 손해를 보상할 책임이 있다.

3) 적하매각으로 인한 손해의 보상(상법 제709조)

① 항해도중에 불가항력으로 보험의 목적인 적하를 매각한 때에는 보험자는 그 매각대금에서 운임 기타 필요비를 공제한 금액과 보험가액과의 차액을 보상하여야 한다. 이는 불가항력으로 인한 적하의 매각대금이 저렴하여 지는 점을 고려하여 그 차액을 훼손손해에 준하여 처리하는 것이다. ② 매수인이 대금을 지급하지 아니한 때에는 보험자는 그 금액을 지급하여야 하며, 보험자가 그 금액을 지급한 때에는 피보험자의 매수인에 대한 권리를 취득한다.

(3) 면책사유

해상보험사고는 일반의 다른 손해보험에 비하여 보험사고가 빈번하고 또한 그 책임범위가 넓은 것이 보통이다. 이에 상법과 보험약관은 면책의 범위를 넓게 인정하고 있다.

즉 보험자는 일반적인 면책사유 이외에 다음과 같은 사유가 있으면 보상책임을 지지 아니한다.

1) 법정면책사유(상법 제706조)

① 선박보험 또는 운임보험의 경우에는 발항당시 안전하게 항해를 하기에 필요한 준비를 하지 아니하거나 필요한 서류를 비치하지 아니함으로 인하여 생긴 손해

② 적하를 보험에 붙인 경우에는 용선자, 송하인 또는 수하인의 고의 또는 중대한 과실로 인하여 생긴 손해

③ 도선료, 입항료, 등대료, 검역료, 기타 선박 또는 적하에 관한 항해중의 통상비용

2) 약관에 의한 보상책임의 한정

항해에 의한 사고는 광범위하기 때문에 보험자의 입장에서는 보상책임의 범위를 한정하여 둘 필요가 있다. 또한 보험계약자로서도 보험료를 절약하기 위하여 이것을 한정할 필요가 있다. 이에 영국의 관행에 따라 약관에 의하여 이것을 한정하는 관습이 널리 행하여지고 있다.

① 전손만의 담보

이것은 보험의 목적이 전손 및 이것에 준할 경우, 즉 보험위부가 있는 경우(상법 제710조)에만 보험자

가 보상책임을 지고, 공동해손 · 단독해손 · 손해방지비용 기타 전손 이외의 모든 손해와 비용에 대하여 책임을 지지 않는 경우이다. 영국의 TLO(total loss only) · FAA(free of all average)에 해당하는 것이다.

② 특담분손부담보

이것은 전손 이외에는 원칙적으로 공동해손에 대해서만 보험자가 담보하고, 단독해손 즉 선박이나 적하의 일방만에 관한 손해(분손)를 담보하지 않는다. 이것은 영국의 FPA(free from particular average)에 해당하는 것이다. 그러나 선박의 침몰 · 좌초 · 화재 · 충돌에 기인한 손해에 관하여는 단독해손을 담보하는 약관도 있다.

③ 특담분손담보

이것은 상법과 약관의 규정에 의한 일반적인 예외 이외의 손해에 관하여 보험자가 담보한다. 영국의 AR(all risk) · WA(with average)에 해당하는 것이다.

6. 해상보험계약의 변경 · 소멸

(1) 항해의 변경(상법 제701조)

항해의 변경 보험계약에서 정한 발항항 또는 도착항을 변경하는 것을 말한다. ① 선박이 보험계약에서 정하여진 발항항이 아닌 다른 항에서 출항한 때, ② 선박이 보험계약에서 정하여진 도착항이 아닌 다른 항을 향하여 출항한 때에는 보험자는 책임을 지지 아니한다. 그리고 ③ 보험자의 책임이 개시된 후에 보험계약에서 정하여진 도착항이 변경된 경우에는 보험자는 그 항해의 변경이 결정된 때부터 책임을 지지 아니한다.

(2) 이로(상법 제701조 제2항)

선박이 정당한 사유없이 보험계약에서 정하여진 항로를 이탈한 경우에는 보험자는 그때부터 책임을 지지 아니한다. 선박이 손해발생전에 원항로로 돌아온 경우에도 같다.

(3) 발항 또는 항해의 지연(상법 제702조)

피보험자가 정당한 사유없이 발항 또는 항해를 지연한 때에는 보험자는 발항 또는 항해를 지체한 이후의 사고에 대하여 책임을 지지 아니한다.

(4) 선박변경(상법 제703조)

적하를 보험에 붙인 경우에 보험계약자 또는 피보험자의 책임있는 사유로 인하여 선박을 변경한 때에는 보험자는 그 변경후의 사고에 대하여 책임을 지지 아니한다.

(5) 선박의 양도 등의 효과(상법 제703조 제2항)

선박보험의 경우 보험자의 동의 없이 ① 선박을 양도, ② 선박의 선급을 변경, ③ 선박을 새로운 관리로 옮긴 때에는 보험계약이 종료된다. 이는 선박보험에서 선박과 피보험자의 관계가 중요한 때문이다.

요약정리

26 해상보험

1. 의의

해상보험이라 함은 해상사업에 관한 사고로 인하여 생기는 손해의 보상을 목적으로 하는 손해보험이다(상법 제693조). 해상보험에서의 보험사고는 해상사업에 관련하여 생기는 모든 사고이다. 1991년 개정상법은 '항해에 관한 사고'를 '해상사업에 관한 사고'로 개정하였다. 그 취지는 해상보험자의 책임범위를 해상사업에서 부수하게 되는 육상위험까지도 담보하도록 확장하고자 함이다. 보험사고는 침몰(Sinking), 좌초(Stranding), 충돌(Collision) 등 항해의 고유한 사고에 한하지 않고, 화재, 폭발, 도난, 포획, 선원의 악행 등도 포함된다. 그러나 약관에서는 해상위험 이외의 위험을 확장하여 담보하는 경우도 있고, 반대로 면책사유로 제한하는 경우도 있다.

해상보험에서는 보험가액을 협정하여 두는 경우가 많지만, 그러한 협정이 없는 경우에는 보험가액불변경주의에 의한 특칙이 있다. 즉 선박보험에 있어서는 보험자의 책임이 개시될 때의 선박가액(상법 제696조), 적하보험에 있어서는 선적한 때와 곳의 적하의 가액과 선적 및 보험에 관한 비용을 합산한 가액을 보험가액으로 한다고 한다(상법 제697조). 또 희망이익보험(적하의 도착으로 인하여 얻을 이익 또는 보수의 보험)에 있어서는 보험금액을 보험가액으로 한 것으로 추정한다고 규정하고 있다(상법 제698조).

해상보험의 경우 오랜 기간동안에 걸쳐 해상보험업계의 중심이 되어 온 영국의 법률과 관습에 따라 당사자간의 거래관계를 명확하게 하려는 영국법 준거약관을 사용하는 경우가 있다. 이에 대하여 우리 대법원은 우리나라의 공익규정 또는 공서양속에 반하는 것이라거나 보험계약자의 이익을 부당하게 침해하는 것이라고 볼 수 없어 유효하다고 한다. 그러므로 영국법 준거약관이 적용되는 선박보험계약에 있어서 고지의무 위반을 이유로 한 보험계약의 해지에 관하여는 영국 해상보험법 제18조, 제17조가 적용되고 같은 법 소정의 고지의무 위반을 이유로 한 보험계약의 해지는 우리 상법 제651조 소정의 그것과는 그 요건과 효과를 달리하고 있는데 이에 대하여 상법 제655조의 인과관계에 관한 규정은 적용될 여지가 없다. 또한 영국법상의 해지권 제척기간인 상당한 기간을 일률적으로 우리 상법 제651조 소정의 제척기간에 상응하는 1개월 내라고 단정할 수는 없다고 하였다.

2. 해상보험의 종류

(1) 피보험이익에 따른 분류

해상보험은 피보험이익에 따라 크게 선박보험, 적하보험, 운임보험, 희망이익보험 등이 있다.

1) 선박보험

보험의 목적물인 선박의 소유자로의 피보험이익에 관한 보험을 말한다. 선박 자체는 물론 선박의 속구, 연료, 양식 기타 항해에 필요한 모든 물건은 보험의 목적에 포함된 것으로 한다(상법 제696조).

2) 적하보험

보험의 목적인 적하의 소유자로서의 피보험이익에 관한 보험이다. 실제로는 적하의 가액중에 희망이익도 포함시켜서 평가하여, 적하보험에 붙이는 일이 많다.

3) 운임보험

선박소유자, 운송인, 운송주선인 등이 하물 또는 선객을 무사히 운송한 경우에 얻을 운임에 관하여 가지는 피보험이익에 관한 보험이며 선박이 해상사고로 항해를 중단하거나 포기하는 경우 그 사고가 발생하지 않았다면 취득하였을 운임의 손실을 보상해 주는 보험이다.

4) 희망이익보험

보험의 목적인 적하의 도착에 의하여 얻을 이익 또는 보수에 관하여 가지는 피보험이익에 대한 보험이다. 여기서 보수라 함은 중개인등이 적하의 도착으로 취득하게 될 보수를 말한다. 적하에 관한 이익의 경우 보험가액을 정하는 것이 곤란하기 때문에, 보통은 적하에 대한 일정비율(통상10%)의 희망이익을 가산하여 적하보험으로 부보한다.

(2) 보험기간에 따른 분류

1) 기간보험(Time Policy)

보험기간을 시간상의 일정기간으로 정한 보험이다. 주로 선박보험에 사용되는데 특별한 경우를 제외하고 대부분 12월(1년)을 보험기간으로 한다.

2) 항해보험(Voyage Policy)

항해보험은 주로 적하보험에 사용되는데 보험기간을 어느 장소로부터(from) 다른 장소까지(to) 즉 특정한 항해로 표시된 보험이다.

3) 혼합보험(Mixed Policy)

혼합보험(Mixed Policy)은 동일한 하나의 보험증권에 항해와 기간에 대한 계약을 포함한 보험증권이며 예를 들면 'LA로부터 부산까지 6개월 동안' 보험에 가입한 경우이다.

3. 해상보험의 요소

(1) 보험의 목적

해상보험의 목적은 선박 또는 적하이고 유상운송보험과는 달리 운송물뿐만 아니라 운송용구인 선박도 보험의 목적이 된다(상법 제696조). 선박이기만 하면 영리선 뿐만 아니라 국공유의 선박이나 건조중인 선박도 보험의 목적이 될 수 있다. 적하란 해상운송의 객체가 되는 물건을 말하며, 희망이익이나 운임도 보험의 목적이 될 수 있다. 그러나 항해와 관련하여 생긴 인적 손해는 상해보험에서 담보하므로 여객은 해상보험의 목적이 될 수 없다.

(2) 보험사고

해상보험의 보험사고는 해상사업에 관한 사고이다. 해상사업에 관한 사고란 선박의 항해와 관련하여 생기는 모든 위험 예컨대 선박의 침몰, 좌초, 충돌 등 해상의 위험뿐만 아니라, 화재, 해적, 도난, 포획, 선원의 불법행위 등을 포함한다.

(3) 보험기간

보험기간은 보험자가 위험을 담보하는 기간으로써 당사자가 정하는 것이 보통이나 상법은 특별한 규정을 두고 있다.

1) 선박보험

항해단위로 선박을 보험에 붙인 선박보험의 경우 보험자의 책임은 하물 또는 저하의 선적에 착수한 때에 개시한다(상법 제699조 제1항). 또한 하물 또는 저하의 선적에 착수한 후에 보험계약이 체결된 경우 보험자의 책임은 그 계약이 성립한 때에 개시한다(상법 제699조 제3항). 그리고 이 경우 보험자의 책임은 도착항에서 하물 또는 저하를 양륙한 때에 끝난다. 다만 양륙이 불가항력으로 인하지 아니하고 지연될 때에는 그 양륙이 보통 종료될 때에 끝난다(상법 제700조).

2) 적하보험 · 희망이익보험

적하를 보험에 붙인 경우 보험자의 책임은 하물의 선적에 착수한 때에 개시한다. 그러나 출하지를 정한 경우에는 그 곳에서 운송에 착수한 때에 개시한다(상법 제699조 제2항). 또 이미 하물 또는 저하의 선적에 착수한 후에 보험계약이 체결된 경우에는 계약이 성립한 때에 개시하고, 양륙항 또는 도착지에서 하물을 인도한 때에 끝난다(상법 제700조). 다만 양륙이 불가항력으로 인하지 아니하고 지연된 때에는 그 양륙이 보통 종료될 때에 끝난다(상법 제700조). 희망이익보험의 경우 적하의 도착으로 얻을 이익이나 보수만을 분리해서 부보하는 것이 아니고 적하보험과 함께 취급되므로 보험기간은 적하보험과 동일하다.

(4) 보험가액 불변경주의

해상보험계약에서 보험가액은 당사자 사이에 기협정이 있는 경우에는 그에 따르나, 합의가 없는 미평가보험의 경우에는 보험가액불변경주의에 따르고 있다. 즉 선박보험에 있어서는 보험자의 책임이 개시될 때의 선박가액(상법 제696조 제1항), 적하보험에 있어서는 선적한 때와 곳의 적하의 가액 그리고 선적 및 보험에 관한 비용(상법 제697조), 희망이익보험에 보험가액의 협정이 없으면 보험금액(상법 제698조)을 보험가액으로 한다.

4. 해상보험증권

해상보험증권에는 제666조에 게기한 사항 외에 ① 선박보험의 경우에는 그 선박의 명칭, 국정과 종류 및 항해의 범위 ② 적하보험과 희망이익보험의 경우에는 선박의 명칭, 국적과 종류, 선적항, 양륙항 및 출하지와 도착지를 정한 때에는 그 지명 ③ 보험가액을 정한 때에는 그 가액을 기재하여야 한다(상법 제695조).

5. 보험자의 손해보상책임

(1) 보상하는 손해

해상보험자는 보험기간 중 해상사업에 관한 사고로 인하여 생긴 손해를 보상할 책임이 있다(상법 제693조). 그러나 창고약관이나 운송약관 등 다른 약정이 있는 때에는 육상의 위험으로 생긴 손해도 담보한다. 이때 그 손해는 보험사고와 상당인과관계에 있는 손해이어야 하는 것은 당연하다.

1) 공동해손

공동해손이라 함은 선장이 선박과 적하에 공동의 위험이 발생했을 경우 그러한 위험을 제거하거나 경감하기 위하여 선체와 그 장비 및 화물의 일부를 처분하거나 혹은 필요한 경비를 지출하였을 때 이러한 손해와 경비를 말하며, 공평의 관념에서 항해단체의 이해관계자들이 공동으로 분담하는 것이 타당하므로 공동해손분담제도가 인정된다. 이 공동분담액은 결국 해상사업에 관한 사고이므로 보험자는 피보험자가 지급할 공동해손의 분담액을 보상할 책임이 있다. 그러나 일부보험의 경우 보험자가 보상할 분담액은 보험금액의 보험가액에 대한 비율에 따라 이를 정한다. 다만 보험의 목적의 공동해손분담가액이 보험가액을 초과할 때에는 그 초과액에 대한 분담액은 보상하지 아니한다(상법 제694조).

2) 구조료

보험의 목적인 선박이나 적하가 해난에 부딪쳐 구조를 받았을 경우 피보험자는 해난구조자에게 그 구조료를 지급하여야 한다(상법 제849조). 따라서 피보험자가 해난구조를 받은 경우에는 보험사고로 인한 손해를 방지한 결과가 되므로 보험자는 피보험자가 지급한 구조료를 보상할 책임이 있다. 그러나 보험의 목적물의 구조료분담가액이 보험가액을 초과할 때에는 그 초과액에 대한 분담액은 보상하지 아니한다(상법 제694조의 제2항).

3) 특별비용

보험자는 보험의 목적의 안전이나 보존을 위하여 지급할 특별비용도 보험사고와 인과관계 있는 비용이므로 보험금액의 한도내에서 보상할 책임이 있다(상법694조 제3항).

4) 선박의 충돌로 인한 손해

선박의 충돌로 인한 피보험자의 직접손해는 보험자가 이를 부담하여야 할 것이다. 문제는 이러한 선박충돌로 인한 손해배상의무에 대하여도 보험자의 책임을 인정할 것인지의 여부이다. 이에 대하여 상법은 특별한 규정이 없으므로 특약이 없는 한 보험자의 책임은 부정하여야 할 것이다. 그러나 약관에서는 이러한 손해를 보험자가 보상한다고 정하고 있는 것이 보통약관이며 또한 충돌약관이라고 하는데 그 성질은 책임보험에 속하는 것이다.

(2) 보상책임의 범위

보험자의 손해보상액은 전손의 경우에는 보험가액의 전액이 손해액이고 따라서 보험금액의 한도에서 그 손해액 전부를 보상하여야 한다. 그러나 분손의 경우에는 보상액의 산정이 문제가 된다. 상법은 선박과 적하의 일부손해의 경우에 관하여 다음과 같은 특별한 규정을 두고 있다.

1) 선박의 일부손해의 보상(상법 제707조의 제2항)

① 선박의 일부가 훼손되어 그 훼손된 부분의 전부를 수선한 경우에는 보험자는 수선에 따른 비용을 1회의 사고에 대하여 보험금액을 한도로 보상할 책임이 있다. ② 선박의 일부가 훼손되어 그 훼손된 부분의 일부를 수선한 경우에는 보험자는 수선에 따른 비용과 수선을 하지 아니함으로써 생긴 감가액을 보상할 책임이 있다. ③ 선박의 일부가 훼손되었으나 이를 수선하지 아니한 경우에는 보험자는 그로 인한 감가액을 보상할 책임이 있다.

2) 적하의 일부손해의 보상(상법 제708조)

적하가 훼손되어 양륙항에 도착한 때에는 보험자는 그 훼손된 상태의 가액과 훼손되지 아니한 상태의 가액과의 비율에 따라 보험가액의 일부에 대한 손해를 보상할 책임이 있다.

3) 적하매각으로 인한 손해의 보상(상법 제709조)

① 항해도중에 불가항력으로 보험의 목적인 적하를 매각한 때에는 보험자는 그 매각대금에서 운임 기타 필요비를 공제한 금액과 보험가액과의 차액을 보상하여야 한다. 이는 불가항력으로 인한 적하의 매각대금이 저렴하여 지는 점을 고려하여 그 차액을 훼손손해에 준하여 처리하는 것이다. ② 매수인이 대금을 지급하지 아니한 때에는 보험자는 그 금액을 지급하여야 하며, 보험자가 그 금액을 지급한 때에는 피보험자의 매수인에 대한 권리를 취득한다.

(3) 면책사유

보험자는 일반적인 면책사유 이외에 다음과 같은 사유가 있으면 보상책임을 지지 아니한다.

1) 법정면책사유(상법 제706조)

① 선박보험 또는 운임보험의 경우에는 발항당시 안전하게 항해를 하기에 필요한 준비를 하지 아니하거나 필요한 서류를 비치하지 아니함으로 인하여 생긴 손해

② 적하를 보험에 붙인 경우에는 용선자, 송하인 또는 수하인의 고의 또는 중대한 과실로 인하여 생긴 손해

③ 도선료, 입항료, 등대료, 검역료, 기타 선박 또는 적하에 관한 항해중의 통상비용

2) 약관에 의한 보상책임의 한정

항해에 의한 사고는 광범위하기 때문에 보험자의 입장에서는 보상책임의 범위를 한정하여 둘 필요가

있다. 또한 보험계약자로서도 보험료를 절약하기 위하여 이것을 한정할 필요가 있다. 이에 영국의 관행에 따라 약관에 의하여 이것을 한정하는 관습이 널리 행하여지고 있다.

① 전손만의 담보

이것은 보험의 목적이 전손 및 이것에 준할 경우, 즉 보험위부가 있는 경우(상법 제710조)에만 보험자가 보상책임을 지고, 공동해손 · 단독해손 · 손해방지비용 기타 전손 이외의 모든 손해와 비용에 대하여 책임을 지지 않는 경우이다. 영국의 TLO(total loss only) · FAA(free of all average)에 해당하는 것이다.

② 특담분손부담보

이것은 전손 이외에는 원칙적으로 공동해손에 대해서만 보험자가 담보하고, 단독해손 즉 선박이나 적하의 일방만에 관한 손해(분손)를 담보하지 않는다. 이것은 영국의 FPA(free from particular average)에 해당하는 것이다. 그러나 선박의 침몰 · 좌초 · 화재 · 충돌에 기인한 손해에 관하여는 단독해손을 담보하는 약관도 있다.

③ 특담분손담보

이것은 상법과 약관의 규정에 의한 일반적인 예외 이외의 손해에 관하여 보험자가 담보한다. 영국의 AR(all risk) · WA(with average)에 해당하는 것이다.

6. 해상보험계약의 변경 · 소멸

(1) 항해의 변경(상법 제701조)

항해의 변경 보험계약에서 정한 발항항 또는 도착항을 변경하는 것을 말한다. ① 선박이 보험계약에서 정하여진 발항항이 아닌 다른 항에서 출항한 때, ② 선박이 보험계약에서 정하여진 도착항이 아닌 다른 항을 향하여 출항한 때에는 보험자는 책임을 지지 아니하며 ③ 보험자의 책임이 개시된 후에 보험계약에서 정하여진 도착항이 변경된 경우에는 보험자는 그 항해의 변경이 결정된 때부터 책임을 지지 아니한다.

(2) 이로(상법 제701조2항)

선박이 정당한 사유없이 보험계약에서 정하여진 항로를 이탈한 경우에는 보험자는 그때부터 책임을 지지 아니하며 손해발생 전에 원래 항로로 돌아온 경우에도 같다.

(3) 발항 또는 항해의 지연(상법 제702조)

피보험자가 정당한 사유없이 발항 또는 항해를 지연한 때에는 보험자는 발항 또는 항해를 지체한 이후의 사고에 대하여 책임을 지지 아니한다.

(4) 선박변경(상법 제703조)

적하를 보험에 붙인 경우에 보험계약자 또는 피보험자의 책임있는 사유로 인하여 선박을 변경한 때에는 보험자는 그 변경후의 사고에 대하여 책임을 지지 아니한다.

(5) 선박의 양도 등의 효과(상법 제703조 2항)

선박보험의 경우 보험자의 동의 없이 ① 선박을 양도, ② 선박의 선급을 변경, ③ 선박을 새로운 관리로 옮긴 때에는 보험계약이 종료된다. 이는 선박보험에서 선박과 피보험자의 관계가 중요한 때문이다.

7. 선박의 변경

(1) 의의

적하보험에서 하물을 실을 선박을 지정한 경우에 이를 변경하는 것을 선박의 변경이라 한다. 이것은 적하보험계약에서 애초부터 하물을 선적할 선박이 특정된 경우에 인정되는 것이고, 환적이 예정된 경우에는 선박변경의 문제가 생기지 않는다. 그리고 선박미확정의 예정보험에서도 선박이 확정될 때까지는 선박의 변경은 있을 수 없다. 그러나 선박미확정의 예정보험의 경우 특정선박을 지정하지는 아니하였으나 선박의 종류나 톤수 등을 지정한 경우에 그와 다른 선박에 하물을 실은 때에는 선박변경이 있는 것으로 보아야 한다[130].

(2) 변경의 효과

적하보험에서 보험의 목적은 하물이나 선박은 적하의 운송을 맡고 있는 용구로서 보험자에게는 항해와 관련하여 가장 중요한 사항에 해당한다. 그리하여 선박의 변경은 비록 보험계약의 내용의 변경은 아니라 하더라도 선박의 변경(상법 제701조), 이로(상법 제701조의 2) 및 발항 또는 항해의 지연(상법 제702조)과 함께 위험의 변경을 가져오는 것이 된다. 그러므로 보험계약자 또는 피보험자의 책임있는 사유로 선박을 변경한 때에는 그 변경후의 사고에 대하여 책임을 지지 아니한다(상법 제703조). 이것은 해상보험의 보험사고는 선박과 밀접한 관련을 가지는 것이기 때문이다. 이 경우의 선박변경은 우수한 선박으로 변경한 경우도 같다. 이에 따라 피보험자는 선박변경이 있은 경우에는 그것이 보험계약자나 피보험자의 귀책사유로 인한 것이 아니다 라는 것을 입증하지 못하는 한 보험자에 대하여 선박변경 후의 사고로 인한 손해의 보상을 청구할 수 없게 된다[131].

130) 양승규, 상법사례연구, 삼영사, 197면.
131) 대판 1966. 1. 25, 64 다 53 참조.

기본학습

27 보험위부

1. 위부의 의의

보험위부(abandonment)란 보험의 목적이 전부 멸실한 것과 동일시할 수 있는 일정한 사유가 있는 경우에 피보험자가 그 보험의 목적에 대한 모든 권리를 보험자에게 무조건적으로 양도하고 보험자에 대하여 보험금액의 전부를 청구할 수 있는 해상보험상의 특유한 제도이다. 위부는 주로 추정전손의 경우에 이루어지나, 현실전손의 경우에도 전손에 대한 판정이 지연되기 때문에 보험금을 속히 지급받기 위하여 피보험자는 위부의 수속을 취한다. 이러한 보험위부는 불요식의 법률행위로 보험자의 승낙을 요하지 않는 단독행위로서 형성권이다.

2. 위부의 원인

상법 제710조에는 보험위부의 원인을 열거하고 있으나, 이 규정은 강행법규가 아니므로 약관으로 이것을 제한할 수 있다.

(1) 선박 · 적하의 점유상실

피보험자가 보험사고로 인하여 자기의 선박 또는 적하의 점유를 상실하여 이를 회복할 가능성이 없거나 회복하기 위한 비용이 회복하였을 때의 가액을 초과하리라고 예상될 경우

(2) 선박의 수선불능

선박이 보험사고로 인하여 심하게 훼손되어 이를 수선하기 위한 비용이 수선하였을 때의 가액을 초과하리라고 예상될 경우

(3) 적하의 수선불능

적하가 보험사고로 인하여 심하게 훼손되어서 이를 수선하기 위한 비용과 그 적하를 목적지까지 운송하기 위한 비용과의 합계액이 도착하는 때의 적하의 가액을 초과하리라고 예상될 경우

3. 보험위부의 요건

(1) 위부의 통지

피보험자가 위부를 하고자 할 때에는 상당한 기간 내에 보험자에 대하여 그 통지를 발송하여야 한다(상법 제713조).

(2) 위부권행사의 요건(상법 제714조)

위부는 무조건이어야 하며, 보험의 목적의 전부에 대하여 이를 하여야 한다. 그러나 위부의 원인이 그 일부에 대하여 생긴 때에는 그 부분에 대하여서만 이를 할 수 있다.

일부보험의 경우에는 보험금액의 보험가액에 대한 비율에 따라서만 이를 할 수 있다.

(3) 다른 보험계약 등에 관한 통지(상법 제715조)

피보험자가 위부를 함에 있어서는 보험자에 대하여 보험의 목적에 관한 다른 보험계약과 그 부담에 속한 채무의 유무와 그 종류 및 내용을 통지하여야 한다.

여기서 통지는 위부의 통지와는 다르고, 반드시 위부의 통지기간 내에 하여야 하는 것은 아니다. 보험자는 다른 보험계약 등에 관한 통지를 받을 때까지 보험금액의 지급을 거부할 수 있고, 보험금액의 지급에 관한 기간의 약정이 있는 때에는 그 기간은 위의 통지를 받은 날로부터 기산한다.

4. 위부의 효력

(1) 보험자에 대한 효력

보험자는 위부로 인하여 그 보험의 목적에 관한 피보험자의 모든 권리를 취득한다(상법 제718조 제1항).

여기에서의 모든 권리에는 보험의 목적물이 현존하거나 잔존물이 있을 때에는 이에 관한 소유권 그밖에 보험의 목적에 관하여 피보험자가 갖는 직접의 권리가 포함된다. 일부보험의 경우에는 보험금액의 보험가액에 대한 비율에 의하여 그 권리를 취득한다(상법 제714조 제3항).

(2) 피보험자에 대한 효력

피보험자는 위부로 인하여 보험금액의 전부를 청구할 수 있다(상법 제710조). 피보험자가 위부를 한 때에는 보험의 목적에 관한 모든 서류를 보험자에게 교부하여야 한다.

(3) 보험자의 위부의 승인 · 불승인의 효력

보험자가 위부를 승인하지 아니한 때에는 피보험자는 위부의 원인을 증명하지 아니하면 보험금액의 지급을 청구하지 못한다(상법 제717조). 그러나 보험자가 위부를 승인한 경우에는 그 후 이의를 하지 못하며(상법 제716조), 피보험자는 위부의 원인을 증명함이 없이 보험금액의 전액을 청구할 수 있다.

5. 선박의 행방불명

선박의 존부가 2월간 분명하지 아니한 때에는 그 선박은 행방이 불명한 것으로 보아 전손으로 추정한다(상법 제711조).

요약정리

27 보험위부(保險委付)

1. 총설(總說)

(1) 의의

보험위부라 함은 해상보험에 특유한 제도로서 보험의 목적이 전부 멸실한 것과 동일시할 수 있는 특정한 사유 등이 발생한 경우에 그의 보험의 목적에 대한 모든 권리를 보험자에게 위부하고, 보험자에 대하여 보험금액의 전부를 청구할 수 있는 제도이다.

(2) 보험위부제도의 유용성과 법적 성질

손해보험에서는 피보험자는 피보험이익의 전부 또는 일부의 멸실을 증명하지 않으면 손해의 보상을 받을 수 없는 것이 원칙이다. 그러나 해상보험에 있어서는 현실적으로 그 사고의 성질상 전손은 아니더라도 경제적으로 이러한 상황과 동일시할 수 있는 경우에나 또는 그 손실이 전손으로 보아야 하는 것이 거의 확실시되나 그 입증이 어려운 경우에 전손에 준하여 피보험자의 편의를 도모해 줄 필요가 있는 경우에 위부제도의 활용성이 매우 크며[132], 그 존재이유가 있다. 보험위부의 성질은 '불요식의 법률행위이면서 보험자의 승낙을 필요로 하지 않는 단독행위로서 일방적 의사표시에 의하여 일정한 법적 효과를 발생시키는 것' 이므로 형성권이다.

(3) 제도의 역사(歷史)

보험위부제도는 해상보험의 발생과 때를 같이하여 고안된 것으로서 애초에는 선박이 행방불명인 경우에 보험의 목적물이 전손일거라고 추정하여 일단 보험금의 전액을 지급하나 후에 피보험자가 보험의 목적에 대한 권리를 회복한 때에는 보험금액을 반환하여야 되는 것으로 되어 있었다.

132) 양승규 · 박길준, 전게서, 533면.

2. 보험위부의 원인(原因)

(1) 서언

보험위부의 원인으로는 상법 제710조에 세 가지를 명시하고 있다. 다만 선박의 행방불명은 선박의 존재자체가 2개월간 분명하지 아니한 경우에는 이를 전손으로 추정하여(상법 제711조), 이를 보험사고로 취급하여 곧바로 피보험자의 보험금청구권을 인정하고 있으므로 이를 보험위부의 원인으로는 볼 수 없다.

(2) 세 가지 원인들

1) 선박이나 적하의 점유상실(占有喪失),

이는 보험사고로 인하여 피보험자의 선박이나 적하의 점유를 잃고 이를 회수할 가능성이 전혀 없거나 회수하기 위한 비용이 그 선박이나 적하를 회수하였을 때의 가액을 훨씬 초과하리라고 예상될 때에는 그 선박이나 적하를 위부 할 수 있으며(동조 제1호). 그러나 선박이 침몰이나 훼손되었으나 적하보험의 목적인 적하가 구조된 경우에는 그 적하에 대하여는 위부하지 못한다(상법 제712조).

2) 선박의 수선비용(修繕費用)이 과다할 때

이는 선박이 보험사고로 인하여 매우 심하게 훼손되어 이를 수선하기 위한 비용이 수선후의 선박가액을 초과하리라고 예상될 때에는 그 선박을 위부 할 수 있다(동조 제2호).

3) 적하의 수선비용이나 그 운송비용이 과다(過多)할 때

이는 보험사고로 인하여 적하가 심하게 훼손되어 이를 수선하기 위한 비용과 적하를 그 목적항까지 운송하기 위한 비용과의 합계액이 도착시에 있어서의 적하가액을 초과하리라고 예상될 때에는 그 적하를 위부 할 수 있다(동조 제3호). 다만 선박이 심하게 훼손된 경우에 그 배에 실은 적하를 선장이 지체없이 다른 선박으로 운송을 계속한 때에는 피보험자는 그 적하를 위부 할 수 없다(상법 제721조).

3. 보험위부의 요건

피보험자가 위부권을 행사하려는 경우에는 아래와 같은 요건에 의하여야 한다[133].

(1) 위부의 통지

피보험자가 위부를 하려고 할 때에는 상당한 기간 내에 보험자에게 그 통지를 발송하여야 한다(상법

133) 양승규 · 박길준, 전게서, 535면.

제713조). 여기서 상당한 기간이라 함은 피보험자가 위부의 원인을 입증하고 위부권을 행사할 수 있도록 하는 합리적인 시간이라고 본다.

(2) 위부의 단순성

위부는 무조건적으로 단순하여야 한다(상법 제714조 제1항). 다시 말해서 위부는 지극히 단순하여야 하므로 어떠한 조건(條件)이나 기한(期限)을 붙여서는 안된다.

(3) 위부의 범위

위부는 보험의 목적의 전부에 대하여 행사한다(상법 제714조 제2항 본문). 위부는 전손과 동일시할 피해가 있는 경우에 인정되므로 원칙적으로 불가분이나 위부의 원인이 보험의 목적의 일부에 대하여 발생한 경우에는 그 부분에 대하여는 위부 할 수 있다(상법 제714조 제2항 단서). 또한 보험가액의 일부를 보험에 붙인 경우에는 위부는 '보험금액의 보험가액에 대한 비율'에 따라서만 할 수 있다(상법 제714조 제3항).

(4) 다른 보험계약 등에 관한 통지

피보험자는 위부를 행사함에 있어서 보험자에게 보험의 목적에 관한 다른 보험계약과 그 부담에 속한 채무의 유무와 그 종류 및 내용을 통지하여야 한다(상법 제715조 제1항). 이는 보험자에게 중복보험의 유무를 알리고, 또 담보물권자의 권리행사에 대비하기 위한 조치이며 보험자는 위와 같은 통지를 받을 때까지 보험금액의 지급을 거부할 수 있다(상법 제715조 제2항). 그리고 보험금액의 지급기간의 약정이 있는 경우에는 그 기간은 보험자가 위의 통지를 받은 날로부터 기산한다(상법 제715조 제3항).

4. 보험위부의 효과

(1) 서언

보험위부는 단독행위로서 그 효력발생에는 보험자의 동의가 필요하지 않으며, 그 의사표시가 보험자에게 도달된 때에 효력이 생기고, 위부사유의 발생 시로 소급하지 않으며, 보험자의 보험금지급여부도 상관없다.

(2) 보험자에 대한 효력

피보험자는 위부로 인하여 피보험자가 보험의 목적에 관하여 가지고 있는 모든 권리를 취득한다(상법 제718조 제1항). 그러나 일부보험의 경우에는 보험금액의 보험가액에 대한 비율에 의하여 그 권리를 취득한다(상법 제714조 제3항).

(3) 피보험자에 대한 효력

피보험자는 위부로 인하여 보험금액의 전부의 지급을 청구할 수 있고(상법 제710조). 피보험자가 위부를 한 때에는 보험의 목적에 관한 서류를 보험자에게 위부하여야 한다(상법 제718조 제2항).

(4) 보험자의 위부에 대한 승인과 불승인의 효력[134)]

1) 승인한 경우에는 피보험자는 위부원인을 입증할 필요가 없이 또 나중에 그 위부에 대하여 이의를 하지 못한다(상법 제716조).

2) 불승인한 경우에는 피보험자는 위부의 원인을 입증하지 아니하면 보험금액의 지급을 청구하지 못한다(상법 제717조).

(5) 선박의 행방불명

선박의 존부가 2월간 분명하지 아니한 때에는 그 선박은 행방이 불명한 것으로 보며 전손으로 추정한다(상법 제711조).

134) 양승규 · 박길준, 전게서, 536면.

기본학습

28 예정보험(Floating Insurance)

1. 의의

예정보험이란 보험증권에 기재하여야 할 보험계약의 요건 중 일부인 선박의 명칭, 적하의 종류, 수량, 보험가액 등이 보험계약체결 당시에 확정되어 있지 않은 보험계약을 말한다. 예정보험계약은 그 불확정한 사항이 확정된 때에 보험자가 당연히 위험을 담보하는 것으로서 보험계약의 예약이 아니고, 독립된 보험계약이다.

이러한 예정보험은 해상보험, 운송보험, 재보험 등에서 사용되며, 화재보험에 있어서도 총괄보험의 경우에 이용된다(상법 제687조). 우리 상법은 해상보험의 경우 선박미확정의 특히 적하예정보험(상법 제704조)에 관하여만 명문의 규정을 두고 있다. 이는 계약 자체는 성립한 것으로 보므로보험계약의 예약과는 구별된다.

2. 종류

예정보험계약에는 개개의 보험의 목적에 대하여 체결하는 개별적 예정보험과 일정한 표준에 따라서 정하여지는 다수의 목적에 대하여 포괄적으로 체결하는 포괄적 예정보험계약이 있다. 예컨대, 포괄적 예정보험계약은 일정한 기간내에 적출한 화물을 일정한 조건하에 포괄적 또는 계속적으로 보험의 목적으로 하는 경우에 체결되어진다.

3. 선박미확정의 적하예정보험(Versicherung unbestimmter Schifte)

(1) 의의

보험계약의 체결당시에 하물을 적재할 선박을 지정하지 아니한 보험을 말한다(상법 제704조 제1항). 이것은 보험의 목적인 하물을 적재할 선박을 특정하지 아니하고, 선박특정후의 적하에 대한 손해를 보험자가 담보하는 보험이다.

(2) 적하예정보험의 효과

선박미확정의 적하예정보험에 있어서는 보험계약자 또는 피보험자가 그 하물이 선적되었음을 안 때에는 지체없이 보험자에 대하여 그 선박의 명칭, 국적과 하물의 종류, 수량과 가액의 통지를 발송하여야 한다(상법 제704조 제1항).

이 통지의무의 법적 성질은 법률상의 진정한 의무가 아닌 간접의무라고 새긴다. 따라서 손해배상책임은 지지 않는다. 그리고 보험계약자 또는 피보험자가 선박확정의 통지의무를 해태한 때에는 보험자는 그 사실을 안 날로부터 1월내에 계약을 해지할 수 있다(상법 제704조 제2항).

요약정리

28 선박미확정의 예정보험

1. 총설

(1) 예정보험의 개념

본래 예정보험이라 함은 보험증권에 기재할 보험계약의 내용[135]의 일부 또는 전부가 계약체결 당시에 확정되어 있지 않은 보험계약을 말한다. 예정보험은 해상보험, 운송보험, 재보험 등에서 많이 이용되고 있으며, 화재보험에 있어서도 포괄보험의 경우에 빈번하게 이용된다(상법 제687조). 이러한 예정보험

135) 예컨대, 荷物을 실을 배의 명칭, 적하물의 종류나 수량 그리고 보험금액 등을 이른다.

은 각종 보험에 이용될 수 있으나 실제적으로는 해상보험, 특히 적하보험에서 가장 많이 이용되고 있는 실정이다. 그리하여 상법은 선박미확정의 적하보험에 대해서만 예정보험에 대한 조문을 두고 있다(상법 제704조). 그러나 이는 상법 제704조를 예정보험과 선박미확정의 에정보험으로 동일시 할 경우이고, 그 본질은 다르다.

선박미확정의 적하예정보험에 관한 상법 제704조는 적하보험에 있어서 적재선박을 지정하지 않은 경우, 예컨대 환적선박불명에도 적하보험계약이 유효하게 성립하는 것을 인정한다고 규정하는 것이다. 적재선박의 종류와 등급만을 정하고 구체적으로 어느 선박임을 지정하지 아니하고 하물운송의 위험을 담보한다는 것은 이미 위험조건을 확정한 것이므로 이에 대한 보험료도 확정된다. 따라서 선박미확정의 적하예정보험계약에 있어서 계약내용은 모두가 확정되어 있으므로 보통의 보험계약에 속하는 것이다.

이와는 달리 예정보험은 계약내용의 미확정임에도 불구하고 그 손해전보를 포괄적으로 약정하고 그 내용의 확정에 의하여 당연히 그리고 자동적으로 개별보험계약의 효력이 발생되는 것이므로 계약내용이 확정되기 전에는 개별적 보험계약이 성립되지 아니한다. 따라서 예정보험은 손해보험이 아니며, 불화정한 계약내용의 확정에 의하여 당연히 개별적 손해보험계약을 성립시키는 일종의 무명계약, 즉 예정보험은 보험계약의 체결시에는 불화정한 장래의 계약내용이 확정된 때에 개별적인 보험관계가 발생하는 독립된 보험계약이라고 할 수 있다[136].

(2) 예정보험의 법적 성질

예정보험계약은 그 불확정한 사항이 확정된 때에 보험자가 당연히 위험을 담보하는 것이기 때문에 보험계약의 예약이 아니라 독립적인보험계약이며 다시 말해서 이것은 장래에 일정한 보험계약을 체결할 것을 미리 약속하는 것이 아니고, 예정보험계약을 체결함으로써 그 미확정부분이 확정됨에 의하여 보험계약자의 통지의무를 위요한 법적효과를 발생시킨다는 점에서 보험계약의 예약과는 개념이 전혀 다르다.

3. 선박미확정(船舶未確定)의 적하예정보험

(1) 의의

선박미확정의 예정보험은 보험계약체결 당시에 하물을 적재할 선박을 지정하지 아니한 보험을 말한다(상법 제704조 제1항). 이것은 보험의 목적인 하물을 적재하여 운송할 선박을 특정하지 아니하고, 선박특정 후의 적하에 대한 손해를 보험자가 담보하는 보험계약이다.

(2) 계약의 체결

선박미확정의 적하보험은 보험계약의 체결장소와 선적지가 다르거나 또는 선적할 때가 보험계약을 체

136) 이기수, 「보험법 · 해상법」, 박영사, 1993, 176면.

결할 때와 다른 경우에도 선박만을 지정하지 아니하고 유효한 계약을 체결함으로써 보험계약자의 무보험상태로 인한 위험을 제거하고, 또 현대적 경제수요에도 적용시키고자 하는 제도이다. 그러므로 계약당사자는 이 보험계약을 체결함에 있어서 선박의 종류를 정해두고, 특정한 선박만을 지정하지 아니하거나 애초부터 그 종류까지 정하지 않는 것을 제외하고는 일반해상보험의 경우와 같다.

(3) 계약의 효과

선박미확정의 예정보험계약의 효과에 있어서는 그 선박의 미확정이라는 점을 제외하고는 일반 해상보험과 전혀 같다.

1) 선박확정의 통지의무(通知義務)

선박미확정의 예정보험에 있어서는 보험계약자 또는 피보험자가 그 하물이 선적되었음을 안 때에는 그 선박의 명칭과 국적과 하물의 종류, 수량과 가액의 통지를 발송하여야 한다(상법 제704조 제1항).

① 통지의무의 근거

보험계약은 일종의 사행계약으로 당사자의 협조를 필요로 하고 특히 해상보험의 경우의 보험사고는 해상사고와 관련하여 생기는 모든 사고이므로(상법 제693조 참조) 그 범위가 넓고 또 운송용구인 선박은 개성에 따라 보험사고발생의 위험률이 상이하다. 그러므로 적하보험계약을 체결함에 있어서 그 적하를 운송할 선박명칭, 종류, 성상(性狀), 톤수 등은 중요한 사항으로서 보험계약자 또는 피보험자가 보험자에게 고지하여 보험자의 합리적인 보험업경영에 협조할 의무를 진다(상법 제651조 참조). 따라서 선박미확정의 적하보험에 있어서는 거래의 편의를 위하여 운송할 선박을 확정하지 않고 계약을 체결하는 것으로 그 선박확정의 통지의무는 보다 강하게 요구되는 것이다.

② 통지의무의 성질

이 의무는 법률상의 진정한 의무가 아니므로 간접의무에 지나지 않고 그리고 이 선박확정통지의무는 보험계약체결시 지는 고지의무와는 구별되는 것이다.

③ 확정통지의 시기

선박확정의 통지시기는 보험계약자 또는 피보험자가 하물이 선적된 사실을 안 때에 비로소 그 선박의 명칭과 국적을 알 수 있으리라고 기대가 되므로 그 선적사실을 안 때를 기준으로 하고 있다. 그러므로 보험계약자 또는 피보험자가 하물의 선적사실을 안 때가 보험사고의 발생전이냐 아니냐를 따지지 않고 그 사실을 안 후 지체없이 통지를 발송하면 그 의무를 다하는 것이다.

④ 확정통지의 방법

확정통지의 방법에 관하여는 법에 구체적으로 명시한 바가 없으므로 구두이든 서면이든 상관이 없으나 그 통지의 발송사실에 대한 입증책임은 보험계약자 또는 피보험자가 부담한다고 해석한다.

2) 통지의무해태의 효과(效果)

선박보험에 있어서 예정보험의 보험계약자와 피보험자는 하물의 선적사실을 안 때에는 지체없이 선박확정의 통지를 발송할 의무를 지는데, 이 의무를 게을리하면 보험자는 그 사실을 안 날로부터 1월내에 계약을 해지할 수 있다(상법 제704조 제2항). 그리하여 보험자가 보험사고발생후에 그 통지의무위반을 이유로 보험계약을 해지하여도 보험금지급의무뿐만 아니라 보험료반환의무도 지지 않는다.

기본학습

29 재보험

1. 총설

(1) 재보험계약의 의의

재보험계약이라 함은 어떤 보험자가 인수한 보험계약상의 책임의 전부 또는 일부를 다른 보험자에게 인수시키는 보험계약을 말한다. 이 경우 최초의 보험을 원보험이라 한다. 보험자는 그 보험계약이 손해보험계약이든 인보험계약이든 보험사고로 인하여 부담할 책임에 대하여 다른 보험자와 재보험계약을 체결할 수 있다(상법 제661조).

(2) 재보험제도의 기능

원보험자는 재보험제도를 통하여 자신이 인수한 위험을 수직적으로 분산시킴으로써 거대한 위험을 인수할 수 있게 되고, 보험사업의 합리화를 꾀할 수 있다. 재보험은 국제적으로 거래되어 위험을 국제적으로 분산하는 기능을 한다. 그러나 재보험은 위험의 분산이 수직적인 점에서 여러 보험자가 위험을 수평적으로 분산시키는 공동보험과는 다르다.

(3) 법적 성질

재보험계약의 법적 성질에 대하여는 다툼이 있다. 먼저 ① 재보험은 경제적인 성질에서 보아 당사자간에 위험의 분산과 이익의 분배를 공동의 목적으로 하는 조합계약이라고 하는 설과 ② 재보험계약은 책임보험의 일종으로서 손해보험계약에 속한다는 설이 있다.

재보험계약은 원보험계약이 손해보험계약이든 인보험계약이든 원보험계약과는 별개의 독립한 보험계약이며 원보험자의 원피보험자에 대한 급여책임을 재보험자가 보상하여 주는 것을 내용으로 하는 보험이므로 책임보험의 일종이라 보는 것이 통설이며 타당하다. 우리 상법은 책임보험에 관한 규정을 재보험계약에 준용하고 있는데 이것은 재보험을 책임보험으로 이해하고 있기 때문이다(상법 제726조).

2. 재보험계약의 종류

(1) 특별재보험과 일반재보험

특별재보험은 개개의 원보험계약을 개별적으로 재보험에 붙이는 방법이며, 일반재보험(포괄재보험)은 일정한 기간동안 계속적으로 특정한 원보험자의 위험을 인수하는 방법이다. 일반재보험은 다시 임의적 재보험과 의무적 재보험으로 나누어진다.

(2) 임의적 재보험과 의무적 재보험

임의적 재보험은 특정보험계약이 체결될 때마다 원보험자가 위험을 통지하여 재보험자는 자유로이 인수 또는 거절할 수 있는 재보험제도이다. 이러한 임의적 재보험은 재보험 처리절차가 번잡하고 인수여부가 불분명하므로 재보험의 기능을 못 살리는 단점이 있다.

임의적 재보험은 미리 담보할 위험과 인수조건 등을 포괄적으로 협의하여 놓고 그 조건에 합치하는 원보험 계약에 대하여 재보험자가 이의 없이 인수하도록 한 재보험제도로서 재보험 처리절차가 간소하여 많이 이용되고 있다.

(3) 비례재보험특약과 초과액재보험특약

의무적 재보험은 비례재보험과 초과액재보험이 있는데 이것은 출재의 방식에 관한 특약(Treaty)에 따라 구별된다. 비례재보험 특약(Quota Share Reinsurance Treaty)은 원보험 계약의 보험금액에 대한 일정비율은 모두 재보험자에게 출재하고 재보험자는 이의 없이 인수할 의무를 가지는 것이다. 이러한 방식은 소액의 계약까지도 일정비율을 의무적으로 출재하여야 하므로 보험료가 누출되는 단점이 있다.

초과액 재보험특약(Surplus Feinsurance Treaty)은 원보험자의 보유액을 미리 정하여 두고, 이를 초과하는 보험금액에 대하여만 재보험자에게 출재하는 방식이다. 초과액 재보험은 원보험자의 보유한도액을 미달하는 소액의 보험계약에 대하여 그 전부를 원보험자가 보유하므로 보험료가 누출될 염려가 없다.

(4) 비비례적 재보험(Non-proportional Reinsurance)

비비례적 재보험은 손해가 발생하는 경우 일정한도를 초과하는 손해액 또는 일정 손해율을 초과하는 부분에 대하여 재보험자가 책임을 지는 형태의 재보험이다. 보험료는 특약별 초과손해액의 발생가능성 및 발생규모에 따라 산정되며, 원보험자와 재보험의 책임에 대한 비례성이 존재하지 않는다. 동 재보험특약형태로는 초과 손해액 재보험특약(Excess of Loss)과 초과손해율 재보험특약(Excess of Loss Ratio Cover 또는 Stop Loss Cover)으로 구분된다.

1) 초과손해액 재보험특약(Excess of Loss Cover)

사고발생시 원보험자는 일정손해액까지는 담보하지 않는다. 즉 원보험자의 부담액을 Deductible(또는 Priority)이라고 하며, 동 Deductible을 초과하는 손해액에 대하여 재보험자가 부담하게 된다. 이 방식은 보험금액으로 보유액과 출재액을 정하지 않으므로 사무비용이 적게 들고, 거대리스크나 거대손실의 발생 가능성이 있는 누적리스크를 담보하는 데에 적당하다. 그러므로 보유보험료를 증대시킬 수 있는 장점이 있다. 그러나 적정 수준의 보유손해액을 결정하는 데에는 상당히 전문적 기술을 요한다.

초과손해액 재보험특약은 원보험자가 원보험금액(Sum Insured) 또는 책임한도액(Limit of Liability) 기준으로 인수한 위험에 대해 일정 손해액 이상의 대형사고 발생에 대비하기 위한 일종의 안전장치라고 할 수 있다.

2) 초과손해율 재보험특약

원보험자의 당해연도의 보험위험에 대한 연간 손해율이 이미 정해진 일정 비율을 초과하는 경우 재보험자가 부담토록 되어 있는데, 이는 원보험자가 특약년도 기간내의 실적안정을 도모하기 위하여 이용되고 있는 비비례재보험특약 형태의 일종이다. 초과손해율 재보험특약은 원보험자의 영업실적이 평균손해율을 크게 상회하는 비정상적인 경우에 대비하여 경영의 안정을 기할 수 있다. 주로 자연재해를 담보하는 보험종목에 이용된다.

3. 재보험계약의 법률관계

(1) 책임보험규정의 준용

재보험계약은 손해보험의 일종인 책임보험계약에 속하는 바 그 법률관계에 관하여는 책임보험에 관한 규정이 준용된다(상법 제726조).

(2) 재보험자의 의무(재보험금 지급의무의 발생시기)

재보험자의 의무로서 특히 중요한 것은 손해보상의무이다(상법 제665조). 이때 재보험자의 손해보상의무가 발생하는 시기에 대하여 ① 원보험자가 원보험 계약상의 의무를 이행하여 보험금을 지급한 때라는 견해가 있는데 그 근거는 원보험자가 보험금을 지급하지 않는 한 재보험계약의 피보험자인 원보험자에게는 손해가 발생하지 않았기 때문이라 한다.

이에 대하여 ② 원보험계약상의 보험사고가 발생하면 재보험금을 청구할 수 있다고 하는 것이 다수설인데, 원보험자는 보험사고의 발생시에 손해가 있다고 볼 것이며(손해사고설) 원보험자가 파산한 경우 원보험의 피보험자를 보호할 수 있기 때문이다.

(3) 원보험과 재보험과의 관계

1) 재보험의 독립성

재보험은 법률상 원보험과는 별개의 독립된 계약이다. 따라서 각 보험계약은 서로 영향을 미치지 아니한다(상법 제661조). 그러므로 원보험자는 원보험료의 지급이 없다는 이유로 재보험료의 지급을 거절할 수 없으며, 원보험자는 재보험금의 지급이 없다는 이유로 원보험계약의 피보험자에게 원보험금의 지급을 거절하지 못한다.

2) 원보험계약자와 재보험자와의 관계

원보험의 보험계약자는 재보험자에 대하여 직접적인 권리 · 의무가 없다. 그러나 원보험의 보험계약자가 원보험의 보험료를 지급하지 않고 있을 때에 재보험자는 민법상의 채권자대위권에 관한 규정에 따라서 원보험자의 보험료지급청구권을 대위 행사 할 수 있다(민법 제404조).

3) 원피보험자와 재보험자와의 관계

상법은 책임보험계약에서의 제3자의 직접청구권을 인정하고 있다(상법 제724조 제2항). 재보험계약은 책임보험계약이라고 보는 것이 통설인데 직접청구권에 관한 규정은 재보험계약에 준용되므로 원보험계약의 피보험자는 재보험자에게 직접 재보험금을 청구할 수 있다. 이 경우 재보험자는 원보험자에 대하여 가지는 항변으로써 원피보험자에게 대항할 수 있다고 해석된다(상법 제724조 제2항 단서).

4. 재보험자의 보험대위

재보험자가 재보험금을 원보험자에게 지급한 경우에 재보험자는 원보험자가 제3자에 대하여 가지는 권리를 대위취득하게 된다. 그러나 재보험자는 직접 대위권을 행사하지 않고, 원보험자가 자기의 이름으로 제3자에게 대하여 이를 행사하고 회수한 액을 재보험자에게 교부하는 상관습이 있다.

요약정리

29 재보험

1. 총설

(1) 재보험계약의 의의

재보험계약이라 함은 어떤 보험자가 인수한 보험계약상의 책임의 전부 또는 일부를 다른 보험자에게 인수시키는 보험계약을 말한다. 이 경우 최초의 보험을 원보험이라 한다. 보험자는 그 보험계약이 손해보험계약이든 인보험계약이든 보험사고로 인하여 부담할 책임에 대하여 다른 보험자와 재보험계약을 체결할 수 있다(상법 제661조).

(2) 재보험제도의 기능

원보험자는 재보험제도를 통하여 자신이 인수한 위험을 수직적으로 분산시킴으로써 거대한 위험을 인수할 수 있게 되고, 보험사업의 경영합리화를 꾀할 수 있다. 재보험은 국제적으로 거래되어 위험을 국제적으로 분산하는 기능을 한다. 그러나 재보험은 위험의 분산이 수직적인 점에서 여러 보험자가 위험을 수평적으로 분산시키는 공동보험과는 다르다.

(3) 법적 성질

재보험계약의 법적 성질에 대하여는 다툼이 있다. 먼저 ① 재보험은 경제적인 성질에서 보아 당사자간에 위험의 분산과 이익의 분배를 공동의 목적으로 하는 조합계약이라고 하는 설과 ② 재보험계약은 책임보험의 일종으로서 손해보험계약에 속한다는 설이 있다.

재보험계약은 원보험계약이 손해보험계약이든 인보험계약이든 원보험계약과는 별개의 독립한 보험계약이며 원보험자의 원피보험자에 대한 급여책임을 재보험자가 보상하여 주는 것을 내용으로 하는 보험이므로 생명보험의 재보험이든 책임보험의 일종이라 보는 것이 통설이며 타당하다.

우리 상법은 책임보험에 관한 규정을 재보험계약에 준용하고 있는데 이것은 재보험을 책임보험으로 이해하고 있기 때문이다(상법 제726조).

2. 재보험계약의 종류

(1) 특별재보험과 일반재보험

특별재보험은 개개의 원보험계약을 개별적으로 재보험에 붙이는 방법이며, 일반재보험(포괄재보험)은 일정한 기간동안 계속적으로 특정한 원보험자의 위험을 인수하는 방법이다. 일반재보험은 다시 임의적 재보험과 특약 재보험으로 나누어진다.

(2) 임의적 재보험과 특약 재보험

임의적 재보험은 특정보험계약이 체결될 때마다 원보험자가 위험을 통지하여 재보험자는 자유로이 인수 또는 거절할 수 있는 재보험제도이다. 이러한 임의적 재보험은 재보험 처리절차가 번잡하고 인수여부가 불분명하므로 재보험의 기능을 못 살리는 단점이 있다.

임의적 재보험은 미리 담보할 위험과 인수조건 등을 포괄적으로 협의하여 놓고 그 조건에 합치하는 원보험 계약에 대하여 재보험자가 이의 없이 인수하도록 한 재보험제도로서 재보험 처리절차가 간소하여 많이 이용되고 있다.

(3) 비례재보험특약과 초과액재보험특약

의무적 재보험은 비례재보험과 초과액재보험이 있는데 이것은 출재의 방식에 관한 특약(Treaty)에 따라 구별된다. 비례재보험 특약(Quota Share Reinsurance Treaty)은 원보험 계약의 보험금액에 대한 일정비율은 모두 재보험자에게 출재하고 재보험자는 이의 없이 인수할 의무를 가지는 것이다. 이러한 방식은 소액의 계약까지도 일정비율을 의무적으로 출재하여야 하므로 보험료가 누출되는 단점이 있다.

초과액 재보험 특약(Surplus Feinsurance Treaty)은 원보험자의 보유액을 미리 정하여 두고, 이를 초과하는 보험금액에 대하여만 재보험자에게 출재하는 방식이다. 초과액 재보험은 원보험자의 보유한도액을 미달하는 소액의 보험계약에 대하여 그 전부를 원보험자가 보유하므로 보험료가 누출될 염려가 없다.

(4) 비비례적 재보험(Non-proportional Reinsurance)

비비례적 재보험은 손해가 발생하는 경우 일정한도를 초과하는 손해액 또는 일정 손해율을 초과하는 부분에 대하여 재보험자가 책임을 지는 형태의 재보험이다. 보험료는 특약별 초과손해액의 발생가능성 및 발생규모에 따라 산정되며, 원보험자와 재보험의 책임에 대한 비례성이 존재하지 않는다. 동 재보험특약 형태로는 초과 손해액 재보험특약(Excess of Loss)과 초과손해율 재보험특약(Excess of Loss Ratio Cover 또는 Stop Loss Cover)으로 구분된다.

1) 초과손해액 재보험특약(Excess of Loss Cover)

사고발생시 원보험자는 일정손해액까지는 담보하지 않는다. 즉 원보험자의 부담액을 Deductible(또는 Priority)이라고 하며, 동 Deductible을 초과하는 손해액에 대하여 재보험자가 부담하게 된다. 이 방식은 보험금액으로 보유액과 출재액을 정하지 않으므로 사무비용이 적게 들고, 거대리스크나 거대손실의 발생 가능성이 있는 누적리스크를 담보하는 데에 적당하다. 그러므로 보유보험료를 증대시킬 수 있는 장점이 있으나 적정 수준의 보유손해액을 결정하는 데에는 상당히 전문적인 기술을 요한다. 초과손해액 재보험특약은 원보험자가 원보험금액(Sum Insured) 또는 책임한도액(Limit of Liability) 기준으로 인수한 위험에 대해 일정 손해액 이상의 대형사고 발생에 대비하기 위한 일종의 안전장치 역할이라고 할 수 있다.

2) 초과손해율 재보험특약

원보험자의 당해연도의 보험위험에 대한 연간 손해율이 이미 정해진 일정 비율을 초과하는 경우 재보험자가 부담토록 되어 있는데, 이는 원보험자가 특약년도 기간내의 실적안정을 도모하기 위하여 이용되고 있는 비비례재보험특약 형태의 일종이다. 초과손해율 재보험특약은 원보험자의 영업실적이 평균손해율을 크게 상회하는 비정상적인 경우에 대비하여 경영의 안정을 기할 수 있으며, 주로 자연재해를 담보하는 보험종목에 이용된다.

3. 재보험 계약의 법률관계

(1) 책임보험규정의 준용

재보험계약은 손해보험의 일종인 책임보험계약에 속하는 바 그 법률관계에 관하여는 책임보험에 관한 규정이 준용된다(상법 제726조).

(2) 재보험자의 의무(재보험금 지급의무의 발생시기)

재보험자의 의무로서 특히 중요한 것은 손해보상의무이다(상법 제665조). 이때 재보험자의 손해보상의무가 발생하는 시기에 대하여 ① 원보험자가 원보험 계약상의 의무를 이행하여 보험금을 지급한 때라는 견해가 있는데 그 근거는 원보험자가 보험금을 지급하지 않는 한 재보험계약의 피보험자인 원보험자에게는 손해가 발생하지 않았기 때문이라 한다.

이에 대하여 ② 원보험계약상의 보험사고가 발생하면 재보험금을 청구할 수 있다고 하는 것이 다수설인데, 원보험자는 보험사고의 발생시에 손해가 있다고 볼 것이며(손해사고설) 원보험자가 파산한 경우 원보험의 피보험자를 보호할 수 있기 때문이다.

(3) 원보험과 재보험과의 관계

1) 재보험의 독립성

재보험은 법률상 원보험과는 별개의 독립된 계약이다. 따라서 각 보험계약은 서로 영향을 미치지 아니한다(상법 제661조). 그러므로 원보험자는 원보험료의 지급이 없다는 이유로 재보험료의 지급을 거절할 수 없으며, 원보험자는 재보험금의 지급이 없다는 이유로 원보험계약의 피보험자에게 원보험금의 지급을 거절하지 못한다.

2) 원보험계약자와 재보험자와의 관계

원보험의 보험계약자는 재보험자에 대하여 직접적인 권리 · 의무가 없다. 그러나 원보험의 보험계약자가 원보험의 보험료를 지급하지 않고 있을 때에 재보험자는 민법상의 채권자대위권에 관한 규정에 따라서 원보험자의 보험료지급청구권을 대위행사할 수 있다(민법 제404조).

3) 원피보험자와 재보험자와의 관계

상법은 책임보험계약에서의 제3자의 직접청구권을 인정하고 있다(상법 제724조 제2항). 재보험계약은 책임보험계약이라고 보는 것이 통설인데 직접청구권에 관한 규정은 재보험계약에 준용되므로 원보험계약의 피보험자는 재보험자에게 직접 재보험금을 청구할 수 있다. 이 경우 재보험자는 원보험자에 대하여 가지는 항변으로써 원피보험자에게 대항할 수 있다고 해석된다(상법 제724조 제2항 단서).

4. 재보험자의 보험대위

재보험자가 재보험금을 원보험자에게 지급한 경우에 재보험자는 원보험자가 제3자에 대하여 가지는 권리를 대위취득하게 된다. 그러나 재보험자는 직접 대위권을 행사하지 않고, 원보험자가 자기의 이름으로 제3자에게 대하여 이를 행사하고 회수한 액을 재보험자에게 교부하는 관습이 있다.

기본학습

30 보증보험

1. 의의(Guaranty insurance)

채무자가 채권자를 위하여(타인을 위한 보험), 계약상의 채무불이행 또는 법령상의 의무불이행으로 인한 손해를 보상할 것을 목적으로 하는 보험이다. 이는 채권을 대상으로 하는 이른바 신종보험의 대표적인 것이다.

2. 기능

보증보험의 기능으로는 채권자를 피보험자로 하여 체결하므로 채무자에게는 신용보완의 기능을, 채권자에게는 담보기능을 갖는다.

3. 특징

보증보험의 주기능은 채권담보기능이다. 그러나 민사보증계약은 채권자와 보증인 사이에 체결되는데 비하여 보증보험계약은 채무자와 보험회사간에 체결되므로 그 구조는 동일하지 않다.

피보험자의 보험금 청구권은 책임보험의 직접청구권이 아니므로 시효는 2년이다(판례) 보증보험의 보험성을 인정하는 것이 통설이나, 민법상 보증의 성격도 갖는다고 본다.

4. 면책사유

피보험자의 책임있는 사유로 생긴 손해는 면책이라 규정한 보증보험약관은 피보험자의 고의 중과실보다 면책사유를 넓게 규정하고 있지만 불이익변경금지에 반하지는 않고 유효하다(판례). 다만 보험의 실효성에서 보험계약자의 고의나 중과실은 담보한다.

5. 대위

보험계약자가 제3자에 포함되는가에 대하여 포함설은 약관의 구상 및 대위 규정을 당연히 청구권대위라 이해하게 된다(상법 제682조). 그러나 불포함설은 보험자의 구상권은 민법 제441조에 기한 수탁보증인의 구상권행사로 이해한다. 그러나 판례는 포함설을 취하면서 구상권으로 이해한다.

6. 신용보험(Credit insurance)

이는 보증보험과 유사하나, 신용위험에 대비하여 채권자가 스스로 보험에 가입하는 자기를 위한 보험이다(예, 할부신용보험). 신용보험약관은 보험자가 보험금을 지급한 경우 피보험자(채권자)는 채무자에 대한 권리를 양도하여야 한다고 규정하고 있는바 채권양도에 의한 구상의 형식을 취하며, 보험자대위와 같이 법률의 규정에 의한 당연한 구상으로 보지 않는 것이 특징이다.

요약정리

30 보증보험

1. 보증보험의 의의

보증보험계약(Kautionsversicherungsvertrag, Contrat of fidelity insurance)은 계약상의 채무불이행이나 법령상의 의무불이행으로 인한 손해를 보상할 것을 목적으로 하는 보험이며 보증보험은 상법사의 보험이 아니라 보험업법상의 보험이다[137]. 보증보험은 채권자에겐 채무자가 채무를 이행하지 않는 경우 그 손해를 보상하므로 담보적 기능을 하고, 채무자에게는 채권담보의 보증금을 납입하여야 하는 부담이 없으므로 신용보완적 기능을 한다.

보증보험과 책임보험은 양자가 채무의 이행을 담보한다는 점에서는 유사하나, 전자는 보험계약자의 피보험자에 대한 책임을 담보하는 것이고 보험계약자와 피보험자가 상이하므로 타인을 위한 보험인데 반하여, 후자는 피보험자의 제3자에 대한 책임을 담보하는 것이고 원칙적으로 보험계약자와 피보험자가 동일한 자기를 위하 보험인 점에서 다르다.

2. 보증보험계약의 성격

보증보험에서는 보험계약자의 고의로 인한 사고도 보험사고로 인정되어 보증보험의 보험사고에 우연성을 인정할 수 없기에 보증보험을 보험으로 인정할 수 있는지가 문제된다. 그러나 보험사고의 우연성은 보험계약의 성립 당시에 보험사고의 발생이 불확실하여야 한다는 것으로서, 보험사고가 보험계약자의 고의로 발생 하였는가 아닌가 하는 것은 보험사고의 우연성과 관계없는 문제이다. 예컨대, 채무자의 채무불이행도 우연한 사고이므로, 이로 인한 손해를 보상하는 보증보험도 손해보험의 일종으로 보는 것이 타당하다(통설). 그러나 보증이 주목적인 점이나 우연성을 요건으로 하는 보험의 일반 특성과는 달리 보험계약자의 채무불이행이라는 인위적인 사고에 의하여 사고가 발생하기 때문에 보험계약법의 규정을 그대로 적용하기가 어렵다는 점에서 특수한 형태의 손해보험이다.

3. 보증보험의 효용성과 종류

(1) 효용성

보험제도는 어떠한 위험을 전제로 하는데, 채권자와 채무자간의 관계에 있어서 채권자는 채무자의 채무불이행이라는 위험이 있고, 그에 따른 채권자는 이같은 위험을 회피하기 위하여 채무자에게 물적 담보나 인적 담보를 요구한다. 그러나 물적 담보의 구비는 담보물이라는 객체가 존재하여야 하고, 담보권을 실행하는 절차가 복잡하고 번거롭다는 문제가 있다. 한편 인적 담보에 관하여도 보증인으로서의 과중한 책임 때문에 타인의 보증을 구하기가 어렵다. 이에 채무자의 이행의 보장이라는 측면과 쉽게 보증을 얻을 수 있는 경제적 측면이 조화를 이룬 것이 보증보험이다. 이는 피보험자인 채권자에게는 확실한 이행보장을 보험계약자인 채무자에게는 손쉬운 보증제공이라는 양면의 효과가 있다.

137) 최준선, 전게서, 305면.

(2) 종류

보증보험은 계약상의 채무와 법령상의 의무를 담보하는 보험이다. 전자를 담보하는 보험으로는 이행보증보험, 할부판매보증보험, 소액대출보증보험, 리스보증보험, 사업자주택자금보증보험, 개인주택자금보증보험, 크레디트카드보험, 가계수표보험 등이 있고, 후자를 담보하는 보험으로는 납세보증보험, 인허가보증보험, 보석보증보험 등이 있다.

이행보증보험은 건설공사계약, 납품계약 등의 각종 계약상의 채무이행을 담보하기 위해 입찰보증금, 계약보증금, 하자보증금, 선급금, 물품외상판매대금등의 지급을 보증하며, 이행보증보험으로는 이행(입찰)보증보험, 이행(계약)보증보험, 이행(하자)보증보험, 이행(선급금)보증보험, 이행(상품판매대금)보증보험, 이행(지급)보증보험 등이 있다.

4. 보증보험계약의 효력

(1) 보험금의 지급

보증보험의 보험사고는 채무자인 보험계약자가 채권자인 피보험자에게 주계약상의 채무를 이행하지 않은 것이며 보험계약자(채무자)의 주계약상의 채무의 불이행으로 인하여 피보험자(채권자)에게 손해가 발생한 경우에 보험자는 피보험자에게 보험금을 지급하여야 한다(상법 제665조)[138].

(2) 면책사유

보증보험의 피보험자의 손해가, ① 천재지변, 전쟁, 내란 기타 이와 비슷한 변란, ② 피보험자의 책임있는 사유, ③ 피보험자가 정당한 이유없이 보험자의 손해조사에 협조하지 않은 등으로 인하여 생긴 경우에는, 보험자가 보험금지급책임을 지지 않는다. 열거된 면책사유 중에서 ①은 상법 제660조의 '보험사고가 전쟁 기타 변란으로 인하여 생긴 때'에 해당하기 때문이고, ②는 피보험자의 귀책사유를 보험사고로 하면 이는 신의칙에 반하고 보험을 도박화 할 염려가 있기 때문이며, ③은 보험자의 손해조사에 피보험자가 협조하지 아니하여 손해가 증가된 경우에 그 손해는 피보험자가 부담하여야하기 때문이다.

(3) 보험자의 대위

1) 서설

상법 제682조는 '손해가 제3자의 행위로 인하여 발생한 경우, 보험자는 그 지급한 보험금의 한도에서 보험계약자 · 피보험자의 제3자에 대한 권리를 취득한다'고 하여 보험자대위를 규정하고 있다. 보

138) 대법원 1999.6.22, 99다 36931.

증보험에서는 보험사고가 보험계약자에 의하여 발생될 것이 예상되어 있으므로 보험계약자가 제3자에 포함되어 보증보험에 본조가 적용되는지에 대해 포함설과 불포함설이 대립해 있다.

2) 학설의 대립

① 포함설

이 견해는 보증보험은 보험계약자(채무자)와 피보험자(채권자)가 다른 타인을 위한 보험계약이고, 보험계약자는 채무불이행 즉 보험사고를 발생하게 하여 피보험자에게 손해를 가할 수 있으므로, 보증보험에 있어서 보험계약자는 본조의 제3자에 해당하여 보험자는 본조에 의하여 보험자대위를 할 수 있다고 한다[139].

② 불포함설

보증보험의 보험계약자는 어디까지나 보험계약의 당사자이고 제3자가 아니며, 따라서 보증보험에서는 보험자가 보험자대위를 할 수 없다고 하고, 다만 보험자는 민법상의 수탁보증인의 구상권(민법 제441조[140])에 의하여 변제 기타의 출재로 주채무를 소멸하게 한 때에는 보험계약자에 대하여 구상권을 가진다고 한다[141]. 우리는 예컨대, 입찰보증보험약관에서는 '보험자는 보험금을 지급한 때에는 보험계약자에 대하여 구상권을 가지고, 피보험자의 이익을 해하지 않는 범위 내에서 피보험자가 보험계약자에 대하여 가지는 권리를 대위하여 가진다' 라고 규정하여 포함설을 취하고 있다.

5. 보증보험계약해지권의 해결

(1) 보험자의 해지권의 제한

일반의 보험계약에서는 보험계약자 또는 피보험자가 그 의무를 위한한 때에는 보험자가 보험계약을 해지할 수 있으나(상법 제657조~제653조) 보증보험은 보험계약자의 채무이행을 보험자가 담보하는 것이므로 그 의무위반이 보험계약자에게만 있는 때에는 보험자가 그 보증보험계약을 해지할 수 없다고 본다[142].

(2) 보험계약자의 해지권의 제한

일반의 보험계약에서는 보험사고가 발생하기 전에는 보험계약자는 언제든지 보험계약의 전부 또는 일

139) 최기원, 전게서, 679면, 정동윤, 전게서, 666면.

140) 민법 제441조; ① 주채무자의 수탁으로 보증인이 된 자가 과실없이 변제 기타의 出財로 주채무를 소멸하게 한 때에는 주채무자에 대하여 구상권이 있다. ② 제425조 제2항의 규정은 前項의 경우에 준용한다.

141) 양승규, 전게서, 431면; 정찬형, 전게서, 695면.

142) 양승규, 전게서, 434면.

부를 해지할 수 있으나(상법 제649조), 타인을 위한 보험계약에서는 보험계약자가 그 타인의 동의가 없거나 보험증권을 소지하고 있지 아니하면 그 보험계약을 해지할 수 없으므로(상법 제649조 제1항 단서) 보증보험계약에 있어서도 보험계약자는 피보험자의 동의가 없거나 보험증권을 소지하고 있지 않으면 그 보험계약을 해지할 수 없다.

6. 신용보험

신용위험에 대비하여 채권자가 스스로 보험에 가입하는 자기를 위한 보험이다. 신용보험약관은 보험자가 보험금을 지급한 경우 피보험자(채권자)는 채무자에 대한 권리를 양도하여야 한다고 규정하고 있는 채권양도에 의한 구상의 형식을 취하는 것이 특징이며 보험자대위와 같이 법률의 규정에 의한 당연한 구상으로 보지 않는 것이 큰 특징이다.

기본학습

31 인보험

1. 인보험의 의의

인보험은 보험자가 보험료를 받고 피보험자의 생명 또는 신체에 관하여 보험사고가 생길 경우에 보험계약의 정하는 바에 따라 보험금액 기타의 급여를 하기로 하는 보험이다(상법 제727조). 즉 인보험은 사람의 생명 또는 신체에 관한 사고를 보험사고로 하는 보험으로서 생명보험, 상해보험, 의료보험 등이 있다.

2. 인보험증권

인보험증권에는 제666조에 게기한 사항외에 ① 보험계약의 종류, ② 피보험자의 주소 · 성명 및 생년월일을 기재하여야 한다(상법 제728조). 여기서 보험수익자는 계약의 체결 당시에 정하지 않고, 후에 정하기로 유보할 수도 있다(상법 제733조).

3. 보험자대위의 금지

인보험에 있어서 보험사고가 제3자의 행위로 생긴 경우에 보험금액을 지급한 보험자는 제3자에 대하여 대위권을 행사하지 못하는 것이 원칙이다.

다만 상해보험계약에 있어서는 당사자간에 특약이 있는 경우 보험자는 피보험자의 권리를 해하지 않는 범위내에서 대위권을 행사할 수 있다(상법 제729조).

4. 인보험과 이득금지의 원칙

(1) 서언

손해보험계약에 타당한 이득금지의 원칙은 정액급부방식의 생명보험계약에는 그 적용이 없는 것이 원칙이다. 생명보험에도 이득금지의 원칙을 적용하기 위해서는, 생명보험의 목적으로 된 사람(피보험자)이 사망한 경우에 그로 인하여 발생한 손해액을 먼저 확정하여야 한다. 그러나 사람의 사망에 의한 손해를 금전적으로 평가한다는 것이 불가능하므로 생명보험의 경우에는 이득금지의 원칙이 적용될 수 없다고 하는 것이 다수설의 입장이다. 이러한 이유로 우리 상법은 보험을 손해보험과 생명보험으로 나누고 있는 것이다. 그러나 사람의 사망으로 인한 손해는 그 산정이 불가능하므로 정액보험으로 하고 있는 것이라는 설명에는 의문의 여지가 전혀 없는 것은 아니다. 왜냐하면 교통사고로 사람이 사망한 경우에 있어서, 사람의 사망으로 인한 손해를 산정하고 있는 점에서 볼 때 손해의 산정이 반드시 불가능하다고 단언하는 것도 무리라는 생각이 든다.

다만 손해액의 산정이 물건보험이나 재산보험에 있어서 보다는 비교적 곤란하다는 점은 인정된다. 그러나 보험료의 부담능력을 훨씬 상회하는 고액의 보험금을 설정하는 계약을 체결한 경우, 도덕적 위험의 가능성이 매우 높으므로 보험금액의 설정한도를 정하여 운영하는 등의 조치가 필요하다고 본다.

(2) 피보험이익

손해보험에서와 달리 인보험에서는 피보험이익을 인정하지 않은 것이 통설적인 견해이다. 사람의 생명 또는 신체에 관한 보험이라는 점에서 이에 대한 금전적 평가가 부정된다. 따라서 인보험의 경우 초과보험이나 중복보험 또는 일부보험의 관념은 인정되지 않는다. 그러나 영국이나 미국의 경우 인보험에 있어서도 피보험이익의 관념을 인정하고 있다. 이처럼 영미에서 인보험에 대하여 피보험이익의 관념을 인정하는 이유는 인보험의 도박화 방지 또는 도덕적 위험의 방지에 있다.

이러한 점에서 볼 때, 우리나라도 인보험계약에 있어서 피보험이익의 관념을 인정하여, 보험계약자나 보험수익자가 피보험자와 혈연관계 또는 경제적 이해관계가 있는 경우에 한하여 그 부보를 인정하는 것을 검토할 필요가 있다고 본다.

(3) 보험자대위

보험자대위의 존재이유로 다수설은 보험가입자의 이득방지에 있다고 하는데, 이득금지의 원칙이 적용되지 않는 정액보험으로서 생명보험에서는 대위제도가 필요하지 않다고 한다. 실제로 상법은 인보험에 있어서 대위를 원칙적으로 금지하고 있다. 그러므로 정액보험으로 운영되는 상해보험이나 질병보험도 대위는 금지된다. 문제는 손해보험방식으로 운영되는 상해보험이나 질병보험에 있어서의 보험자대위의 인정여부이다. 우리 상법은 상해보험계약에 있어서는 당사자간에 특약이 있는 경우 보험자는 피보험자의 권리를 해하지 않는 범위 내에서 대위권을 행사할 수 있다(상법 제729조)고 정하고 있다. 그리하여 실무상 실손보상방식으로 운영되는 각종의 보험약관에는 대위조항을 두고 있는 것이 많다.

또한 정액급부방식과 실손보상방식이 혼합된 계약 예컨대 여행자보험의 경우 사망보험금은 정액으로 의료비는 실손해를 보상한다. 이 경우 사망보험금에는 대위제도의 적용이 없으나, 의료비로 지급한 부분에 대하여는 대위제도를 적용할 수 있을 것이다.

(4) 타보험계약

특히 상해보험에 있어서는 부정한 보험금청구의 위험이 비교적 높은 분야이다. 경미한 상해에도 보험금이 지급되므로, 저렴한 보험료로 고액의 보험금액을 설정하고, 나아가 여러 개의 중복보험계약을 체결하여 거액의 보험금을 수취하는 것이 가능하다. 이러한 고액계약이나 중복계약에 수반하는 도덕적 위험의 방지가 보험자의 과제인 바, 상해보험약관중에는 다른 보험계약의 체결유무를 고지사항으로 정하고 있다. 물론 타보험계약이 체결되어 있다는 사실이 보험사고의 발생율에 차이를 야기한다거나 위험율의 측정에 관계는 없다. 그러나 타보험계약이 존재한다는 사실은 도덕적 위험의 가능성이 높아질 수 있고, 보험회사의 위험측정상 중요한 사실이라 할 것이다. 그러나 타보험계약의 존재가 고지사항에 해당한다고 하여도, 그것을 위반한 때에 곧바로 고지의무위반이라 하여 보험자에 의한 계약해지를 인정하는 것은 타당하지 않다고 하는 견해도 있다[143].

요약정리

31 인보험

1. 인보험의 의의

인보험은 보험자가 보험료를 받고 피보험자의 생명 또는 신체에 관하여 보험사고가 생길 경우에 보험계약의 정하는 바에 따라 보험금액 기타의 급여를 지급하기로 하는 보험이다(상법제727조). 즉 인보험은 사람의 생명 또는 신체에 관한 사고를 보험사고로 하는 보험으로서 생명보험, 상해보험, 의료보험 등이 있다.

143) 동경지판 소화 61. 1. 30 판결; '해지는 보험계약자 또는 피보험자가 불법한 보험금취득의 목적을 가지고 중복보험계약을 체결하는 등 공정타당한 사유가 있는 경우에 한한다'고 하였다. 그리고 타보험계약을 체결한다는 사실은 그 자체가 보험사고의 발생률 측정에 관한 중요한 사실이라 할 수 없지만, 도덕적 위험 등의 관계로 보험회사는 이것을 통지사항으로 규정하고 있기도 한다.

2. 인보험증권

인보험증권에는 제666조에 게기한 사항외에 ① 보험계약의 종류, ② 피보험자의 주소 · 성명 및 생년월일을 기재하여야 한다(상법제728조). 여기서 보험수익자는 계약의 체결 당시에 정하지 않고, 후에 정하기로 유보할 수도 있다(상법제733조).

3. 보험자대위의 금지

인보험에 있어서 보험사고가 제3자의 행위로 생긴 경우에 보험금액을 지급한 보험자는 제3자에 대하여 대위권을 행사하지 못하는 것이 원칙이다. 다만 상해보험계약에 있어서는 당사자간에 특약이 경우 보험자는 피보험자의 권리를 해하지 않는 범위내에서 대위권을 행사할 수 있다(상법 제729조).

4. 인보험과 이득금지의 원칙

(1) 서언

손해보험계약에 타당한 이득금지의 원칙은 정액급부방식의 생명보험계약에는 그 적용이 없는 것이 원칙이며 생명보험에도 이득금지의 원칙을 적용하기 위해서는, 생명보험의 목적으로 된 사람(피보험자)이 사망한 경우에 그로 인하여 발생한 손해액을 먼저 확정하여야 한다. 그러나 사람의 사망에 의한 손해를 금전적으로 평가한다는 것이 불가능하므로 생명보험의 경우에는 이득금지의 원칙이 적용될 수 없다고 하는 것이 다수설의 입장 입장이며 이러한 이유로 우리 상법은 보험을 손해보험과 생명보험으로 나누고 있는 것이다.

(2) 피보험이익

손해보험에서와 달리 인보험에서는 피보험이익을 인정하지 않은 것이 통설적인 견해이다. 사람의 생명 또는 신체에 관한 보험이라는 점에서 이에 대한 금전적 평가가 부정된다. 따라서 인보험의 경우 초과보험이나 중복보험 또는 일부보험의 관념은 인정되지 않는다. 그러나 영국이나 미국의 경우 인보험에 있어서도 피보험이익의 관념을 인정하고 있다. 이처럼 영미에서 인보험에 대하여 피보험이익의 관념을 인정하는 이유는 인보험의 도박화 방지 또는 도덕적 위험의 방지에 있다.

이러한 점에서 볼 때, 우리나라도 인보험계약에 있어서 피보험이익의 관념을 인정하여, 보험계약자나 보험수익자가 피보험자와 가족관계 또는 경제적 이해관계가 있는 경우에 한하여 그 부보를 인정하는 것을 검토할 필요가 있다고 본다.

(3) 보험자대위

보험자대위의 존재이유로 다수설은 보험가입자의 이득방지에 있다고 한다. 그러므로 다수설에 의하면 이득금지의 원칙이 적용되지 않는 정액보험으로서 생명보험에서는 대위제도가 필요하지 않다고 한다. 실제로 상법은 인보험에 있어서 대위를 원칙적으로 금지하고 있다. 그러므로 정액보험으로 운영되는 상해보험이나 질병보험도 대위는 금지된다.

문제는 손해보험방식으로 운영되는 상해보험이나 질병보험에 있어서의 보험자대위의 인정여부인데 반해 우리 상법은 상해보험계약에 있어서는 당사자간의 특약이 있는 경우 보험자는 피보험자의 권리를 해하지 않는 범위 내에서 대위권을 행사할 수 있다(상법제729조)고 정하고 있다. 그리하여 실무상 실손보상방식으로 운영되는 각종의 보험약관에는 대위조항을 두고 있는 것이 많다.

또한 정액급부방식과 실손보상방식이 혼합된 계약 예컨대 여행자보험의 경우 사망보험금은 정액으로 의료비는 실손해를 보상한다. 이 경우 사망보험금에는 대위제도의 적용이 없으나, 의료비로 지급한 부분에 대하여는 대위제도를 적용할 수 있을 것이다.

(4) 타보험 계약조항

인보험계약 특히 상해보험에 있어서는 부정한 보험금청구의 위험이 비교적 높은 분야이다. 경도의 상해에도 보험금이 지급되므로, 저렴한 보험료로 고액의 보험금액을 설정하고, 나아가 여러 개의 중복보험계약을 체결하여 거액의 보험금을 수취하는 것이 가능하다. 이러한 고액계약이나 중복계약에 수반하는 도덕적 위험의 방지가 보험자의 과제라 할 것이다.

상해보험약관중에는 다른 보험계약의 체결유무를 고지사항으로 명시하고 있다. 물론 타보험계약이 체결되어 있다는 사실이 보험사고의 확률에 차이를 야기한다거나 위험율의 측정에 관계있다고 단언할 수는 없다.

기본학습

32 생명보험

1. 의의

생명보험이라 함은 보험자가 피보험자의 생명에 관한 보험사고가 생길 경우에 약정한 보험금액을 지급하기로 하는 인보험이다(상법 제730조). 즉 생명보험은 당사자의 일방이 상대방 또는 제3자의 생사에 관한 우연한 사고가 생길 경우에 일정한 금액을 지급하기로 하는 정액보험이다.

2. 생명보험의 종류

(1) 보험사고에 따른 분류

1) 사망보험

피보험자의 사망을 보험사고로 하는 보험이다. 이것은 보험기간이 피보험자의 종신에 걸치는 것으로 피보험자의 사망의 시기를 불문하고 보험자의 보험금지급책임을 인정하는 종신보험과 일정기간내의 사망만을 보험사고로 하는 정기보험으로 나뉘며 이 사망보험에 있어서는 15세미만자, 심신상실자 또는 심신박약자를 피보험자로 한 경우에는 그 보험계약은 무효이다(상법 제732조).

2) 생존보험

이것은 피보험자가 일정한 연령까지 생존하는 것을 보험사고로 하는 보험으로 교육보험 등이 이에 해당하고 생존보험은 피보험자가 보험기간 안에 사망하면 보험급여를 받지 못한다.

3) 혼합보험

이것은 피보험자가 일정한 기간까지 생존하면 만기보험금을, 사망하면 사망보험금을 지급하기로 하는 보험이다. 사람의 사망시기는 일정하지 아니하므로 일정한 시기까지 피보험자의 사망을 보험사고로 한 경우에 사고의 발생없이 보험기간이 끝난 때에도 보험자의 보험금액의 지급책임을 인정하고 있는 양로보험이 이에 속한다.

(2) 피보험자의 수에 따른 분류

1) 개인보험

이것은 피보험자 1인의 생사를 보험사고로 하는 보험이다.

2) 연생보험 . 생존보험

피보험자의 2인중 1인이 사망한 경우 다른 1인이 보험금액의 지급을 받는 것을 연생보험이라 하고, 2인중 특정한 1인이 사망한 경우 다른 1인이 생존할 것을 조건으로 하여 보험금액을 지급하는 것을 생존보험이라 한다.

3) 단체보험

단체에 속하는 자를 포괄적으로 피보험자로 하는 보험이다. 단체보험의 경우에는 보험가입자는 그 단체의 구성원이고, 보험가입에 있어서 개별적인 조사를 거치지 않는 것이 원칙이며, 보험료는 단체가 부담하고 있으며 이 보험은 단체에 속하는 구성원의 복리후생을 위하여 이용되는 것이 보통이다.

(3) 보험금액의 지급방법에 따른 분류

1) 자금보험

보험사고가 발생한 때에 보험금액의 전부를 일시금으로 지급하는 보험이며 이것이 일반적이다.

2) 연금보험

보험금액을 연금으로 순차적으로 지급하는 보험이며, 종신연금보험과 정기연금보험이 있다.

3. 타인의 생명보험

(1) 타인의 생명보험의 의의 및 제한

1) 의의

생명보험계약은 보험계약의 당사자인보험계약자가 자신을 피보험자로 하여 체결하는 경우가 보통이고 이것을 자기의 생명보험계약이라 한다. 반면에 보험계약자가 자기 이외의 제3자를 피보험자로 하여 체결하는 생명보험계약을 타인의 생명보험계약이라 한다. 이것은 제3자를 보험수익자로 하는 이른바 타인을 위한 생명보험과는 다른 것이다.

2) 제한

타인의 사망을 보험사고로 하는 보험을 아무런 제한없이 인정할 경우, 첫째, 보험이 도박으로 악용될 수 있고, 둘째, 고의로 피보험자의 생명을 해할 우려가 있으므로 이에 대하여 어떠한 제한을 가할 필요가 있다. 그리하여 각국의 입법례에는 이에 대한 제한규정을 두고 있는데 이에는 이익주의와 동의주의가 일반적이다.

① 이익주의

생명보험에 있어서도 피보험이익의 관념을 인정하는 영미법계 국가에서 채용하고 있는 입법주의로, 피보험자인 타인의 생사에 관하여 이익이 있는 자만이 이러한 보험계약을 체결할 수 있다고 한다.

② 동의주의

생명보험에 있어서 피보험이익의 관념을 부정하는 대륙법계 국가에서 채용하고 있는 입법주의로서 피보험자인 타인의 동의를 얻은 경우에 이러한 보험계약을 체결할 수 있다고 한다.

③ 우리 상법의 태도

우리나라 상법은 동의주의를 취하여 타인의 사망을 보험사고로 하는 보험에 있어서는 그 계약의 체결뿐만 아니라 권리의 양도의 경우에도 피보험자의 동의를 요건으로 한다(상법제731조). 그러나 15세미만자, 심신상실자 또는 심신박약자의 사망을 보험사고로 한 보험계약은 동의의 유무를 불문하고 계약은 무효이다(상법제732조).

(2) 피보험자의 동의

1) 피보험자의 동의를 요하는 경우

① 타인의 생명을 보험사고로 하는 사망보험 또는 혼합보험계약을 체결하는 경우(상법 제731조 제1항),

② 타인의 사망보험계약으로 인하여 생긴 권리를 피보험자가 아닌 자에게 양도하는 경우(상법 제731조 제2항),

③ 타인의 사망보험계약을 체결한 후 보험계약자가 보험수익자를 지정 또는 변경하는 경우(상법 제734조 제2항)에는 피보험자의 동의를 요하는 것으로 하고 있다.

2) 동의의 성질

타인의 생명보험에 있어서 피보험자의 동의는 당사자 사이의 특약으로 배제할 수 없는 강행법적 성질

을 갖는다. 그리하여 피보험자의 동의의 법적 성질에 관하여는

① 피보험자의 동의는 계약의 성립요건이라는 설과,

② 계약의 성립에 당사자 이외에 제3자의 의사표시를 성립요건으로 풀이하는 것은 계약법의 법리에 반하고, 또한 생명보험계약도 일반의 보험계약과 같이 낙성계약이므로 피보험자의 동의가 없어도 계약은 성립하지만 동의는 효력발생요건이어서 무효라고 해석하는 효력발생요건설이 있다. 효력발생요건설이 타당하다.

3) 동의의 상대방과 방식

동의는 상대방 있는 일방적 의사표시이므로 계약당사자의 일방에게 도달하여야 한다. 그리고 동의의 방식에 대하여 서면에 의한 동의를 얻을 것을 요구하고 있다(상법 제731조).

4) 동의의 시기

동의의 시기에 관하여 상법은 보험계약 체결 시에 그 타인의 서면에 의한 동의를 얻도록 하고 있다(상법 제731조 제1항).

5) 동의의 철회

피보험자가 일단 동의하였다 하여도 계약의 성립전에는 이를 철회할 수 있다. 그러나 일단 피보험자의 동의에 의하여 계약의 효력이 발생한 때에는 그것을 임의로 철회할 수는 없고, 보험계약자의 동의를 요한다고 해석된다.

6) 동의능력

우리 상법상 15세미만자, 심신상실자 또는 심신박약자의 사망을 보험사고로 한 보험계약은 무효로 하고 있으므로(상법 제732조), 이들은 유효한 동의를 할 수 없고, 그들이 한 동의는 무효이다. 이때 15세 이상자의 사망보험에 있어서 동의에 관하여는 비록 15세 이상자라 하더라도 민법상 미성년자이므로 피보험자가 유효한 동의를 하기 위해서는 법정대리인의 동의를 얻어야 한다(민법 제5조). 그러나 법정대리인이 보험계약자 또는 보험수익자인 경우에는 피보험자인 미성년자와 이익이 상반되는 경우에 해당하므로 법원이 선임한 특별대리인의 동의를 요한다(민법 제921조 제1항).

4. 타인을 위한 생명보험

(1) 의의

타인을 위한 생명보험이라 함은 보험계약자가 타인을 보험수익자로 하여 맺은 보험계약을 말한다.

(2) 유형

타인을 위한 생명보험에서는 보험계약자와 보험수익자가 있게 되는데 이 경우 피보험자가 누구인가에 대하여 아래의 3가지 유형으로 구분할 수 있다.

① 보험계약자가 피보험자일 경우 ② 보험수익자가 피보험자인 경우 ③ 제3자가 피보험자인 경우이다. 여기서 ②와 ③의 보험계약은 타인을 위한 생명보험이지만 동시에 타인의 생명보험이기도 하다.

(3) 보험수익자의 지정 · 변경

1) 지정 · 변경권의 의미

보험계약자가 보험계약 당시에 또는 사정이 변경되어 보험수익자를 지정 또는 변경하기를 원하는 경우가 생길 수 있다. 이에 상법은 보험계약자에게 보험수익자를 지정 또는 변경할 권리를 인정하고 있다(상법 제733조 제1항). 이러한 보험수익자의 지정 · 변경권은 보험계약자가 보험자의 동의를 받지 않고 자유로이 행사할 수 있고, 일종의 형성권이며, 상대방의 수령을 요하지 않는 단독행위이다.

2) 지정 · 변경의 방법과 대항요건

보험계약자가 보험계약 체결 후에 지정 · 변경권을 행사한 때에는 보험자에 대하여 그 통지를 하지 않으면 보험자에게 대항할 수 없다(상법 제734조).

(4) 지정 · 변경과 보험수익자의 지위

1) 지정 · 변경권을 유보한 경우

① 보험계약자가 사망한 경우

보험계약자가 보험수익자의 지정 · 변경권을 유보하고 있는 경우 보험수익자는 확정되지 않는다. 그러므로 보험계약자가 그 권리를 행사하지 않고 사망한 때에는 보험수익자를 누구로 할 것인가의 문제가 생긴다. 이 경우 보험계약자가 지정권을 행사하지 아니하였으면 피보험자가 보험수익자로 되고, 보험계약자가 변경권을 행사하지 아니하였으면 보험수익자의 지위는 그대로 확정된다. 그러나 보험계약자의 승계인이 그 권리를 행사할 수 있다는 약정이 있는 때에는 그 승계인이 지정 · 변경권을 행사할 수 있다(상법 제733조 제2항).

② 권리행사전에 보험사고가 발생한 경우

보험계약자가 권리를 행사하기 전에 보험사고가 생긴 경우에는 피보험자 또는 보험수익자의 상속인을 보험수익자로 한다(상법 제733조 제4항).

2) 지정 · 변경권을 유보하지 않은 경우

① 보험수익자가 사망한 경우

보험계약자가 보험수익자의 지정 · 변경권을 유보하지 않은 경우로서 보험수익자가 피보험자가 아닌 제3자이고 그 자가 보험존속 중에 사망한 때에는 보험계약자는 다시 보험수익자를 지정할 수 있다. 본래 보험금청구권은 금전채권인 성질을 가지므로 상속 또는 양도할 수 있는 것이다. 그러나 보험수익자를 정하는 데에는 사람의 개성이 중시되기 때문에 보험계약자의 재지정권을 인정하고 있는 것이다. 다만 보험계약자가 지정권을 행사하지 아니하고 사망한 때에는 보험수익자의 상속인이 보험수익자로 된다(상법 제733조 제3항).

② 재지정권 행사전에 보험사고가 발생한 경우

보험수익자가 사망한 후 보험계약자가 새로 보험수익자를 지정하지 아니하는 동안에 보험사고가 발생하면 보험금청구권은 보험수익자의 상속인에게 귀속하게 된다.

(5) 지정 · 변경의 시기와 피보험자의 동의

보험계약자가 갖는 보험수익자의 지정 · 변경권은 보험사고발생전에만 행사할 수 있다고 볼 것이다. 왜냐하면 보험사고가 발생하면 보험금청구권자가 확정되기 때문이다. 보험계약자는 보험수익자의 지정 · 변경권을 행사할 수 있지만 타인의 사망보험의 경우에는 그 지정 · 변경권을 행사함에 있어서 피보험자의 동의를 얻어야 한다(상법 제734조 제2항, 제731조 제1항).

5. 생명보험계약의 효과[144)]

(1) 보험금지급의무

생명보험자는 피보험자의 생명에 관한 보험사고가 생길 경우에 약정한 보험금액을 지급할 의무가 있다(상법 제730조). 보험금지급의무는 보험자의 주된 의무이다. 생명보험계약은 계약에서 정한 보험사고가 발생하면 약정한 보험금액을 지급하는 정액보험으로 생존보험에서는 보험기간동안 피보험자가 생존하면 만기보험금을, 사망보험에서는 보험기간 안에 사망하면 사망보험금을, 생사혼합보험에 있어서는 생존이나 사망이 모두 보험사고로 되어 그에 따른 보험금을 지급하게 된다(상법 제735조). 생명보험약관에서는 피보험자가 재해로 말미암아 사망한 경우에 추가보험금을 지급하기로 하는 경우가 있다. 이를 재해추가보험이라 하고, 생명보험의 보장적 기능을 높이기 위한 것이다.

여기서 보험수익자가 갖는 보험금청구권은 보험계약으로 생긴 보험수익자의 고유재산이지 상속재산이 아니다[145)].

144) 김성태, 보험법강론, 827면

145) 대법원 2004. 7. 9. 선고 2003다29463 판결.

(2) 보험료적립금반환의무

보험자는 상법 제649조, 제650조, 제651조 및 제652조 내지 제655조의 규정에 의하여 보험계약이 해지된 때, 상법 제659조와 제660조의 규정에 의하여 보험금액의 지급책임이 면제된 때에 보험수익자를 위하여 적립한 금액을 보험계약자에게 지급하여야 한다(상법제736조 제1항). 생명보험계약의 보험료는 생명표에 의하여 예정사망율과 예정이율에 따라 계산하여 매년 평균보험료를 지급하도록 하고 있다. 생명보험계약은 장기보험계약으로서 저축성을 갖는다. 따라서 생명보험계약이 해지되면 보험자는 보험계약자에게 보험료적립금을 지급하도록 하고 있는 것이다. 보험업법에 의하면 보험자는 결산기마다 책임준비금을 계상하여야 하는데(보험업법 제98조), 생명보험자가 계상하여야 할 책임준비금은 보험료적립금과 미경과보험료적립금으로 구성되어 있다. 여기서 보험수익자를 위하여 적립한 금액이란 보험료적립금을 말하는 것이고, 보험자는 보험계약이 해지된 때에 해지환급금으로서 보험계약자에게 보험료적립금을 지급하여야 하여야 하지만 보험계약자가 고의로 보험사고를 일으킨 경우에는 그러하지 아니하다(상법 제736조 제1항 단서). 보험자의 보험료적립금반환의무는 2년의 시효로 소멸한다(상법 제662조).

(3) 보험계약자에 대한 대부의무

생명보험약관에 의하면 보험계약자는 해지환급금의 범위 안에서 보험자가 정한 방법에 따라 보험증권을 제출하고 대부를 받을 수 있음을 정하고 있다. 이것을 보험계약자대부 또는 보험증권대부라 하고 보험계약자의 청구가 있으면 보험자는 이에 응하여야 할 의무가 있다.

(4) 계약자배당의무

생명보험계약의 보험료는 예정사망율과 예정이율을 기초로 계산하여 예정사업비를 더하여 영업보험료를 산정하게 된다. 그런데 보험료산정의 기초가 된 예정사망율과 예정이율 또는 예정사업비가 실제의 그것과 비교하여 차액이 생길 수 있다. 그 결과 보험자는 사차익, 이차익, 비차익 등 이익금이 생기게 되면 이를 보험계약자에게 배당할 것을 약정하는 경우가 있다. 이것이 이른바 보험계약자에 대한 이익배당의무이다.

요약정리

32 생명보험-타인의 생명보험

1. 개관

(1) 의의

본래 생명보험계약은 보험계약의 당사자인보험계약자 자신(自身)을 피보험자(被保險者)로 하는 경우가 대부분이고, 이를 자기의 생명보험계약이라 한다. 반면에 보험계약자가 자기 이외의 제3자를 피보험자로 하여 체결하는 생명보험계약을 타인의 생명보험이라 칭한다. 이것은 제3자를 보험수익자로 하는 이른바, '타인을 위한 생명보험'과는 구별되는 것이다. 결국 타인의 생명보험계약은 타인을 보험수익자로 하는 타인을 위한 생명보험과는 구별되므로 혼동하기 쉽다. 그리고 좁은 의미의 타인의 생명보험이라고 할 때에는 타인의 사망을 보험사고로 한 것을 의미하게 된다.

(2) 입법의 태도

일반적으로 타인의 생사(生死)를 보험사고로 하여 계약을 체결하는 것이 인정되어지는 데, 이는 생명보험에서는 손해보험과는 다르게 피보험이익의 관념이 없기 때문에 가능한 것이다. 다만 생명보험에 있어서도 손해보험과 같이 보험사고로 인한 보험수익자의 불이익을 제거하거나 경감시키려는 데 그 주된 목적이 있고 또 보험계약의 성질에 따른 사행계약성이 그대로 적용된다. 그리하여 자기의 생명보험의 경우에는 보험수익자가 누구이든 불법의 목적으로 이용되는 일은 없겠으나, 타인의 사망을 보험사고로 한 보험상품을 무제한적으로 인정하게 되면, 도박이나 도덕적 해이(Hazard)와 같은 여러 폐단이 생기게 된다. 이 폐단에 대한 제한이 요청되고, 따라서 각 국가의 입법례는 이에 대한 특별한 제한을 가하는 아래의 형식의 규정을 두고 있다.

첫째로는 이익주의로써 피보험자인 타인의 생사에 관하여 어떠한 이익을 가지는 자만이 이 보험계약을 체결할 수 있다는 입법형식주의로 이에는 영미법, 중국의 입법례 등이 이에 속한다.

둘째로는 동의주의로써 피보험자인 타인의 동의를 필요로 한다는 입법형식주의이다. 이에는 일본, 프랑스, 독일의 입법례 등이 이에 속한다.

셋째로는 상법의 입장은 동의주의를 채택하여 타인의 사망을 보험사고로 하는 보험에 있어서는 그 당해 보험계약뿐만 아니라 권리양도의 경우에도 피보험자의 서면에 의한 동의를 요건으로 하고 있으며(상법 제731조), 특히 만15세미만자, 심신상실자 또는 심신박약자 등에 대해서는 사망보험은 인정하지 않고 있다(상법 제732조).

2. 피보험자의 동의권

(1) 피보험자의 동의를 필요로 하는 경우

상법은 동의주의를 취하고 있는 바, 피보험자의 동의를 필요로 하는 경우로는 첫째로 상법 제731조 제1항에 의한 타인의 사망을 보험사고로 한 사망보험 또는 혼합보험계약의 경우, 둘째로 상법 제731조 제2항에 의한 타인의 사망보험계약으로 인하여 생긴 권리를 피보험자가 아닌 자에게 양도하는 경우, 셋째로 상법 제734조 제2항에 의하여 타인의 사망보험계약체결한 후 보험계약자가 보험수익자를 지정 또는 변경하는 경우 등이 여기에 해당한다.

(2) 동의권의 성질

타인의 생명보험에 있어서 피보험자의 동의는 당사자간의 특약으로도 배제할 수 없는 강행법규성의 성질을 가진다. 그리하여 피보험자의 동의의 법적 성질에 대하여는 이 동의가 계약의 성립요건이라는 견해도 있으나, 어떠한 계약이 당사자 쌍방의 의사표시 이외에 제3자의 의사표시를 성립요건으로 해석한다는 것은 계약의 일반적인 관념에 반하는 것이고, 또 타인의 생명보험계약도 일반적인보험계약과 같이 낙성(諾性)계약이므로 이 동의는 효력발생요건으로 해석하는 것이 타당하다.

(3) 동의의 시기와 그 방식

피보험자인 타인의 동의는 보험계약 체결 시에 서면에 의하여야 한다(상법 제731조 제1항). 그리하여 서면에 의하지 않는 한 그 효력이 없고, 그 동의는 보험자가 보험계약의 청약에 대한 승낙을 할 때까지 이루어지면 가능하나, 실무상에서는 보험청약시에 피보험자로 하여금 자필서명방식을 취하도록 하고 있는 것이 일반적이다.

(4) 동의의 철회

피보험자가 애초에 해준 동의는 계약의 성립 전에는 철회할 수 있으나 일단 동의에 의하여 계약의 효력이 발생한 때에는 그것을 임의로 철회할 수 없고, 보험수익자 또는 피보험자의 동의를 필요로 한다고 해석한다. 다만 동의행위 그 자체에 하자가 있는 경우에는 일반적인 원칙에 따라 그 동의의 무효(無效) 내지 취소(取消)를 주장할 수 있다.

(5) 동의의 능력

상법 제732조에 따라 15세 미만자, 심신상실자 또는 심신박약자의 사망을 보험사고로 한 계약은 무효로 한다. 그러나 이들은 유효한 동의를 할 수 없으며, 그 동의 또한 무효이다. 따라서 15세 이상의 미성년자의 사망보험의 경우에 동의방식이 문제가 되는 데, 이런 경우에 피보험자는 동의를 함에 있어서 민법 제5조[146)]의 해석상 법정대리인의 동의를 얻도록 하고 있다[147)].

요약정리

32 생명보험-보험수익자의 지정·변경권

1. 총설(總說)

(1) 보험수익자의 지정 · 변경권

1) 보험수익자개념

보험수익자라 함은 생명보험에 있어서 보험사고로 이하여 이익을 받는 자로서 즉, 보험금청구권을 갖는 자이다. 여기서 보험계약자는 자신이 보험수익자가 되는 경우도 있고, 또 제3자를 보험수익자로 하는 타인을 위한 생명보험계약을 체결할 수 도 있다. 따라서 타인을 위한 생명보험계약에 있어서는 그 타인은 당연히 보험계약의 이익을 누리게 되고 그에 대한 수익의 의사표시를 할 필요는 없다(상법 제639조).

146) 민법 제5조; ① 미성년자가 법률행위를 함에는 법정대리인의 동의를 얻어야 한다. 그러나 권리만을 얻거나 의무만을 면하는 행위는 그러하지 아니하다. ② 전항의 규정에 위반한 행위는 취소할 수 있다.

147) 법정대리인이 보험수익자 또는 보험계약자인 때에는 미성년자와 이익이 상반되는 경우이므로 법원이 선임한 특별대리인의 동의를 필요로 한다(민법 제921조 참조).

2) 보험계약자의 수익자의 지정 · 변경권

생명보험계약은 일반적으로 장기간에 걸쳐서 유지되는 계약이므로 보험계약자가 계약 당시와 다른 사정변경에 의하여 보험수익자를 지정 또는 변경을 희망하는 경우가 생길 수 있다. 이러한 사정으로 법은 보험계약자에게 타인을 위한 생명보험계약을 체결함에 있어서 그 '타인', 즉 보험수익자의 지정 · 변경권을 인정하고 있다(상법 제733조 제1항). 이것이 이른바 보험계약자의 보험수익자의 지정 · 변경권을 의미한다. 그리하여 보험계약자는 자기를 위한 보험계약을 체결한 경우에도 나중에 다시 제3자를 보험수익자로 지정하거나 변경할 수 있음은 당연하다.

(2) 지정 · 변경권의 법적 성질

보험계약자는 보험자의 동의를 받지 않고 그 권한을 유보하고 있는 한, 자유롭게 보험수익자를 지정 · 변경할 수 있으므로 그 지정 · 변경권은 일종의 형성권적 성질이면서, 상대방의 수령을 필요로 하지 않는 단독행위이다.

2. 보험계약자의 지정 · 변경권 행사와 그 대항요건

상법은 보험수익자의 지정 · 변경권의 행사방법에 대하여는 별도의 제한은 없으므로 서면에 의할 것을 요하지도 않고, 또 명시적이든 묵시적이든 관계가 없다. 그러나 보험계약자가 계약체결 후에 지정 · 변경권을 행사한 때에는 보험자에 대하여 그 통지를 하지 않으며 보험자에게 대항할 수 없다(상법 제734조 제1항). 또한 약관에 의하면 보험증권에 점유자에 의한 승인의 배서를 필요로 한다는 뜻의 조항을 담고 있는 경우가 많으므로 이것은 지정 · 변경권의 효력에는 상관없이 대항요건으로서 통지 외에도 증권상의 배서를 요구하는 취지라고 해석되고 있다. 보험수익자의 이러한 지정 · 변경권은 보험계약자와 그 관계자와의 관계에 있어서 정하는 것으로서 보험자에 대하여는 대항요건만이 남게 되는 것이다.

3. 지정 · 변경권의 행사시기와 피보험자의 동의

(1) 행사시기

보험계약자의 보험수익자의 지정 · 변경권은 보험기간 중에 행사할 수 있으나, 일단 보험사고가 발생하면 그 권리를 행사할 수 없게 된다(상법 제733조 제4항).

(2) 피보험자의 동의

보험계약자는 보험수익자의 지정 · 변경권을 행사할 수 있으나, 다만 그것이 타인의 사망보험의 경우에, 그 지정 · 변경권을 행사할 때에 있어서는 반드시 피보험자의 서면에 의한 동의를 얻어야 한다(상법 제734조 제2항, 제731조 제1항). 따라서 보험계약자가 보험수익자의 지정 · 변경권을 행사할 당시에 피보험자의 서면에 의한 동의를 얻지 아니하면 그 효력이 생길 수 없다.

4. 보험계약자의 지정 · 변경권과 보험수익자의 법적 지위

법은 타인을 위한 생명보험계약에서 보험계약자와 보험수익자의 관계를 고려하여 보험계약자에게 보험수익자의 지정 · 변경권을 인정하고 있으므로 그것의 성격과 행사와 관련하여 보험수익자의 지위가 어떠한가를 살펴볼 필요가 있다. 특히 보험수익자의 지위에 대해서는 그 지정 · 변경권을 유보하고 있는 경우와 유보하고 있지 않은 경우로 나누어 아래와 같이 살펴볼 필요가 있다.

(1) 지정 · 변경권을 유보(留保)한 경우

1) 보험계약자가 사망한 경우

보험계약자가 보험수익자의 지정 · 변경권을 유보하고 있는 경우에는 보험수익자는 확정되지 않는다. 그러므로 이러한 경우에 보험계약자가 그 권리를 행사하지 않고 사망한 때에는 보험수익자를 누구로 할 것인가의 문제가 생기는데, 이 경우에는 보험계약자의 승계인이 그 권리를 행사할 수 있다는 약정이 있는 때를 제외하고는 보험계약자가 지정권을 행사하지 아니하였으면 피보험자가 보험수익자로 되고, 변경권을 행사하지 아니하였으면 그 보험수익자의 지위는 그대로 확정되며(상법 제733조 제2항) 이 조항은 미래의 분쟁을 방지하기 위하여 법이 인정한 것이다.

2) 권리행사 전(前)에 보험사고가 발생한 경우

보험계약자가 지정권을 행사하기 전에 보험사고가 생긴 경우에는 피보험자의 상속인이 보험수익자로 되고(상법 제733조 제4항), 변경권을 행사하지 아니한 때에는 보험수익자의 법적 지위가 그대로 인정된다.

(2) 지정 · 변경권을 유보(留保)하지 않은 경우

1) 보험수익자가 사망한 경우

보험계약자가 보험수익자의 지정 · 변경권을 유보하지 않은 경우에는 보험수익자가 피보험자 이외의 제3자인 경우에 그 자가 보험계약의 존속 중에 사망한 때에는 보험계약자는 다시 보험수익자를 지정할 수 있다(상법 제733조 제3항 전단부분). 원래 보험금청구권은 금전채권적인 성질을 가지므로 그것은 상속 또는 양도할 수 있는 것이지만, 보험수익자를 정하는 데는 그 사람의 개성이 중시되기 때문에 보험계약자의 재지정권을 인정하고, 다만 보험계약자도 그 지정권을 행사하지 아니하고 사망하면 보험수익자의 상속인이 보험수익자로 된다(상법 제733조 제3항 후단부분). 그러나 약관에서는 보험계약자의 상속인 그 밖의 승계인도 그 지정권을 가지는 것으로 하는 것이 보통이다. 이것은 승계인은 보험수익자에 대하여 반드시 보험계약자와 같은 개인적 관계를 가졌다고 할 수 없으며, 또 보험계약자의 승계인이 보험료지급의무를 부담한다는 점을 고려한 데에 있다. 또 만일 승계인에게 그 권리를 인정하지 않으면, 승계인이 보험수익자를 위하여 보험계약을 계속할 것을 원하지 않을 경우에는, 그 계약을 해지함으로써 오히려 불편을 가져올 우려가 있기 때문이다.

2) 재지정권 행사 전에 보험사고가 발생한 경우

보험수익자가 사망한 후 보험계약자가 새로이 보험수익자를 지정하지 아니한 동안에 보험사고가 생긴 경우에는 보험수익자의 상속인이 보험수익자로 된다(상법 제733조 제4항). 이것은 피보험자의 사망으로 보험사고가 생기면 보험계약자는 지정권을 행사할 수 없으므로 보험수익자의 상속인에게 그 법적 지위를 인정한 것이다. 왜냐하면 여기서 보험금청구권은 보험수익자의 권리로서 그 상속재산을 구성하는 것이기 때문이다.

기본학습

33 상해보험계약과 그 특칙

1. 총설

(1) 의의

상해보험이라 함은 보험자가 피보험자의 신체의 상해에 관한 보험사고가 생긴 경우에 보험금액 기타의 급여를 할 책임을 지기로 하는 인보험이다(상법 제737조). 즉, 상해보험은 피보험자가 우연한 외래의 사고로 말미암아 신체에 상해를 입은 경우에 보험자가 피보험자 또는 그 상속인에게 일정한 보험금액 기타의 급여를 하는 보험으로서, 상해의 치료를 위한 비용이나 상해로 인한 사망 또는 폐질의 경우에 일정한 보험금액을 지급하기로 하는 인보험이다.

(2) 상해보험계약의 성질

1) 인보험

상해보험은 보험의 객체가 사람이라는 점에서 생명보험과 같이 인보험에 속한다. 이 점에서 피보험자의 물건이나 재산상의 손해를 보상할 것을 목적으로 하는 손해보험과 다르다. 그러나 상해보험에서는 급격하고도, 우연한 외래의 사고에 의한 신체의 상해를 보험사고로 하는 점에서 그 사고의 발생자체는 물론 시기 등이 모두 불확정하여 생명보험과 구별되고 손해보험적인 요소를 가지고 있다.

또 상해보험은 상해를 보험사고로 하는 점에서 질병, 부상, 사망 또는 분만에 대하여 보험급여를 하는 의료보험이나 건강보험과도 다르다.

2) 정액보험과 손해보험의 이중성

상법 제739조에 의하면 상해보험에 관하여는 15세미만자 등에 대한 계약의 금지규정(상법 제732조)을 제외하고 생명보험에 관한 모든 규정을 준용하고 있다. 따라서 이것은 우리 상법이 상해보험을 생명보험과 같이 정액보험으로 다루고 있음을 나타내는 것이라 할 수 있다.

상해보험은 피보험자의 상해의 결과에 따라서 보험급여의 정도에 있어서 차이를 두지 않을 수 없으므로 생명보험에 있어서와 같이 언제나 정액보험으로 다룰 수도 없다.

각종 상해보험약관에서는 보험금급여에 관하여 ① 사망보험금, ② 장해보험금, ③ 의료보험금 등으로 나누어 규정하고 있는 것이 보통이다. 그리하여 상해보험은 보험금지급태양에 따라서 ① 상해로 말미암아 사망한 경우에 약정한 보험금액을 지급하기로 하는 순수한 정액보험, ② 상해의 태양이나 정도에 따라 일정한 금액을 지급하기로 하는 준정액보험, ③ 상해로 말미암아 소요되는 손해와 비용을 지급하기로 하는 손해보험으로 나누어 볼 수 있다.

이와 같이 볼 때 상해보험계약에서 보험자가 정액보상책임을 지느냐 부정액보상책임을 지느냐는 결국 상해라는 보험사고의 결과에 따라 정해지는 것이다. 그러므로 상해보험은 정액보험과 손해보험의 중간적인 성격을 가지는 것이라 할 수 있고, 보험계약의 체계에서 특수한 지위를 차지하는 것이다.

그리하여 보험업법 제10조는 보험사업자는 인보험사업과 손해보험사업을 겸영하지 못한다고 규정하고 있지만, 상해보험에 관하여는 예외로 겸영을 허용하고 있다.

(3) 보험사고

상해보험약관 제1조 제1항은 「우리 회사는 피보험자가 급격하고도 우연한 외래의 사고로 신체에 상해를 입었을 때에는 그 상해로 생긴 손해를 보상하여 드립니다」라고 규정하고 있다. 그러므로 상해보험의 약관상 상해의 요건은 급격성, 우연성, 외래성을 요한다.

1) 급격성

급격성이라 함은 사고가 돌발적으로 발생하여, 원인으로 된 사고로부터 상해의 결과에 이르기까지의 경과가 직접적이고 시간적 간격이 없는 것을 말한다.

2) 우연성

우연성이라 함은 피보험자가 사고원인과 상해결과의 발생을 예측할 수 없었던 상태를 말한다.

3) 외래성

외래성이라 함은 상해의 원인이 피보험자의 신체 외에서의 작용인 것을 말한다. 이 요건은 신체의 내부에 있는 원인으로 인한 사고를 제외시키고자 하는 취지이고 질병보험과 그 보장의 범위를 구별하는 기준이 된다. 그러므로 지병인 간질발작의 결과 생긴 외상은 외래성을 결하는 것이 된다.

4) 신체의 상해

상해보험약관에는 피보험자가 급격하고도 우연한 외래의 사고로 '신체에 상해'를 입었을 것을 요하고, 그 결과에 따라서 보험금이 지급된다. 신체의 상해는 반드시 외상이 있는 경우에 한하지 않고 가스 중독사나 익사, 질식사 등 외상이 없는 것도 포함된다.

2. 상해보험에 관한 특칙

(1) 상해보험증권

상해보험의 경우에 피보험자와 보험계약자가 동일인이 아닐 때에는 그 보험증권기재사항중 피보험자의 주소와 성명에 갈음하여 피보험자의 직무 또는 직위만을 기재할 수 있다(상법 제738조, 제728조).

(2) 보험자의 책임

보험자는 피보험자에게 신체의 상해에 관한 보험사고가 생길 경우에 보험금액 기타의 급여를 할 책임이 있다(상법 제737조). 특히 상해보험에서는 보험계약자 또는 피보험자의 중대한 과실로 인하여 보험사고가 발생한 때에도 보험금액의 지급책임을 진다(상법 제739조, 제732조의 2).

(3) 생명보험에 관한 규정의 준용

상해보험에 관하여는 15세미만자, 심신상실자 또는 심신박약자의 사망보험계약의 무효를 규정한 상법 제732조를 제외하고 생명보험에 관한 규정이 준용된다(상법 제739조). 상해보험은 정액보험과 손해보험의 중간적인 성격을 가진다는 점에서, 생명보험에 관한 규정의 준용만으로는 부족하다 할 것이다. 앞으로 있을 상법의 개정시에는 상해보험에 관한 상세한 규정을 둘 필요가 있다.

요약정리

33 상해보험계약과 그 특칙

1. 서설(序說)

상해보험의 발전은 다른 보험과는 다르게 비교적 뒤늦게 이루어진 것으로 기차운송수단의 출현과 함께 나타났었다. 즉, 미국에서 1846년부터 시행된 철도교통사고로 인한 피해자에 대한 손해보상을 위한 보험제도가 상해보험의 시초라고 볼 수 있는데, 과학이 발달한 오늘날에는 기계문명의 발달로 인하여 필연적으로 사람의 신체상의 상해를 일으키는 사고발생의 위험이 매우 증가하여 상해보험은 보험의 중요한 분야로 발전하고 있으며, 제3보험 분야로 전개되고 있다. 그리하여 상법에서는 인보험의 하나로 규정하여 생명보험에 관한 규정만을 준용하도록 하고 있는데(상법 제739조),

2. 상해보험에 대한 고찰

(1) 상해보험계약의 개념

상해보험계약이라 함은 보험계약자가 보험료를 지급하고 보험자가 피보험자의 신체의 상해에 관한 보험사고가 생길 경우에 보험금액 기타의 급여를 할 것을 책임을 부담하는 보험계약이다(상법 제638조, 제737조). 이러한 상해보험에서 의미하는 상해는 피보험자가 외부적이면서 급격한 원인에 의한 우연한 사고로 인하여 불측의 피해를 입은 신체의 손상을 이른다. 그러므로 과로로 인한 신체의 손상이나 중독, 마취, 일사(日射), 열병(熱病) 또는 정신적인 충동으로 인한 신체의 상해는 여기서 말하는 상해에는 포함되지 아니한다.

(2) 상해보험의 성질

1) 인보험의 성질을 갖는 상해보험은 사람의 신체의 상해를 보험사고로 하고 있다는 점에서 인보험에 속하고, 재산상의 손해의 보상을 목적으로 한다는 점에서 재산보험과는 구별된다.

2) 생명보험과는 다른 점이 상해보험이 생명보험과 같이 인보험으로 분류되고 있지만 후자는 사람의 생사(生死)를 보험사고로 하는 보험으로서 언제나 정액보험(定額保險)이나 전자는 사람의 신체(身體)의 상해를 보험사고로 하는 점에서 아래와 같이 세 가지로 나뉜다. 첫째로 상해로 말미암아 사망한 이른바 상해사망의 경우에 약정한 보험금액을 지급하기로 하는 순수한 정액보험, 둘째로 상해의 태양(態樣)이나 정도에 따라 일정한 보험금액을 지급하기로 하는 불확정한 정액보험, 셋째로 상해로 말미암아 보험금액을 소요되는 손해와 비용을 지급하기로 하는 손해보험으로 구별한다. 이와 같이 손해보험계약에서는 그 보험사고 발생의 결과에 따라 보험자가 정액보상을 하느냐가 정해지는데, 상해보험계약에서는 이러한 세 가지 경우를 포함시키고 있다.

3) 손해보험으로서 상해보험

앞서와 같이 상해보험은 정액보험과 손해보험의 두 가지 성질을 띠고 있다. 보험업법 제10조에서는 인보험과 손해보험의 겸영을 금지하면서도 손해보험자에게 상해보험의 겸영(兼營)을 인정하였다. 따라서 상해보험이 치료비 등의 지급을 목적으로 하는 손해보험의 성격을 띠는 경우에도 보험가액의 관념이 없으므로 초과보험, 중복보험, 일부보험의 문제가 발생하지 않는다.

4) 보험사고

상해보험약관 제1조 제1항은 「우리 회사는 피보험자가 급격하고도 우연한 외래의 사고로 신체에 상해를 입었을 때에는 그 상해로 생긴 손해를 보상하여 드립니다」라고 규정하고 있다. 그러므로 상해보험의 약관상 상해의 요건은 급격성, 우연성, 외래성을 요한다.

① 급격성

급격성이라 함은 사고가 돌발적으로 발생하여, 원인으로 된 사고로부터 상해의 결과에 이르기까지의 경과가 직접적이고 시간적 간격이 없는 불가피성을 말한다.

② 우연성

우연성이라 함은 피보험자가 사고원인과 상해결과의 발생을 예측할 수 없었던 상태를 말한다.

③ 외래성

외래성이라 함은 상해의 원인이 피보험자의 신체 외부로부터 작용하는 것을 말한다. 이 요건은 신체의 내부에 있는 원인으로 인한 사고를 제외시키고자 하는 취지이고 질병보험과 그 보장의 범위를 구별하는 기준이 된다. 그러므로 지병인 간질발작의 결과 생긴 외상은 외래성을 결하는 것이 된다.

3. 상해보험에 관한 특칙(特則)의 검토

(1) 상해보험증권(傷害保險證券)

상해보험계약의 경우에 피보험자와 보험계약자가 동일인이 아닐 때에는 그 보험증권 기재사항 내용 중에서 피보험자의 주소, 성명, 및 생년월일에 갈음하여 피보험자의 직장 또는 직위만을 기재할 수 있다

(상법 제728조, 제738조). 이는 예컨대, 자동차의 대체운전자 또는 공장의 불명(不明)의 기술자 등 일정한 직무 또는 직위에 있는 자를 그 사람의 교체를 문제 삼지 않고 피보험자로 정할 수 있도록 한 것이다.

(2) 보험자의 책임

상법 제737조에 따르면 보험자는 피보험자의 신체의 상해에 관한 보험사고가 발생하면 보험금액 기타의 급여를 할 책임을 진다. 여기서 '기타의 급여'가 의미하는 것은 치료 또는 의약품의 급여와 같이 현금 이외의 급여를 이르고, 또 보험자는 보험금액을 생명보험의 경우처럼 일시금(예컨대, 사망보험) 또는 연금(가령, 발화의 경우)의 형식적으로 지급할 수 있다(상법 제735조의 2, 제739조). 즉, 상해보험에 있어서 보험사고가 발생하면 보험자는 사망보험금과 후유장해보험금 및 의료보험금[148] 등을 지급한다. 한편 보험자는 면책사유가 있을 때에는 보험금의 지급책임을 면하게 되는데, 특히 상해보험에서는 보험계약자 또는 피보험자의 중대한 과실로 인하여 보험사고가 발생한 때에도 보험금액의 지급책임을 지게 된다(상법 제732조의 2, 제739조). 이것은 피보험자를 보호하기 위하여 인정된 특칙이라 할 수 있다.

(3) 약관상 면책사유

① 보험계약자나 피보험자의 고의가 있는 경우, 다만 중대한 과실에 인하여 사고가 발생하여 상해를 입은 경우에는 보험자는 급여책임을 지며 ② 보험수익자의 고의, 그러나 사망보험수익자가 두 사람 이상일 때 다른 사람이 수취할 금액에 대하여는 책임을 진다. ③ 피보험자의 자해, 자살, 자살미수, 범죄행위 또는 폭력행위(정당방위가 인정되는 경우는 제외함)로 인한 상해. ④ 피보험자의 무면허운전 또는 음주운전으로 인한 상해, ⑤ 피보험자의 뇌질환, 질병 또는 심신상실에 의한 손해, ⑥ 피보험자의 임신, 출산, 유산, 또는 외과적 수술 그 밖의 의료처치로 인한 상해, 그러나 상해를 입고 이를 치료하기 위하여 수술을 받다가 사망한 경우에는 보험자는 면책이 되지 않는다. ⑦ 피보험자의 형의 집행, ⑧ 지진, 분화, 해일, 또는 이와 비슷한 천재지변에 의한 손해, ⑨ 군인으로서 군무수행 중 또는 군인이 아닌 자로서 군사작전을 수행하거나 입영하여 군사훈련을 받는 중에 입은 손해, ⑩ 전쟁, 외국의 무력행사, 혁명, 내란, 사변, 폭동, 소요 기타 이와 유사한 사태로 인한 손해, ⑪ 핵연료물질 또는 이에 의하여 오염된 물질의 방사성, 폭발성 또는 그 밖의 유사한 특성에 의한 사고로 인한 상해, ⑫ 앞의 11가지 이외에 방사성조사 또는 방사성오염으로 인한 손해

(4) 생명보험에 관한 규정의 준용(準用)

상해보험에 관하여는 15세미만자, 심신상실자, 심신박약자를 피보험자로 하는 사망보험의 무효를 규정한 상법 제732조의 법규정을 제외하고 생명보험에 관한 규정이 준용된다(상법 제739조). 생명보험계약에서 타인의 사망을 보험사고로 하는 타인을 위한 생명보험(상법 제731조, 제733조)이 인정되고 있

148) 의료보험금의 경우에는 사고마다 증권에 기재된 의료보험가입금액을 한도로 지급한다.

으나, 상해보험에서는 피보험자와 보험수익자를 달리하는 타인을 위한 상해보험계약은 체결할 수 없다고 해석한다. 또 상해보험은 단순한 정액보험이 아니고, 상해보험의 성질을 아울러 가지고 있으므로 생명보험에 관한 규정준용만으로는 부족하고 상해보험에 관한 보다 상세한 입법규정이 필요하였다.

(5) 보험자대위의 문제

인보험에 있어서 보험사고가 제3자의 행위로 생긴 경우에 보험금액을 지급한 보험자는 보험사고로 인하여 보험계약자 또는 보험수익자의 제3자에 대한 권리를 대위하여 행사하지 못하는 것이 원칙이다(상법 제729조 본문). 이것은 피보험자가 제3자의 가해행위로 사망한 경우에 그가 가해자에 대하여 가지는 손해배상청구권은 보험자가 보험금액을 지급한 뒤라 할지라도 이를 취득하지 못한다는 것을 명정한 것이다. 그러나 상해보험계약의 경우에 당사자간에 다른 약정이 있는 때에는 보험자는 피보험자의 권리를 침해하지 아니하는 범위내에서 그 권리를 대위하여 행사할 수 있다(상법 제729조). 또 특별법으로서 산업재해보상보험법, 국민건강보험법 등에서도 청구권대위를 인정하고 있다. 이것은 상법이 손해보험의 성격을 띠는 상해보험의 경우에 약관의 정함에 따라서 보험자대위권을 행사할 수 있는 길을 마련한 것이다[149].

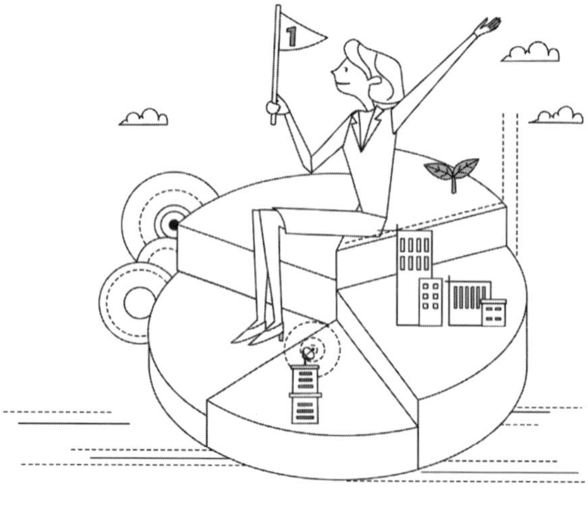

149) 대판 2001. 9. 7. 2000 다 21833.

※ 참 고 문 헌

강위두, 임재호. 「상법강의(하)」. 형설출판사, 2004 .

김성태. 「보험법강론」. 법문사, 2002.

김정호. 「상법사례연습」. 박영사, 2004.

김학선. 「보험계약법」. 로이즈, 2011.

박세민. 「보험법」 박영사, 2011.

박종두. 「민법총칙」. 삼영사, 2008.

엄영진. 「법학입문」. 대왕사, 2002.

양승규. 「상법사례연구」. 삼영사, 2008.

양승규, 박길준 「상법요론」. 삼지원, 2000.

이기수. 「보험법 · 해상법」. 박영사, 1993.

장덕조. 「보험법 」. 법문사, 2011.

정호열. 고지의무위반의 효과. 법조 제33권 12호.

정찬형. 「판례상법(下)」. 길안사, 1998.

최기원. 「상법사례연습」. 법문사, 1994.

최준선. 「상법사례연습(下)」. 삼조사, 1998.

최준선. 「보험법·해상법」. 삼영사, 2008.

은종성. 「보험계약법」. 전주대학교출판부, 2010.

보 험 법

은 종 성 저

1판1쇄 인쇄/ 2012년 08월 25일
1판1쇄 발행/ 2012년 08월 30일

발행처/전주대학교 출판부
발행인/고건
등록번호/제 43호
등록일자/1985년 11월 20일
전북 전주시 완산구 효자동 3가 1200
우편번호/560-759
전화/063-220-2790
FAX/063-220-2067
인쇄/드림디자인 063-222-6448

값 18,000원 * 잘못된 책은 바꾸어 드립니다.

ISBN 978-89-8448-155-8 93360